ウィトゲンシュタイン
『哲学探究』という戦い

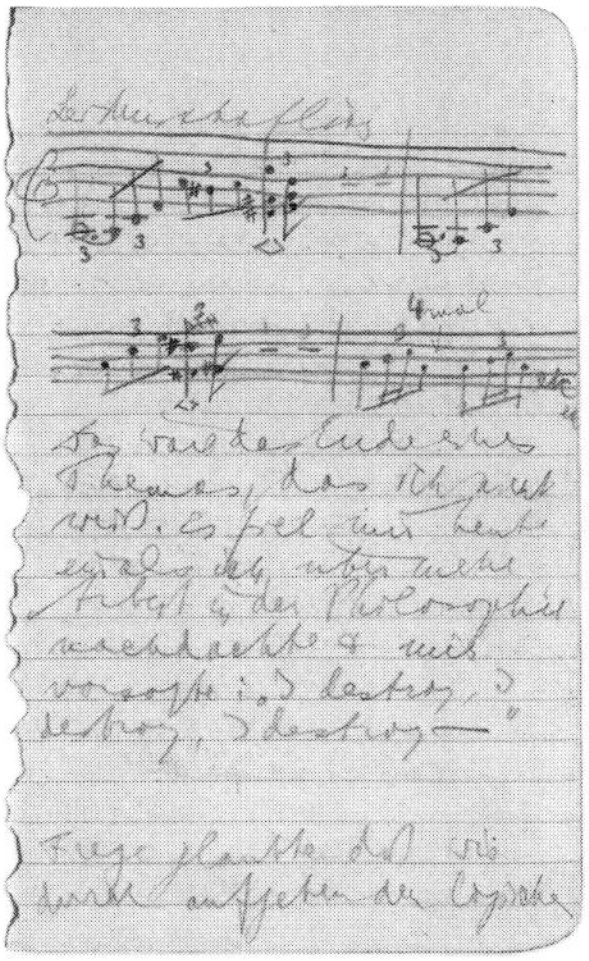

118 Das phil. Problem: Ein Gleichnis, das in die Formen unserer Sprache aufgenommen ist, bewirkt einen falschen Schein; der beunruhigt uns: " Es ist doch nicht s o!"- sagen wir. " Aber es muss doch so s e i n !"

119 Denk, wie uns das Substantiv " Zeit " ein Medium vorspiegeln kann; wie es uns in die Irre führen kann, dass wir einem Phantom ~~zu~~ auf und ab nachjagen. (" Aber hier i s t doch nichts!- Aber hier ist doch nicht n i c h t s !") ~~Oder denke an das~~

120 In der Log. Phil. Abh. N°4.5 ~~(5.4)~~: " Die allgemeine Form des Satzes ist: Es verhält sich so + so".

Das ist die Art ~~von~~ Sätzen Satz, die man sich unzähligemale wiederholt. Man glaubt, wieder und wieder der Natur nachzufahren, und fährt nur der Form entlang, durch die wir sie betrachten.

~~Man~~ Man sagt:" Ich habe doch einen bestimmten Begriff vom Satz! Ein Satz sagt: es ist so und so."- Oder: " Ich weiss doch, was das Wort ' Satz ' bedeutet! "-- Ja, ja, ~~könnte man antworten, aber was heisst denn das? Ich weiss,~~ wie wird denn dieser Satz angewandt, dass Du weisst, was das Wort " Satz " bedeutet? Von wem sagt man ~~denn~~ das, und von wem das Gegenteil? Rufe Dir ~~doch~~ die praktische Verwendung dieser Behauptung ins Gedächtnis!

121 Ob wir über das Wesen des Satzes, des Verstehens, des privaten, nur mir selbst bewussten Erlebens ~~nachdenken~~: " Es ist doch s o – ! " sagen wir ~~uns~~ wieder und wieder. vorzüglich Es ist uns, als müssten wir das Wesen der Sache erfassen, wenn wir unsern Blick nur g a n z s c h a r f auf dies Faktum einstellen, es in den Brennpunkt rücken könnten. ~~Denn es scheint eben~~

ウィトゲンシュタイン
『哲学探究』という戦い

Struggles named *Philosophical Investigations*

Shigeki Noya

野矢茂樹

岩波書店

はじめに

ルートヴィヒ・ウィトゲンシュタイン。[1] 一八八九年に生まれ、一九五一年に死去。しかし、私はウィトゲンシュタインが何年に生まれたのかといったことにはあまり関心がない。『哲学探究』[2]という著作は、いま、私の目の前にある。

ウィトゲンシュタインの哲学はおおまかに前期と後期に区分される。前期の著作は『論理哲学論考』[3]であり、後期を代表する著作は『哲学探究』である。というよりも、『哲学探究』はウィトゲンシュタイン哲学の全体を代表する主著と言ってよいだろう。しかし、私を含め多くの人が——非哲学者はもちろん、哲学の専門家たちでさえ——『哲学探究』を読もうとして跳ね返されてきたのではないだろうか。晦渋な表現は何ひとつないのに、そこに何が書かれているのか、なぜそんなことを言うのかが分からない。断片的な考察が並べられ、それらがどうつながっているのかもはっきりしない。ところがそうして読んでいるとはっとするような言葉に出会い、それに惹かれながら、『哲学探究』を手放せないでいる。いや、これまでの私自身のことである。だが、そんなつまみ食い的な理解ではなく、『哲学探究』そのものを捉えたい。私はそう思った。

そのための私の方法はひたすら『哲学探究』を読むことだった。文字通り本が壊れるまで読む。『哲学探究』に集められた断章は膨大な草稿から取られてきたものであり、他のテキストにも類似の、ときにはまったく同じ文章が記されていたりもする。それゆえ、研究者たちはそうした草稿や他のテキストを参照しながら『哲学探究』を読み解いていくことになる。私も本書において『哲学探究』以外のテキストに言及することはある。しかし、可能なかぎり『哲学探究』だけを読もうとした。[4] たとえ同じ文章が『哲学探究』以外のテキストに見られるとしても、ウィトゲンシュタインはそれを『哲学探究』のここに置いたのである。その断章は、他のテキストの中にあるのとは違う意味を帯びているに違いない。ならば、『哲学探究』の中で、その考察を受け止めねばならない。

私は、自分がウィトゲンシュタイン研究者としては――すべての草稿やテキストを縦横無尽に駆使する研究者としては――まったく未熟であることを自覚している。しかし、むしろ一読者として『哲学探究』に向かいたいと思ったのである。最初のページから「第一部」の最後まで、なるべくつまみ食いにならないように、これから読者とともに読み進んでいきたい。

ただし、注意すべきことがある。

> 私の書いたものによって他の人が自ら考えないで済ますことを、私は望みはしない。可能ならば、この著作によって読む人がその人自身の思考へと促されることを望んでいる。
>
> （『哲学探究』序）[5]

『哲学探究』のすべてのページにおいてわれわれが目の当たりにするのは、哲学問題と格闘しているウィトゲンシュタインの姿である。私はその戦いの解説者ではあるが、同時にウィトゲンシュタインとともに格闘する者でありたいと思った。それゆえ、解説としては多少行き過ぎた私自身の考察を随所で展開している。それが『哲学探究』の考察ではなく私自身の考察であるときには、そうと分かるように書いておいたつもりだが、『哲学探究』を読むことに集中し没入したために、私とウィトゲンシュタインの境界がはっきりしなくなっているところもあるかと思う。その点はなにとぞお許し願って、ぜひ一緒に参戦していただきたい。

目次

装丁　間村俊一
表紙　ウィトゲンシュタインの部屋からの眺め
扉　　一九三一年のノートより
扉裏　推敲が重ねられた『哲学探究』、一九四四年

第1章　語は対象の名前なのか

1－1　言語ゲーム

『哲学探究』第七節において「言語ゲーム」という概念が導入される。それは、われわれが「言葉」と呼びたくなるような音声や文字模様等を使って為される活動である。その最初の事例は第一節で示されている。

ある人を買物に行かせる。その人に「5　赤　リンゴ」という記号が書かれたメモを渡す。その人が店員にそのメモを渡すと、店員は「リンゴ」という記号が書かれたケースを開ける。次いで店員は表から「赤」という語を探し出し、その横に並べられた色見本を見出す。そうして、数詞を順に「5」まで唱えて——店員は数詞の列を暗記していると仮定する——、一つの数詞ごとに色見本と同じ色のリンゴを一つずつケースから取り出す。（第一節）

続けて第二節でも言語ゲームの例が示されている。石材を使って建物を建てている現場での親方と助手のやりとりである。親方が「ブロック」「円柱」「プレート」「角柱」といった語を発すると、助手はそれに応じた石材を持っていく。

こうした活動をウィトゲンシュタインは「言語ゲーム」と呼ぶ。それは子どもが母語を学ぶときに行なうゲームだと考えてもよいし、第一節や第二節のようなやりとりだけがそこで想定されている言語のすべて(それゆえそれだけで完結した言語)であると考えてもよい。そしてまた、われわれが現に為している言語実践に対しても、そこにおいて言語とさまざまな活動とが緊密に結びついていること(例えば、蕎麦屋で「もり蕎麦一枚」と注文すればもり蕎麦が一枚出されてくるだろう、等々)を強調するためにも、ウィトゲンシュタインは「言語ゲーム」という語を用いる。

さて、われわれ(『哲学探究』の読者)にとって問題なのは、「だから何だ」ということだろう。買物の言語ゲームや建築現場の言語ゲームを提示して、ウィトゲンシュタインは何をやりたいのか。いや、まさにここにおいて戦いの火蓋が切って落とされたのだ。

第五節でウィトゲンシュタインは買物の言語ゲームについてこう述べている。

第一節の事例をよく見れば、言葉の意味という一般的な概念がどれほど言語の働きをもやで覆い、明瞭に見てとることを不可能にしてしまっているかがおそらく感じとれるだろう。――言語の諸現象を、語の目的と働きが明瞭に見渡せるような原初的な形の言語使用において検討するな

らば、そのとき霧は晴れてくる。（第五節）

正直に言って私は第一節の買物の言語ゲームをよく見ても、ウィトゲンシュタインが言うようなことは感じとれない。「霧は晴れてくる」と言われてもそもそもどういう霧に包まれていたのか分からない人がほとんどではないだろうか。ウィトゲンシュタインはここで、『哲学探究』をはじめて読む人に向けて語っているというよりも、むしろもっぱら自分自身に向けて言い聞かせているように思われる。

１－２　治療としての哲学

先に進む前に、ウィトゲンシュタインの哲学観についてひとこと述べておこう。彼は一貫して哲学を「治療」として捉えていた。

哲学者は問題を治療する。そう、病気を取り扱うように。（第二五五節）

この哲学観は前期・後期を通じて一貫していた。哲学問題に対して、答えを与えようとするのではなく、そもそもそこには問題などなかったのだと示すこと。いわば問題を「解消する」こと。それがウィトゲンシュタインが哲学においてめざしたことだった。『論理哲学論考』では、哲学の命題がナンセンス——真とも偽とも言えない擬似命題——でしかないことを示そうとした。それは哲学問題に解答を与えようとするのではなく、問題を解消しようとする態度であった。そして『哲学探究』もまたその態度に貫かれている。

われわれの考察のどこに意義があるのか？　というのも、それは興味深いものすべてを、すなわち偉大で重要なものすべてを打ち壊しているようにしか見えないからだ。（第一一八節）

哲学問題は「私は途方に暮れている」という形をとる。（第一二三節）

哲学における君の目的は何か？——蠅に蠅とり壺からの出口を示すこと。（第三〇九節）

哲学においてウィトゲンシュタインは「完全な明晰さ」を求めている。もちろん多くの哲学者がそうだろう。しかしウィトゲンシュタインにとって「それはただ哲学問題が完全に消滅すべきということを意味するにすぎない」（第一三三節）。それゆえ哲学はけっして何かありがたい真理を手渡してくれるようなものではない。壮麗な学説を打ち立てるようなものでもない。いわば、禍々《まがまが》しいものに取り憑かれた人を祓い清める活動なのである。蠅とり壺というのは入りやすく出にくい構造になっている。

しかし、入ってきたところから出ていきさえすれば、蠅も自由になれるのだ。『哲学探究』はそんな治療の報告にほかならない。とすれば、『哲学探究』を味わうには読者もまた病気になる必要がある。その病気に悩めば悩むほど、『哲学探究』でウィトゲンシュタインがもがきながら試みている治療をともに体験できるだろう。[6]

1-3　「語は対象の名前である」という言語観

『哲学探究』が最初に治療に取りかかるのは、かつての自分自身、『論理哲学論考』の言語観である。とはいえ、ここで『論理哲学論考』の解説をしようとは思わない。[7]『論理哲学論考』を念頭におきながら、より一般的に哲学的病いへと読者を誘っていこう。

言葉は意味をもつ。この主張に反対する人はあまりいないだろう。しかしすでにしてここに病いの根がある。われわれ自身が患者となるために、ここから出発しよう。例えば、「テーブルの上にリンゴがある」という文を考えてみる。この文には意味がある。他方、「てぶるのーえにりんごんごん」には(日本語として)意味がない。「テーブル」という語や「リンゴ」という語にも意味がある。では、その意味とは何だろうか。

言葉は意味をもつということを認めたならば、ただちに「言葉の意味とは何か」という問いが生じるだろう。「リンゴ」の意味とは何か。辞書を引いてみると「バラ科の落葉高木、およびその果実」

云々とある。事態はむしろ悪化したと言うべきであって、こんどは「バラ科」「落葉高木」「果実」などの語の意味が問題になる。言葉の意味を言葉で説明していても埒はあかない。

となれば、言葉の意味を世界のものごととの関係で捉えようということになる。「リンゴ」とは何か。それは世界に存在した、存在している、そして存在するだろうすべてのリンゴたちのことであり、それらをひとまとめにして「リンゴ」という名を与えたのだ。そんなふうに考えられるだろう。

『哲学探究』はアウグスティヌスの『告白』を引用することから始まる。そこでは、アウグスティヌスがどのように言葉を学んだのかが書かれてある。すなわち、大人たちがある物を指差しながらその名前を呼ぶことによって、名前の意味を理解したというのである。例えば、大人が机を指差して「机」という語を口にする。それによって子どもの私は「机」という語の意味を学ぶ、といった具合に。そしてその引用に続けて、ウィトゲンシュタインはこう述べている。

アウグスティヌスのこの言葉には、人間の言語の本質についてのある特定の像が示されているように私には思われる。つまり、こうだ。言語において語は対象を名指している——文はそのような名指しの結合である。

(第一節)

「言葉の意味は世界のものごととの関係で捉えられる」という考え方を詰めていけば、「語は対象の名前である」という考えも自然に出てくるだろう。

それだけではない。ウィトゲンシュタインが「語は対象の名前である」という考えに至ったもう一つの道がある。そしてそれは『論理哲学論考』にとって生命線とも言える考え方の筋道だった。一つのエピソードを紹介しよう。あるときウィトゲンシュタインは自動車事故の裁判に関する記事を読んでいたという。法廷には事故を再現するために建物、車、人物の模型が提示された。その記事を読んで彼は『論理哲学論考』の要を成す洞察を得たのである。[8] その模型を使ってさまざまな可能性を試すことができる。人がもっと建物寄りにいたなら事故は起こらなかったかもしれない。車がもう少し遅く走っていれば、……等々。このとき、テーブルの上に置かれた模型の建物、車、人物は実際の建物、車、人物を代理しているものだと言ってよいだろう。このような代理物があるからこそ、さまざまな可能性を試すことができる。もしこうした代理物がまったくなかったらどうなるか。現物の建物、現物の車、そして実際の人物を使って、人をもっと建物の方に立たせてみたり、車をもっと遅く走らせてみたりすることになるだろう。だが、実際の建物、車、人物を使って事故を完全に再現してみるのであれば、それはもはや可能性ではなく、現実のことである。轢《ひ》かれる可能性があると分かったときには現実に轢かれていることになる。

『論理哲学論考』においてウィトゲンシュタインは、哲学問題が思考の限界を超えていることを示し、哲学問題は思考不可能であると結論した。その結論を導くには思考の限界を画定しなければならない。ではいかにして思考が可能になるのか。そのヒントが模型による事故の再現にあった。模型は現実の対象を代理している。そこで模型をさまざまに配置すれば、それが可能な事態のあり方を表現している。そのようにして、そしてそのようにしてのみ、われわれは世界の可能性を思考することができる。模型はまさにそうした現実の対象の代理物だった。だが、もっとわれわれが日常的に使いこなしている代理物がある。それが、言語である。

模型の建物、車、人物をテーブルの上でさまざまに配置しなくとも、「建物」「車」「人物」という語を使えばよい。それらの語は、模型が実物を代理しているように、実際の建物、車、人物を代理している。「人物が建物の近くにいる」という文を紙の上に書けば、それはある仕方で模型を配置したときと同様に人物が建物の近くにいることを表現している。ここにおいて、語は現実の対象を名指していると言えるだろう。

こうして、「言語において語は対象を名指している――文はそのような名指しの結合である」という考えが『論理哲学論考』の基礎に置かれた。そして『哲学探究』はその考えを打ち壊すところから第一歩を踏み出すのである。

もう一度買物の言語ゲームを見よう。「5　赤　リンゴ」という記号が書かれたメモを店員に渡し、店員はそれに応じて赤いリンゴを5個取り出す。この事例において、店員は「リンゴ」という記号が書かれたケースを開け、表を見て「赤」という語の横に並べられた色見本に従って、その色のリンゴを取り出す。店員はメモに対してほとんど機械的な反応をする。ウィトゲンシュタインがこのように描写した意図は、「語の意味」と呼びたくなるようなものをここに介在させたくないというところにある。メモに書かれた「リンゴ」という語を見た店員は「リンゴ」と書かれたケースを開ける。そこで問題になるのはメモに書かれた「リンゴ」という文字模様の見た目の形と、ケースに貼られたラベルにある「リンゴ」という文字模様の見た目の形である。ちょうど日本語をまったく知らない人がメモに書かれた模様とケースのラベルに書かれた模様を図として見比べるように、店員はただそのメモに書かれた記号と見かけが似ている記号が貼られたケースを開けたのであり、そこにおいて「リンゴ」の意味などは問題になっていない。

先に引用していた箇所を繰り返そう。ウィトゲンシュタインは買物の言語ゲームに関してこう述べていた。「第一節の事例をよく見れば、言葉の意味という一般的な概念がどれほど言語の働きをもやで覆い、明瞭に見てとることを不可能にしてしまっているかがおそらく感じとれるだろう」(第五節)。『論理哲学論考』は思考の限界を画定するという目標に縛られ、視野狭窄に陥っていたと言えるだろう。語は対象の名前であり、それを組み合わせて文はものごとのあり方を描写する。もちろん描写することは言葉の重要な働きの一つである。だが、言葉の働きはそれだけではない。もっとこだわりのない目で言語を、言葉の働きを見直さねばならない。そのためには、こんな言語だってあると視野を広げてくれるような事例を取り上げることが有効だろう。ウィトゲンシュタインがさまざまな言語ゲームを提示する狙いの一つはそこにある。

だが、「語は対象の名前である」という言語観を崩すことなど簡単ではないかと思われるかもしれない。というのも、われわれの言語にはとても対象の名前とは思えない語も多く含まれているからである。例えば、「しかし」という接続詞が指す対象は何だろうか。あるいは「ゆっくり」という副詞はどうか。「ゆっくり」というのは「ランニングとしてはゆっくりだが、歩行としては速い」のように、それがどう捉えられるかによってゆっくりかどうかは変わるのであり、「ゆっくり」それ自体という性質が世界にあるわけではない。実際ウィトゲンシュタイン自身も、第一節において「語は対象の名前である」という言語観をもつ人は名詞のことを主に考えていると指摘している。ならば、これで「語は対象の名前である」という言語観が維持できないことは明らかではないだろうか。

いや、『哲学探究』はこれで倒れる程度の相手と戦っていたわけではない。われわれは『論理哲学論考』の思考の中により深く入っていかなければいけない。『論理哲学論考』は哲学問題が「語りえぬもの」であることを明らかにしようとしていた。そのために「語る」ことの本質、すなわち言語の本質を見定めねばならなかった。少なくとも『論理哲学論考』のウィトゲンシュタインにはそう思われた。少しその考え――『哲学探究』が戦っている相手――を追ってみよう。

言語の本質は世界を記述することにある。もちろんわれわれの言語には記述文だけではなく、命令文などもある。だが例えば「窓を開けなさい」という命令は、「窓が開いている」という記述文の意味を理解していなければ、どうなったらその命令が実行されたことになるのかが分からないだろう。そのように、まず記述文の意味が基本にあり、命令文等のその他の文は記述文の意味から派生したものとして捉えられるように思われる。そして記述文は世界を記述するものであるから、世界の事実と照らして真であったり偽であったりすることが記述文の本質となる。

では、「ゆっくり」は世界を記述する言葉だろうか？　私自身は「ゆっくり」という語を用いて世界を記述してもいいように思う。だが「ゆっくり」が世界を記述する言葉だとすると、「語は対象の名前である」という言語観のもとにいる人は困ったことになる。というのも、「ゆっくり」という語に対応する対象ないし性質などありはしないように思われるからである。それゆえ、「語は対象の名前である」という主張を保持しようとするのであれば、「ゆっくり」は世界を記述する言葉ではないと論じねばならない。そしてそれは不可能ではないだろう。ある人が脚を動かして移動している。その事実に対して、それを見た人がその動きをランニングと見て「ゆっくり」と言ったり、歩行と見て「速い」と言ったりする。それゆえ、「ゆっくり」というのは世界のあり方ではなく、それに対する見る人の見方ではないか。ならば、それは世界記述という本質には属さないものでしかない。そう議論する余地は残されているだろう。

「しかし」はどうだろうか。これも、私自身は「しかし」という語を用いて世界を記述することはできるように思う。他方、「しかし」に対応する対象などないように思われる以上、「語は対象の名前である」と主張する人たちは、「しかし」は世界を記述する言葉ではないと論じねばならない。そして、それもまた、不可能ではない。例えば「部屋に太郎がいる。しかし花子はいない」という文と「部屋に太郎がいる。そして花子はいない」という文を比べてみよう。どちらも部屋に太郎がいて花子がいないときに真となる。「しかし」を使いたくなるのは、太郎がいるならば花子もいるはずだという予想があるときである。この予想は客観的な世界の事実ではなく、話し手の考えにすぎない。それゆえ、世界の事実を記述するという観点からは、このような事例における「しかし」と「そして」

は区別されない。このような議論は、記述文の本質を真偽が言えることとみなす考え方のもとではむしろ標準的と言えるだろう。一般に、「ＰそしてＱ」と「ＰしかしＱ」の真偽は一致すると考えられる。ならば、世界を記述する言葉として、「そして」と「しかし」は等価である。(『論理哲学論考』が依拠していた論理学では実際「そして」と「しかし」は区別されない。[9])

かくして、「語は対象の名前である」という言語観に対して、「しかし」や「ゆっくり」は対象の名前ではあるまいと反論しても、「言語の本質は記述であり、それらの語は客観的な世界記述には属さない。すなわち、文の真偽には関わらないものでしかない」と応じられることになる。戦いは始まったばかりなのである。

「語は対象の名前である」という言語観をもう少し明確にしておこう。

「語は意味をもつ」という主張であれば反対する人は少ないだろう。この主張に同意すると「語の意味とは何か？」という問いは自然に出てくる。ここに、「言語の本質は記述であり、それゆえ真偽が言えることである」という考えが加わると、「語の意味は文の真偽に関わるものである」という考えが出てくる。例えば「東京タワーは赤い」という文を考えてみよう。これは東京タワーが赤い色をしているという事実に照らして真な文となる。この事実を構成している要素は東京タワーという物体と赤いという性質である。そこで、事実を構成する要素を「対象」と呼ぶことにする。赤いという性質などは「対象」という言い方になじまないが、『論理哲学論考』は事実を構成するものをすべて「対象」と呼ぶ。そして事実を構成する対象は言語において語によって代理される。対象を代理する語を

『論理哲学論考』は「名」と呼ぶ。事実が対象によって構成されるのに対応して、文は名によって構成される。「東京タワー」という名は東京都港区にあるあの建造物を代理している。そして「東京タワーは赤い」という文の残りの部分「は赤い」は赤いという性質を代理している。そこで、「は赤い」という部分は赤いという性質を表わす名であるとされる。そこでこう主張される。——文は名によって、そして名のみによって構成される。事実は対象によって、そして対象のみによって構成される。名は対象を代理する。

『哲学探究』がその冒頭において戦っている相手の姿が見えてきただろうか。

1-4　語の意味を教える

建築現場の言語ゲームを見よう。親方が「ブロック」「円柱」「プレート」「角柱」という語を発すると、助手はそれに応じた石材を持っていくという活動である。これがすべての言語であるような共同体を想像しよう。奇妙な想像であるが、これ以外はいっさい言語と呼びうるものをもっていない。ただ建築現場においてだけ、このような活動をする。そしてこの言語において、「語の意味とは何か」と問うてみよう。なぜそんなことをするのかといえば、われわれの言語(例えば日本語)が複雑すぎるからである。建築現場の言語ゲームのような単純な言語であれば、もっと明瞭に見てとることができるのではないか。

第六節においてウィトゲンシュタインは、そのような想定のもと、この共同体の子どもがどうやってこの言語を学ぶのかを考える。「ブロック」という語が何を意味するのかを子どもはどうやって学ぶのか。それに対して、大人が子どもをブロックのところに連れて行き、ブロックを指差して「ブロック」という語を発する過程を考えることができる。それによって子どもは、「ブロック」という語を耳にするとそこで指差されたものを思い浮かべるようになるかもしれない。ウィトゲンシュタインはこうした過程を「直示的な教え方」と呼ぶ。

われわれがこの共同体に生まれたのであれば(あるいはこの共同体の人たちがおおむねわれわれと同様の人間であるとすれば)、おそらくこうした直示的な教え方はこの言語ゲームを習得するのに有効に働くだろう。そして直示的な教え方が有効であるということは、「語は対象の名前である」という言語観の発生源の一つと考えられる。[10]

だが、直示的な教え方によって「ブロック」という語を聞くとしかるべき対象が思い浮かぶようになったとして、それだけでは助手はつとまりはしない。それを親方のところに持っていくというのが、この言語ゲームのポイントであった。そこまでできなければ、「ブロック」という語の意味を理解したとは言えない。だとすれば、直示的な教え方だけでは語の意味はまだ理解できないと言わざるをえないだろう。

第八節において第二節の建築現場の言語ゲームは少し拡張される。ブロックを何個持っていくのか、数詞に相当する語が導入され、さらに「そこへ」と「これ」に相当する語が加えられる。「そこへ」

は「ブロック－そこへ」のような発言において使われ、助手はそのときに指差された場所にブロックを置く。「これ」はある石材を指差して「これ－そこへ」のような発言において使われ、助手はそのときに指差された石材を指差された場所に置く。また、いくつかの色見本も用いられる。こうして指定された種類、指定された個数、指定された色の石材を指示された場所に持っていくという言語ゲームが営まれる。

そしてこの言語ゲームに対して、ウィトゲンシュタインはこう問いかけるのである。

「そこへ」と「これ」もまた直示的に教えられるのか？——これらの語の使用をどのようにすれば教えられるのか、想像してみよ。（第九節）

「そこへ」も「これ」も指差しによる直示そのものである。「そこ」は特定の場所の名前ではない。例えば、部屋の隅を指して「そこへ」と言われたからといって、「そこ」はその部屋の隅という場所の名前ではなく、別の機会に棚の上を指して「そこへ」と言えば「そこ」は棚の上となる。「これ」も、リンゴを指せばリンゴを意味し、本を指せば本を意味する。「これ」はけっして何か一つの対象の名前ではない。それゆえ、こうした語を直示的に教えるというのはあからさまに不可能である。（あるものを指差して「これが「これ」だ」と言っても何も伝わらない。）

では、「そこへ」や「これ」はどのようにして教えられるのだろうか。『哲学探究』は「想像してみよ」と言うだけで、あとは読者まかせである。しかしウィトゲンシュタインのもっていきたい方向は分かる。「そこへ」という語を単独で教えることに意味はない。建築現場の言語ゲームのように何かを運ぶといった活動の中ではじめて、「そこへ」という語も意味をもつ。つまり、「そこへ」や「これ」といった語の意味を教えるには、その語を用いた活動＝言語ゲームを教えなければならないのだ。「ブロック」という語も同様である。たんに「ブロック」という語を聞いてある種の石材を思い浮かべるだけでは、その語を理解したことにはならない。その石材を親方のところに持っていくということが理解されねばならない。この場合もまた、「ブロック」という語の意味を教えるとは、その語を用いた言語ゲームを教えることなのである。

ここにおいて、「まず最初に語が対象の名前として意味を与えられ、すべてはそこから始まる」という考えがひっくり返されようとしている。言語ゲームを習得することとともにでなければ、語の意味を学ぶこともできない。見えてきたのは、いっさいを言語ゲームにおいて捉えようとする新たな言語観である。

第2章　名指すとはどういうことか

2-1　直示的定義はさまざまに解釈されうる

われわれのふだんの言語使用を見よう。命名や名指しはごくふつうに行なわれている。ときおり新種の生物が発見されて新しい名前が与えられる。例えば、駿河湾で新種の大型深海魚が発見されて「ヨコヅナイワシ」と命名された。あるいは、子どもが生まれると名前をつける。港区で赤い色をした電波塔を見かけたときにはそれを「東京タワー」と名指しもするだろう。では、名前をつけるとは、そしてその名前を使って対象を名指すとは、どういうことなのだろうか。

しかし、なぜそんなことが問題になるのか。例えば、いま私は手元の腕時計に「トキオ」と名前をつけよう。以後、この腕時計を「トキオ」と呼ぶ。ときには外出先で「しまった、トキオを忘れてきた」などと言いもするだろう。命名も名指しも簡単なことであり、何も問題はないように思われる。だが、名指しがごくふつうに行なわれていることは「語は対象の名前である」という考えの発生源になっているのである。

第二八節を見よう。この節は注意して読む必要がある。

さて、われわれは人名、色名、材質名、数詞、方位名、等々を直示的に定義することができる。「これが「2」だ」と——二個のクルミを指差しながら——言うことによる数2の定義は完璧に精確なものである。——だが、いったいどうしてそんなふうに2が定義できるのか？　定義を与えられた人は、何が「2」と呼ばれようとしているのかまだ分かっていない。だからその人はこのクルミのペアが「2」と呼ばれていると思うだろう！——そうは思わないかもしれないが、そう思ってしまう可能性はある。また逆に、私がこのクルミのペアに対して名前をつけようとしているときに、それが数詞だと誤解されるということだってありうる。同様に、指差ししながら人名を説明しようとしても、それを色名として、人種を表わすものとして、あるいは方位名として解されてしまうかもしれない。つまり、直示的定義はいかなる場合でもさまざまに解釈されうるのである。

（第二八節）

直示的定義とは、名づけたいもの（物だけでなく、人物、色、材質、数、方位、等々）に対して「これが……だ」と言うことによってその名前を定義するというやり方である。第二八節の最初のところでは数詞「2」を直示的に定義することができると言われている。しかもそれは「完璧に精確」とされる。他方、その後では直示的定義はさまざまに解釈されうると論じられている。いったいどちらがウィトゲンシュタインの考えなのだろうか。直示的定義は可能なのか、不可能なのか？

ウィトゲンシュタインはいま「語は対象の名前である」という考えを突き崩そうとしている。そう考えると、直示的定義は不可能だと論じているようにも読みたくなる。では、「２」の直示的定義を完璧に精確に与えることができるというのは、批判されるべき相手の主張なのだろうか？

『哲学探究』は対話的構造をもっている。多くの場合に対話の相手は治療しようとしている相手である。その場合には、自分が棄却しようとする考えが取り上げられる。しかし、いつもそうとはかぎらない。医療において治療方針を決めるためにカンファレンスを行なうように、一人でさまざまな考え方を俎上に載せて哲学的治療の仕方を探っていくというのが、ウィトゲンシュタインの基本的な論じ方である。私には、人名、色名、材質名、数詞、方位名を直示的に定義できるとするのも、また、直示的定義はさまざまに解釈されうるというのも、どちらもウィトゲンシュタイン自身が進めようとしている考えに思われる。だが、両者は一見相反する主張に見えるだろう。

まず、後半の議論から確認しておこう。例えば「富士山」という語は何を意味しているのかと尋ねられたら、富士山を指差して「あれが「富士山」だ」と教える。あるいは、「赤」という語は何を意味するのかという問いには、赤い色を示して「これが「赤」だ」と教える。「犬」などの場合には、何匹かの犬を示して、「これやあれが「犬」だ」と教えることになるだろう。このように、直示的定義はふつうに行なわれていることのようにも思われる。しかし、改めて考えてみると、どうしてそれが可能なのかが不思議にも思えてくるのである。例えば、「アスラ」を私が意味を知っていてあなたは意味を知らない語であるとしよう。私とあなたの前に二個のリンゴがあるとする。私はその二個のリンゴの方を指差して「これが「アスラ」だ」と言う。そのとき、私が何を「アスラ」と名指したのか、あなたに分かるだろうか。その二個のリンゴのペア、それらの品種、リンゴという種類、あるいは果物全体に対する名前かもしれない。その色合い、その形状の名前、さらにはその数を表わす数詞かもしれない。想像をたくましくすれば名指されたものの候補としてさらにさまざまなものを挙げることができる。(もしかしたら朝のリンゴは「アスラ」だが、夜のリンゴは「インドラ」と呼ばれるのかもしれない。「アスラ」とはそこに宿る神の名前かもしれない、等々。)あるものを指差して「これが「アスラ」だ」と言ったところで、何がアスラなのか、まったく明らかではないだろう。

このように考えると、直示的定義など不可能と言いたくもなる。だが、第二八節の前半では、人名、色名、材質名、数詞、方位名、等々に対して、直示的定義を完璧に精確に与えることができると言われるのである。どういうことだろうか。

2-2 『論理哲学論考』は直示的定義をどう捉えていたか

ウィトゲンシュタインが戦っている相手を明確にしよう。実はその相手は単純に『論理哲学論考』の考えというわけではない。まず批判される考えはこうである。——ある対象を指差しながら「これが「リンゴ」だ」と名前を与える。それによって「リンゴ」という語の意味が定められ、「リンゴ」

という語を使えるようになる。――ひとことで言えば、「言語使用は直示的定義から始まる」という考えである。

この考えは「語は対象の名前である」という言語観とよく似ているが、区別されねばならない。なるほど、「言語使用は直示的定義から始まる」という考えは「語は対象の名前である」という言語観を前提にしている。語が対象の名前であるからこそ、その対象を指して「これが……だ」とその名前を言い、定義を与えるのである。しかし、「語は対象の名前である」という言語観は必ずしも「言語使用は直示的定義から始まる」という考えを伴うわけではない。実際、『論理哲学論考』は「語は対象の名前である」という言語観のもとにいたが、「言語使用は直示的定義から始まる」とは考えていなかった。語と対象の関係は、対象を指して「これが……だ」と言えば定義できるというほど単純なものではない、そう『論理哲学論考』は考えていた。

対象を捉えるために、たしかに私はその外的な性質を捉える必要はない。しかし、その内的な性質のすべてを捉えなければならない。（『論理哲学論考』二・〇一二三一）

分かりにくい箇所であるから、少し説明しよう。[11] 目の前に一個のリンゴがあるとする。そして私は「これが「アスラ」だ」と直示的定義を与える。私はその定義によって日本語で「リンゴ」と呼ばれる果物の種類を意味しているつもりである。だが、この直示的定義だけでは何が「アスラ」なのかは定まらない。ここで指示されている対象を捉えるために、「外的な性質を捉える必要はない。しかし、その内的な性質のすべてを捉えなければならない」と言われる。

「外的な性質」とはその対象がたまたまもっている性質である。例えば、いま目の前にあるリンゴは赤い色をしているが、それはたまたまのことであり、外的な性質とされる。さらには、リンゴという果物は品種に応じて黄色、黄緑、赤という色の外皮をもつが、それもたまたまのことである。実際、白いリンゴも作られているらしい。いつか七色に輝くリンゴができるかもしれない。

それに対して、「内的な性質」とはそのものが必ずもつ性質である。リンゴの場合であれば、リンゴが必ずもつ性質がリンゴの内的な性質とされる。例えば、「何か色をもつ」ということはリンゴの内的な性質である。色をもたないリンゴなどありはしない。そこで、「アスラ」が名指している対象を捉えるには、それが色をもつことを了解しなければならない。そして「アスラは赤い」や「アスラは七色に輝く」といった文がナンセンスではないということは、「アスラ」が数詞ではないことを示している。もし「アスラ」が数詞であるならば、「2は赤い」がナンセンスであるように、「アスラは赤い」もナンセンスになるだろう。

他にも、リンゴの内的な性質として、「重さがある」「栽培できる」等々を挙げることができるだろう。こうして「アスラ」が数詞でも色名でもなく、日本語で「リンゴ」と呼ばれる果物に対する名前であるということが理解されるためには、「アスラ」がリンゴの内的な性質のすべてをもっていることが捉えられなければならないのである。

したがって、「アスラ」の直示的定義が成り立つためには、「アスラ」という語を用いてどのような文が有意味になり、どのような文がナンセンスになるかを知らなければならない。すなわち、「アスラは赤い」や「アスラが実っている」は有意味だが、「アスラは2で割り切れる」や「アスラは怒りっぽい」はナンセンスだ等々のことを理解していなければならない。だとすれば、「アスラ」の直示的定義を理解するためには、「赤い」や「怒りっぽい」といった他の言葉の意味も理解していなければならないことになる。そのことは「赤い」の意味を理解することに対しても当てはまり、「赤い」が何を意味するかは「赤い」という語が他のどの語と有意味に組み合わせることができるかということの了解を必要とする。例えば「この花は赤い」は有意味であるが、そのことを了解するには「花」という語の意味を理解していなければならない。かくして、理解すべき語は芋づる式に広がり、最終的には一つの語の直示的定義を成立させるには言語全体の理解を必要とすることになるのである。途方もない結論に思われるかもしれないが、これが『論理哲学論考』の結論であった。

注意しておきたいが、『論理哲学論考』のこの議論は、「言語使用は直示的定義から始まる」という考えを批判するものではあるが、けっして「語は対象の名前である」という言語観を崩すものではない。『論理哲学論考』はあくまでも「語は対象の名前である」という言語観のもとにいる。だが、一つ一つの語が単独で対象を名指すという考え方はとらない。あくまでも言語全体を視野に入れた上で語の意味を考えている。「語は対象の名前である」というと、いわゆる「原子論的《アトミスティック》」な言語観と思われがちであるが、実際には『論理哲学論考』の言語観は「全体論的《ホーリスティック》」なのである。もう少しその点を説明しておこう。

語と語は結びついて文を作る。有意味に結びつけることのできる場合もあれば、「2」と「赤い」のように、「2は赤い」とはできないものもある。それを「言語の網の目」としてイメージすることができるだろう。すべての語を並べて、有意味に結べる語を糸でつなぐとしよう。語が網の結び目であり、文が網の糸である。これに対応して、世界の側も網目の構造をもつ。世界の側の網の結び目は対象であり、ある対象とある対象が結びつけられるのは、そのような事態が可能であることを意味している。そうして、有意味な文と可能な事態が対応する。かくして、言語の網と世界の網とは同型になり、重なり合うのである。このような言語全体と世界全体の重なりがあってはじめて、一つの語は対象と結びつくことになる。それゆえ『論理哲学論考』は、「語は対象の名前である」という考えをもってはいるが、対象だけを取り出してそれに名札を貼るような仕方で単純に語と対象を結びつけていたわけではない。語が対象の名前であるのは、あくまでも言語全体と世界全体との重なりを背景にしてのことなのである。

では、『論理哲学論考』の言語観のもとでは言語習得はどのように捉えられるだろうか。注意すべきは「言語全体」といっても固定されたものではないということである。子どもはまず母語全体からすればほんの一部分にすぎない小さい言語を学ぶ。それは規模の小さいものではあるが、その子どもにとっては一つの言語の全体となる。そうして新たな語を学ぶたびごとに、だんだん言語の全体が拡張されていくだろう。

例えば子どもが「これはなんていう色？」と尋ねて、「ビリジアンだよ」と答えが返ってくるという場面を考えてみよう。その子はそれによって「ビリジアン」という概念をはじめて知ったとする。そのとき彼女はたんに「ビリジアン」という語と特定の対象(性質)との結びつきを理解しただけではない。「ビリジアン」が色の名であることも理解している。すなわち、「ビリジアン」はすでに知っている「赤」や「青」といった色名と同様の使われ方をする。また、「この紙はビリジアンだ」は有意味な文であるが「2はビリジアンだ」はナンセンスであるといったことも理解しなければいけない。つまり、「ビリジアン」はたんにある対象と結びつくだけでなく、言語全体に組み込まれ、それによって言語全体が再編成されるのである。[12]

2-3　定義と訓練

「言語使用は直示的定義から始まる」という考えを批判することにおいて、『論理哲学論考』は『哲学探究』と同じ方向を向いていたと言える。しかし、『哲学探究』は『論理哲学論考』とはまったく異なる思考を拓こうとしていた。

まず第三〇節を見よう。ウィトゲンシュタインは次のように問いかける。

名前を尋ねることができるためには、ひとはすでに何ごとかを知っていなければ(あるいは、為しうるのでなければ）ならない。だが、何を知っていなければならないのか。

（第三〇節）

ここまで見てきたように、『論理哲学論考』の考え方に基づいてわれわれはこの問いに答えることができる。例えば、すでにある程度色の名前を知っており、「色」という概念ももっている人であれば、はじめて見る色に対して「この色は何ですか?」と尋ねることができる。答える方も「この色はビリジアンだ」と、「色」という言葉を使うことによって「ビリジアン」が色の名前であることを明らかにできるだろう。

だが『哲学探究』は第三〇節の問いかけの前に、この考え方をあらかじめ拒否しているのである。第二九節はこう始まる。

「この数が2だ」というやり方でのみ2を直示的に定義できる、そう言われるかもしれない。

（第二九節）

これはいま見てきた「この色がビリジアンだ」と答えればよいとする考え方にほかならない。そしてその考え方をこう批判する。

しかし「色」や「長さ」という語も、われわれが理解しているのとは違う仕方で理解されうるの

> ではないか。――だとすれば、われわれは「色」や「長さ」といった語に対しても説明を与えなければならない。――それゆえその語を他の言葉で説明しなければならない！　では、そうして説明を続けていった先にある最後の説明はどのようなものになるのか。
> （第二九節）

先に私が『論理哲学論考』の考えに従ったものとして示した見解は、「すでにある程度色の名前を知っており、「色」という概念ももっている人であれば、知らない色の名前を尋ねることができる」というものであった。つまり、先行して習得している言語を利用して、新たな名前を学び、新たな言語に拡張していくというわけである。だが、そうだとすると、その先行する言語はどうやって習得したのだろうか。子どもは最初の内は先行する言語をもたない状態で母語を学んでいかなくてはならない。ならば説明に利用できる言葉がない状態で、どうやって意味を説明すればよいのか。

来た道を少し引き返そう。第六節で「直示的な教え方」に言及されていたことを思い出していただきたい。建築現場の言語ゲームを学ばせるときに、例えばブロックを指差して「ブロック」という語を発することが、その言語ゲームを学ぶのに有効に働きうるという指摘であった。そしてそれを「直示的な教え方」と称したわけだが、そのときウィトゲンシュタインはこう述べている。

> 私はこれを「直示的説明」とか「定義」と呼ぼうとは思わない。というのも、子どもはまだ名前を尋ねることができないからだ。むしろ私は「直示的な教え方」と呼ぼう。――それは訓練の重

要な一部となる。とはいえ、私がそのように言うのは、事実として人間にはそれが有効な訓練方法になるからであって、この教え方が役に立たないような可能性を想像できないからではない。

（第六節）

ここでウィトゲンシュタインは「直示的説明」や「直示的定義」という言い方を避けて、「直示的な教え方」と言う。それに対して本章冒頭に読んだ第二八節で問題になっているのは直示的定義の方であって、直示的な教え方ではない。

まだ名前を尋ねることもできない段階から言語学習は始まる。その段階では「説明」や「定義」は無力でしかない。最初の内は子どもの自然な反応にまかせるか、教えるとしても「訓練」しかないだろう。それは動物に芸を仕込むのと変わりはない。例えば犬に「お手」を覚えさせるとしよう。まず「お手」と声をかけながら犬の前足を持って人間の手の上に乗せる。そして犬が喜ぶようなこと(なでる、おやつをあげる、等)をする。これを繰り返す。この訓練の成功は犬が何を報酬として喜ぶかにかかっている。そして訓練は、報酬が伴うことによってその直前の行動が強化されるといった犬の本性《ほんせい》を利用して為される。(あるいは、嫌なことが伴う行動は抑制されるという本性も利用される。）同様に人間の子どもの場合にも、「ブロック」と言ってブロックを持って来させるようにするには、その本性を利用して訓練することになる。[13]

これは『論理哲学論考』にはまったく欠けていた視点であった。ここでの言い方を使うならば、

『論理哲学論考』は「説明」や「定義」のレベルでのみ言語を捉えていたと言えるだろう。だが、人間の本性とそれを利用した訓練を無視して直示的定義を与えようとすると、すでに見たように、「ブロック」で何が名指されているのか分からないということになるのである。「この名前はこの対象を意味する」という直示的定義から言語学習がスタートするという考えはまちがっている。直示的定義の前に、まず生まれつきの本性に基づく反応傾向があり、それに基づいた訓練が行なわれねばならない。本性と訓練を無視した直示的定義はただ空転するしかない。[14]

言語学習はまず訓練から始まる。訓練を経て、子どもはやがて名前を尋ねることができるようにもなるだろう。「これは何?」と尋ねられて「これはフキノトウだ」と答える。「あれは何?」と尋ねられて「あれは東京タワーだ」と答える。そうしてわれわれは人名、色名、材質名、数詞、方位名、等々に対して完璧に精確な直示的定義を与えることができるのである。ふだんでもわれわれは人名や色名を尋ね、あるいはシャツの素材の名前を尋ねたりもしている。お膳立てをうまく整えさえすれば、数詞や方位名でさえ直示的に定義できるだろう。ウィトゲンシュタインはけっして数詞や方位名を直示的に定義できるという考えを批判しようとはしていない。もちろん、なんのお膳立てもなしに二個のクルミを指差してたんに「これが「2」だ」と言ったところで、それはさまざまに解釈されうるものでしかない。それは第二八節の後半が論じている通りである。しかし、うまくもっていけば「2」の直示的定義でさえ、「完璧に精確な」直示的定義になりうるのである。

では、どうまくもっていけばよいのか。どうお膳立てすれば完璧に精確な直示的定義が可能になるのだろうか。ここまで考えを進めた上で、先にも引用した次の問いが発せられるのである。――名前を尋ねることができるために、ひとは何を知っていなければならないのか？

しかし、名前を尋ねることができるために知っておくべきことの詳細は目下のポイントではない。いまは直示的定義を可能にするために「訓練」という段階が必要だということにポイントがある。『論理哲学論考』のように考えるとすれば、「この色がビリジアンだ」のように「色」という概念を利用して直示的定義が為されることになるだろう。それに対して『哲学探究』は次のように言う。

2の直示的定義に「数」という語が必要かどうかは、その語がなければ相手がその定義を私の期待したのとは違う仕方で誤解してしまわないかということにかかっている。そして誤解されうるかどうかは、どういう状況で、どういう人に定義を与えるのかによるだろう。（第二九節）

私はこんな場面を空想したくなる。『哲学探究』のウィトゲンシュタインが、時間を遡って『論理哲学論考』を執筆し終えた頃のウィトゲンシュタインに向かって第二九節のように指摘するのである。『論理哲学論考』の著者はどう反応するだろう。目から鱗が落ちるだろうか。いや、何をつまらないことを言っているのかと、一蹴されたに違いない。「誤解されうるかどうかは、どういう状況で、どういう人に定義を与えるのかによる」というのは、ふつうの人にはあたりまえのことだが、『論理哲学論考』の世界に入り込んだ人間には、少なくとも哲学の脈絡でこういう言葉が発せられるというのは、想像もつかないことだっただろう。言語は厳格な論理に支配されているという、かつての自分が縛られていた考えに対して、『哲学探究』のウィトゲンシュタインはこう述べる。

この考えはどこから来たのか？　その観念はいわば眼鏡のように鼻の上にのっている。そしてわれわれはその眼鏡を通してものごとを見ている。眼鏡を外すということにはまったく思い至らないのだ。

（第一〇三節）

このことは『論理哲学論考』だけではなく、哲学は本質の探究だと考えている哲学者も同様だろう。本質を見抜こうとしているまなざしには、「それは状況と相手次第だ」などという腑抜けた言葉はまったく視野に入ってこない。この言葉が『論理哲学論考』のウィトゲンシュタインを射抜くには、言語の本質を捉えたとする自負を自ら打ち砕き、言語の本質を捉えようとする思考傾向そのものから解放されねばならない。そのためにはまだ戦い続けなければならない。そしてその戦いにある程度勝てそうな見込みが出てきたとき、われわれはこの地点、「誤解されうるかどうかは、どういう状況で、どういう人に定義を与えるのかによる」という地点に戻ってくることになるだろう。

第3章　分析への誘惑

3-1　純粋な名前

第三八節からウィトゲンシュタインは「これ」という語を問題にする。例えば、「これが東京タワーだ」、あるいは「これは「東京タワー」と呼ばれる」と言われるときの「これ」である。そして「「これ」こそが真の名前である」という考えに言及して、「この奇妙な見解はわれわれの言語の論理を純化しようとする傾向に由来している」(第三八節)と述べる。ここでウィトゲンシュタインが念頭においているのはバートランド・ラッセルの理論である。[15] ここは予備知識が必要になるところであるから、項を立てて解説することにしよう。

固有名と確定記述

ただ一つの対象につけられた名前は「固有名」と言われ、ただ一つの対象だけに当てはまる記述は「確定記述」と呼ばれる。[16] 例えば、「伊藤博文」は固有名であり、「日本の初代内閣総理大臣」はただ一人の人物に当てはまる記述であるから確定記述である。あるいは「地球」は固有名であり、「太陽系第三惑星」は確定記述である。ただし、「伊藤博文」や「地球」が固有名だとされるのはあくまでもふつうの考え方に従えばということであって、ラッセルはまさにそのふつうの考え方を否定する。それがあとで説明する「本当の固有名」の議論である。

記述理論

固有名は対象を指示する語であるから、もしその対象が存在しないのであれば、無意味になると考えられる。例えば、十九世紀に水星よりも内側に太陽系の惑星が存在すると考えられ「バルカン」と命名された。だが、現在ではそのような惑星は存在しないとされている。そうだとすれば、「バルカン」は固有名としては無意味だということになる。それゆえ、例えば「バルカンは地球より小さい」という文も、少なくとも世界のあり方を記述した文としては無意味である。他方、「水星より内側にあって太陽に最も近い惑星は地球より小さい」という文には意味があるように思われる。この文はすべて意味の分かる言葉から成り、またその組合せにも文法違反といったことは認められない。このことからラッセルは、固有名の意味はそれが名指す対象であるが、確定記述はその記述が当てはまる対象を名指す言葉ではないと考えた。

では、「水星より内側にあって太陽に最も近い惑星は地球より小さい」という文の意味をどう捉えればよいのか。ラッセルの提案は、この文を次のように読み替えることだった。

水星より内側にあって太陽に最も近い惑星は地球より小さい
＝あるものがただ一つ存在し、そのものは水星より内側にあって太陽に最も近い惑星であり、かつ、地球より小さい[17]

ひとことで言えば「水星より内側にあって太陽に最も近い惑星」という確定記述を主語にもつ文に対して、その確定記述を「……は水星より内側にあって太陽に最も近い惑星である」という述語として捉え直すのである。主語であればそれが名指す対象がなければ無意味になるが、述語であればそうではない。「あるものがただ一つ存在し、そのものは水星より内側にあって太陽に最も近い惑星であり、かつ、地球より小さい」は、そのような述語を満たすものが存在しない以上、偽である。「偽」というのは、あくまでも有意味であるからこそ偽と言えるという点に注意していただきたい。「バルカンは地球より小さい」は、「バルカン」を固有名と理解するならば、無意味であり、それゆえ真とも偽とも言えないが、「水星より内側にあって太陽に最も近い惑星は地球より小さい」は有意味であり、偽となる。こうして、固有名と確定記述は区別され、「水星より内側にあって太陽に最も近い惑星は地球より小さい」という文が有意味であるというわれわれの直感が救われるのである。

ラッセルの考えでは、これはたんに言語哲学上の技術的な提案ではない。哲学はこれまで、存在しないものを表わす確定記述が主語になっているために、それに対応するものが存在すると考えてしまい、誤った形而上学に陥ってきた。それゆえ、確定記述は実は主語ではないとする記述理論は哲学の誤りを是正する画期的な議論なのだというのが、ラッセルの自慢であった。

まとめておこう。

記述理論……確定記述を用いた文は、その確定記述に対応する述語を用いて、その述語を満たすものがただ一つ存在することを主張する文に読み替えることができる。

本当の固有名

先に、ふつうの考え方に従えば「伊藤博文」は固有名であると述べた。だが、現在のわれわれは伊藤博文という人物について記述の形でしか知らない。「日本の初代内閣総理大臣」という記述であるとか、あるいは「かつての千円札に描かれていた人物」とか、もう少し詳しい人であれば「四回総理大臣に就任した」とか「ハルビンで暗殺された」といった記述も加わるかもしれない。だとすれば、少なくとも現在においては「伊藤博文」という語は固有名ではなく、むしろ確定記述として理解されているのではないか。ラッセルはそう論じる。

固有名は対象の名前であるから、もしその対象が現在にも過去にも、いかなる時点においてもこの世界に存在しないのであれば、その固有名は少なくともこの世界を記述する言葉としては無意味になる。だが、それは必ずしもわれわれの直感に即していないように思われるのである。例えば、「聖徳太子は遣隋使を派遣した」という文を考えてみよう。この文は真であるとも言われるが、実は遣隋使を派遣したのは聖徳太子ではなかったという説もある。しかし、真であれ偽であれ、「聖徳太子は遣隋使を派遣した」という文は有意味だと考えられるだろう。では、聖徳太子が存在しなかったとしたら、どうだろうか。実際、「聖徳太子」と呼ばれる人物は実在しないと言われることもある。「聖徳太子」が固有名であれば、その対象たる人物が存在しない場合には無意味となり、それゆえ「聖徳太子は遣隋使を派遣した」という文も無意味となる。しかし、仮に聖徳太子が存在しなかったとしても、「聖徳太子は遣隋使を派遣した」という文は無意味とは言い切れない感じがするという人も多いのではないだろうか。そしてラッセルはその感覚は正しいと言うのである。「聖徳太子」という語は実は固有名ではなく、偽装された確定記述であり、その実質は「十七条憲法を制定した」や「冠位十二階を定めた」といったものだろう。そうだとすれば、記述理論に従って「聖徳太子は遣隋使を派遣した」は「あるものがただ一つ存在し、そのものは十七条憲法を制定し、遣隋使を派遣した人物である」といった文として読み替えることができる。そしてこの文であれば、そのような人物が存在していなかったとしても無意味とはならない。有意味だが偽とされるのである。

では、固有名など存在せず、すべては確定記述だということになるのだろうか。繰り返せば、固有名は対象の名前であるから、ある語が固有名であるためには、その語が名指そうとしている対象が存在しない場合にはその語は無意味になるのでなければならない。ラッセルは、われわれがふつうに固有名と呼んでいる語は、すべてこの固有名の条件を満たしていないと論じる。「伊藤博文」も「大谷翔平」も「東京スカイツリー」も「富士山」も、実は固有名ではなく、その語を用いて作られる文は「しかじかの性質をもっている」という記述を用いて分析できるというのである。

ラッセルは、しかし、固有名など存在しないと結論するわけではない。そこで出された結論は驚くべきものだった。固有名——いわゆるふつうに固有名と呼ばれている語ではなく、名指す対象が存在しないならば無意味になるような本当の固有名——は、「これ」という語だというのである。いっさい記述によらず、直に面と向かって知覚しているものを指差して「これ」と言う。もしその指差す方に何もなかったならば、われわれは「どれ？」と首をひねるしかない。「これ」が指す対象がないのに「これは赤い」と言われても無意味である。だとすれば、「これ」という語はまさに「名指す対象が存在しなければ無意味になる」という固有名の条件を満たしていることになる。かくしてラッセルは、ふつう固有名と言われている語は実は固有名ではなく偽装された確定記述であり、本当の固有名は「これ」という語なのだと結論する。

「固有名の意味はそれが名指す対象である」という出発点は穏当なものに思われる。そしていったんある出発点を引き受けたならば、その帰結がどれほど非常識であろうとも引き受けねばならない。まさにラッセルは、その鋭利な知性のゆえに、奇矯な帰結にたじろぐことなく行き着くところまで突き詰めたのである。

ラッセルのこの論証に不備がないのであれば、本当の固有名は「これ」であるという結論を拒否するには、その出発点を拒否するしかない。『哲学探究』はその道を選んだ。「ある名前の「意味」ということで、その名前に「対応する」ものを表わすのは、「意味」という語の語法に反している」(第四〇節)とウィトゲンシュタインは主張する。例えば、「「伊藤博文」という名前をもった人物は一九〇九年に死んだ」という言い方をすることはできるが、他方、「「伊藤博文」の意味は一九〇九年に死んだ」は何を言いたいのか分からない。そうだとすると、「「伊藤博文」という名前をもった人物」と「伊藤博文」の意味」は同じものではないということになる。固有名の意味をそれが名指す対象だと考える人は、「その名前の持ち主」を名前の意味と混同しているというのである。

『哲学探究』は、ある名前の意味が何かを捉えたければ、その名前を用いた言語ゲームを見よという指針を新たに提案する。意味を巡る哲学的混乱を治療するのには、その言語ゲームがどのように学ばれるかを見ることが有効である。例えば「東京タワー」という語を用いた言語ゲームを教えようとするときに、ひとはしばしば(つねにではないが)「東京タワー」という名前をもった建造物(ないしその映像)を指差しながら説明を行なうだろう。実際、対象を名指しながらその対象の名前を用いた言語ゲームを教えることは有効である。そのことが、名前の意味と名前の持ち主との混同を引き起こす。だが、名前の持ち主がその名前の意味というわけではない。だいじなのは、その名前がその言語ゲームにおいてどう使われるかなのである。

「意味」という語が用いられる多くの場合において——すべての場合ではないけれども——「意

味」という語をこう説明することができる。ある語の意味とは、言語におけるその語の使用である。

ひとは名前の意味を、しばしばその名前の持ち主を指すことによって説明する。（第四三節）

結論に向かって論証を進めていくような論文であれば、この節は一つの到達点ともみなされるだろう。「ある語の意味とは、言語におけるその語の使用である」、これは確かに『哲学探究』が提示する新たな言語観である。[18] しかし、この前後の節を一瞥すれば感じられると思うのだが、第四三節に結論を提示するかのような響きはない。むしろ、自分が展開しようとしている考えを問題の渦中に放り込んでみて、その効き目を試しているかのようである。では、その治療効果はどれほどのものだろうか。もちろん相応の効果はあるだろう。しかし、これで快癒するほど相手はやわではない。

――よろしい、語の意味はその語の使用だと考えよう。では、名前の意味とは何なのか。こう追及されて、ウィトゲンシュタインは「名前の使用はさまざまだ」と答えるかもしれない。例えばわれわれはある人の名前を用いて「××さん！」と呼びかけたりする。人名の使用が「もしもし！」と同じような働きをするというのは興味深いことだろう。あるいは発言者を指名したり、ある人の行動を制するときにも使われる。ウィトゲンシュタインは、人名の使用がいかに独特なものであるかについて考えてみよ、とわれわれに促すのである（第二七節）。

とはいえ、相手は「さまざまだ」では満足してくれないだろう。フライパンにだってさまざまな使い方がある。楽器としても使えるし、武器としても使える。しかし、その本来の使い方は調理器具としての使用である。同じように、名前にもさまざまに派生的な使い方があるだろうが、問題はその本来の使い方は何かということなのだ。

では名前の本来の使い方とは何か。『論理哲学論考』はそれを対象を代理することと考えた。名前は対象を代理し、名前の組合せが可能な事態を表現する。このようにして、そしてこのようにしてのみ、世界の可能性は語られうる。哲学はその言語の本質を明らかにしなくてはならない。これが『論理哲学論考』の挑戦であった。そしてラッセルもそれに共鳴したのである。

3-2　単純な要素への分析

『論理哲学論考』の挑戦は言語の本質だけではなく、さらに世界の本質を明らかにすることへと及んでいる。『論理哲学論考』は思考の限界を画定しようとした。そして思考の限界を画定するには、世界は単純な要素へと分析されねばならない。考え方のイメージを述べてみよう。われわれは現実の世界を生きるしかない。しかし、われわれはたんに現実の世界だけでなく、非現実の可能な世界のあり方を思い描く。例えば、ブタが空を飛ぶなどと空想することもできる。そのような空想が可能なのは、ブタについてのなんらかの事実を現実のこととして知っており、また、何かが空を飛んでいる事実を現実のこととして知っているからである。例えば、私はあるときブタが走っているところを見た。

そして別のときにカラスが飛んでいるところも見た。そこでこうした事実を要素に分解し、その要素に名前をつける。〈ブタが走っている〉という事実[19]は〈ブタ〉と〈走っている〉に分解され、それぞれ「ブタ」と「走っている」という言葉で表わされる。〈カラスが飛んでいる〉という事実は〈カラス〉と〈飛んでいる〉に分解され、それぞれ「カラス」と「飛んでいる」という言葉で表わされる。そうすると、「ブタ」という言葉と「飛んでいる」という言葉を助詞「が」を用いて結合し、「ブタが飛んでいる」という文を作ることができる。この文は真ではないが、有意味である。それゆえ、このような事態は現実には起こらないだろうが、可能な事態として考えることができる。こうして思考の可能性が開かれるのである。

思考の限界を画定するには、あらゆる思考の可能性を開かねばならない。そしてそのためには、要素への分解は究極まで細かくしなければならない。例えば、〈椅子を持っていく〉という事実を要素に分解するとき、〈椅子〉と〈持っていく〉に分解するだけでは粗すぎる。椅子の脚だけを持っていくという事態も思考可能だろう。椅子はさらに、前脚、後脚、座板《ざいた》、笠木《かさぎ》、背束《せつか》、背貫《せぬき》、前幕板《まえまくいた》、側幕板、後幕板、脚貫《あしぬき》、つなぎ貫、隅木《すみぎ》といった要素に分解されうる。それでもまだ究極の細かさとは言えないだろう。

では、あらゆる思考の可能性を開くために要請される究極の単純な要素とは何か。『論理哲学論考』はその問いには答えていない。そして答える必要も感じていなかった。というのも、『論理哲学論考』の狙いは哲学の問題を思考不可能として放逐することにあったからである。事実を単純な要素に分解し、その要素を語で代理して、その語を組み合わせることによって思考の可能性が開かれる。そして『論理哲学論考』は、哲学問題がそのような可能性の外にあることを示そうとしたのだった。

ラッセルが本当の固有名として「これ」に行き着いたのも、固有名が名指す対象は単純でなければならないという考えからである。対象が単純ではないならば、それはより単純な要素の複合となり、その状態を表わすのは固有名ではなく確定記述であることになる。例えば、私の部屋にある一脚の椅子を「ハナコ」と呼ぶとしよう。しかし、ハナコはさらに要素に分解される。それらの要素をある仕方で組み合わせたものがハナコであるならば、「ハナコ」の実質は確定記述であると考えねばならない。ではハナコの前脚に名前をつけるべきなのか。いや、前脚といっても右と左がある。そして左前脚一本をとっても、その木材をさらに切り分けることができる。かくして究極の単純な要素はもはや「これ」としか言いようのないものとなる。木材のある部分を指差し「これは白い」のように述べることが、ラッセルの考える本当の固有名の使用に最も近いものとなるのである。

これに対してまず第一に、その究極の単純な要素とは何なのかと問えるだろう。ラッセルは『論理的原子論の哲学』[20]第二講義の質疑応答において、「複合物を構成する要素はさらに単純な要素の複合ではないのか」という聴衆からの質問に対して「分析は永遠に続くかもしれない」と答えている。『論理哲学論考』もまた、日常言語はさらに単純な要素へと分析されると考えていたため、日常言語において究極の単純な要素の具体例を出すことはできなかった。しかし、『論理哲学論考』のウィトゲンシュタインは(おそらく居心地の悪さを感じてはいただろうが)それによって自分の議論が崩れるとは考えていなかったに違いない。というのも、われわれが非現実の事態を考えることができるというのは確かであり、そのような思考の可能性を開くためには、事実を要素に分解しなければならないからである。それゆえ、単純な要素というのは、思考を可能にするために要請されねばならないのであって、たとえ具体例が出せなくとも、何かそのような要素がなければならないとされる。

ラッセルも『論理哲学論考』のウィトゲンシュタインも、「言語」「世界」「思考」といった大振りな言葉にたぶらかされていたと言うべきだろう。「思考」が可能になるためには「言語」と「世界」はどのようでなければならないのか。あたかも「言語」という単一の構造があるかのような問い方である。ここにおいてわれわれは「言語ゲーム」という道具立てにこめられた狙いの一つを理解するだろう。さまざまな言語ゲームを考え、それぞれのゲームが一つ一つそれだけで完全な言語であると考えることによって、ただ一つの「言語」なるものを想定することを拒否しているのである。

例えば建築現場の言語ゲームを考えよう。親方が「ブロック」「円柱」「プレート」「角柱」と言うと、助手はそれに応じた石材を持っていくという言語ゲームである。ここにおいて、ブロックは単純なのだろうか？　それともさらに単純な要素に分解されるのだろうか。もちろん、ブロックを二つに割ることは考えられる。しかし、この言語ゲームではそんなことはまったく問題になっていないのである。それゆえブロックがより単純な要素から合成されているということに意味はない。

そこでウィトゲンシュタインは第四八節において単純と複合を論じる手がかりとなるような言語ゲームを示す。ただしここでは少しアレンジしたものを示したい[21]。ドミノ牌を考えてほしい。半分が白、半分が黒に塗られている。白を上にして立てた状態は「シ」と呼ばれ、黒を上にして立てた状態は「ク」と呼ばれる。

シ

ク

この二種の牌を四つ並べよう。そして、その状態を左から右へと順に「シ」と「ク」の並びで記述するという言語ゲームを考える。例えば、「クククシ」は図1の状態を表わし、「シクシク」は図2の状態を表わしている。この言語ゲームを「ドミノの言語ゲーム」と呼ぶことにしよう。

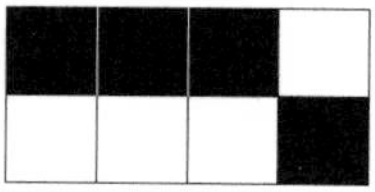

図 1

図 2

ドミノの言語ゲームにおいては、「シ」で表わされる状態と「ク」で表わされる状態が単純な要素であり、図1や図2の状態はその要素を組み合わせた複合的なものとなる。

この言語ゲームでは白い正方形や黒い正方形がドミノ牌から切り離されて使用されることはない。あくまでも、長方形のドミノ牌一個が単位として用いられる。それが白い正方形と黒い正方形に塗り分けられているのは、たんに牌の模様にすぎない。それゆえ、白黒のドミノ牌は白い正方形と黒い正方形に分割できるのだから、白い正方形と黒い正方形の方がより単純な要素だと言うことに意味はない。仮にそのような言い方を許したならば、白い正方形もまた例えば二つの白い三角形の複合であると言えるだろう。(かくしてきりがなくなる。) ドミノの言語ゲームにおいては、白黒のドミノ牌こそが単純な要素となっている。

別の言語ゲームを考えよう。白い正方形のタイルを「し」、黒い正方形のタイルを「く」と名づける。

し　く

そして、それを上下2段、それぞれ4個ずつ並べる。その状態をまず上段の左から右へ、次いで下段の左から右へと順に「し」と「く」を並べることで記述する。例えば「くししくししくく」は図3の状態を記述したものとなる。この言語ゲームを「タイルの言語ゲーム」と呼ぼう。

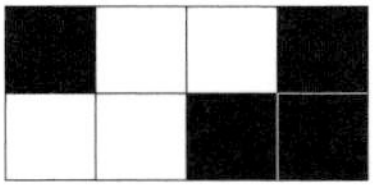

図3

タイルの言語ゲームでも図1のような状態は実現できる。そしてそれは「くくくしししく」と記述されることになる。ついでに言えば、図2は「しくしくしくし」である。

『論理哲学論考』のウィトゲンシュタインは、タイルの言語ゲームの方がドミノの言語ゲームよりも「基本的」だと言うのだろうか？　なるほど、タイルの言語ゲームはドミノの言語ゲームで実現されうる状態のすべてを記述でき、さらにドミノの言語ゲームでは実現しなかった可能性も開いている。だが、ドミノの言語ゲームでは、ドミノ牌を二つの正方形に分解したとしても使い道はない。物理的に二つに分解することはできるが、それは将棋の駒を半分に切り分けるようなことと同様である。将棋というゲームの中では半分に切り分けられた駒に使い道はない。仮に王将が半分だけとられてもまだ半分残っているということに意味を与えるようなゲームが考案されたとしても、それはいまの将棋とは別のゲームでしかない。同様に、ドミノの言語ゲームとタイルの言語ゲームは「まさに別の言語ゲームなのである」(第六四節)。

『論理哲学論考』は、あらゆる思考の可能性がそこにおいて開かれるようなただ一つの言語を想定した。それゆえその言語においてはもはやそれ以上分解できないような究極の単純な要素が求められる。『論理哲学論考』の誤りは、ただ一つの言語を想定したところにある。

例えば一本の木が見えているとき、その視覚像は木全体が一つのまとまり(ゲシュタルト)なのか、それとも、幹の視覚像、枝の視覚像といった部分が合成されたものなのかという問いが出されたとしよう。これに対する『哲学探究』の応答はこうである。

「この木の視覚像は合成されているのか。そしてその構成要素は何か」という哲学的な問い。それに対する正しい答えはこうだ。「それは君が「合成されている」ということで何を理解しているかによる。」
（第四七節）

単純と複合、そして複合的なものと単純なものの間の「合成されている」という関係は、どのような言語ゲームを考えるかによっている。ある言語ゲームではそもそも単純と複合ということが問題にはならないだろうし、ある言語ゲームで単純とされたものも、別の言語ゲームでは複合的なものとされるかもしれない。

「椅子の絶対的に単純な構成要素」について語ることにはまったく意味がない。
（第四七節）

『哲学探究』のこの考えを引き受けて、われわれなりにこの方向をもう一歩進めておこう。「椅子」と言われれば椅子を持っていくような言語ゲーム、これを言語ゲームAと呼ぶことにする。言語ゲームAにおいては椅子を組み立てるといったことは考えられていない。しかし、椅子の脚を三本にしてみようといったことを考え始めたとする。このような思考を開くためには「脚」という語が導入されねばならない。（そしてまた、脚以外の椅子の構成要素として「座板」と「背もたれ」という語も導入しよう。）それは新しい言語ゲーム（B）である。言語ゲームBにおいては、脚、座板、背もたれが単純な要素であり、椅子はそれらから組み立てられた複合物とされる。さらに、脚の長さを変えてみることを考え始めたとしよう。その思考が可能になるためには「長さ」という語が導入されねばならない。これもまた新しい言語ゲーム(C)となる。

つまり、新しい思考の可能性とは、どのような言語ゲームが可能かということなのである。ここにおいて「思考の可能性」という言葉が二様の意味で捉えられることになる。一つは、ある言語ゲームがその言語ゲームの中で可能にする思考である。例えばドミノの言語ゲームでは「ククシ」や「シクシク」だけでなく「クシクシ」や「シシシシ」等、一六通りの組合せが考えられる。これに対して、タイルの言語ゲームではさらに思考の可能性は拡大され、二五六通りの組合せを考えることができる。このように思考の可能性には、特定の言語ゲーム内での可能性と、言語ゲームそのものが新しくなることによって開かれる可能性があるのである。

子どもが生まれ、その子どもを「ルートヴィヒ」と名づけ、「ルートヴィヒ」という名前を用いてさまざまなことを語り始めたとすれば、それは従来になかった新しい言語ゲームとなる。あるいは、新種の深海魚が発見されて「ヨコヅナイワシ」と命名され、その名前を用いてさまざまなことが語られるようになったならば、それもまた新しい言語ゲームである。既存の概念を組み合わせただけでは捉えられない新たな概念が生まれたならば、それによって新たな言語ゲームが開かれる。そうして、新たな言語ゲームにおいて新たな思考の可能性が開けることになる。

『論理哲学論考』はただ一つの言語を想定し、そこにおいて思考の限界を捉えようとした。しかし、言語は変化しうる。そして言語が変化することによって、思考の可能性も変化しうる。言うまでもないが、この新たな思考の可能性を私はいま思考することはできない。それはつねに予見しえない仕方で到来するだろう。

第4章　本質の探究からの決別

4－1　家族的類似性と曖昧さ

「ここでわれわれはこうした考察全体の背後にある大きな問題に突き当たる」、第六五節はそう始まる。「言語の本質は何か」という、かつてのウィトゲンシュタインを支配していた声が抑えがたく突き上げてくるのである。「君のやり方は安直だ！　君はあらゆる可能な言語ゲームについて語りはするが、そうした言語ゲームの本質が何なのか、それゆえ言語の本質が何であるのか、何ひとつ述べてはいない。」（第六五節）

そしてこの声に対して「その通り」と応じる。『哲学探究』は本質の探究を求めるこの声を積極的に拒否している。

私は言語と呼ばれるすべてに共通な何ものかを挙げはしない。代わりにこう言っているのだ。言語と呼ばれるすべての現象に共通なものなどありはしない。何か共通点があるからそれらを同じ一つの言葉で呼ぶというのではない。――それらは多くの異なった仕方でお互いに血縁関係にある。この血縁関係のゆえに、より正確に言えばこれらのいくつもの血縁関係のゆえに、われわれはそのすべてを「言語」と呼ぶのである。どういうことか、説明を試みてみよう。（第六五節）

そこでウィトゲンシュタインは「ゲーム」という概念を例にとる。「ゲームの本質」とは何だろうか。ゲームをゲームたらしめている性質、それゆえ、ゲームだけがもっており、かつ、ゲームのすべてが共有する性質を挙げなければならない。だが、そんな性質などあるだろうか。「ゲーム」と呼べるものの中には、盤を使うもの、カードを使うもの、ボールを使うもの、あるいはパソコンやスマートフォンでやるもの等々がある。いっさい道具を使わないゲームもある。参加者もチームでやるもの、一対一でやるもの、そして一人でやるものもある。勝敗があるものもないものもある。（明確なルールをもたないゲームすらあるだろう。例えば、素人が勝敗のことなど考えずに広場でやるバドミントン。）すべてのゲームに共通した特徴などないとウィトゲンシュタインは指摘する。[22]

ウィトゲンシュタインはそれを、繊維をよりあわせて糸を紡ぐようなものという比喩で言い表わす。一本の糸の端から端まで同じ繊維が通っているということはない。たくさんの繊維が部分的に紡ぎ合わされながらつながっているにすぎない。「ゲーム」という概念も、いくつかのゲームに共通する特徴が部分的に紡ぎ合わされながらつながっているだけだというのである。

糸の強さは、どれか一本の繊維が糸の端から端までつながっていることによるのではなく、たくさんの糸が互いに紡ぎ合わされていることによる。

（第六七節）

ウィトゲンシュタインはこのようなあり方を「家族的類似性」と呼んだ。父親と息子は体つきが似ている。母親と息子と娘は目が似ている。娘と母親はおっちょこちょいな性格が似ている。そうした部分的な類似性によって一家族が形成されている、というわけである。そしてその場合、糸の一方の端と他方の端は共通の繊維をもたないように、家族的類似性でつながった概念の家族の中にはその概念だけがもつような共有された性質をまったくもたない場合も考えられるだろう。[23]

「言語」もまた家族的類似性によってまとまっている一つの家族にほかならない。われわれは母語である言語を念頭において「言語」という一つの体系を考えがちになる。しかし、鳥の囀《さえず》りや警戒時に発せられる猿の鳴き声なども「言語」と呼びうるだろう。また「まんま」「おっぱい」「ねんね」といった限られた言葉から成る乳幼児の言語も、その段階における一つの言語とみなされうる。あるいは、第一節の買物の言語ゲーム、第二節の建築現場の言語ゲーム、そしてドミノの言語ゲームやタイルの言語ゲームも、それぞれ完結した言語とみなせるだろう。これらは「言語」という一つの家族を成すのであり、すべての言語に共通し言語だけに当てはまる性質などありはしない。ウィトゲンシュタインはそう論じる。

家族的類似性の議論は、とりわけ哲学が本質を探究しようとする「言語」「世界」「思考」「経験」

といった概念——大振りで、すべてを一網打尽に捉えようとする概念——に対して破壊的に振り下ろ

されるる。だがそれだけではなく、より一般的に、日常的なさまざまな概念に対して旧来の概念観とは異なる新たな概念観を示すものとなっている。

　旧来の概念観に従えば、概念はその概念に当てはまるものと当てはまらないものの境界が明確であり、かつ、その概念だけに当てはまる共通の性質があるとされる。[24] 例えば「絶縁体」や「裸子植物」といった人工的に定義された概念であれば、その境界は明確であり、その概念だけに当てはまる共通の性質を認めることもできるだろう。しかし自然発生的に生じた概念は多かれ少なかれ曖昧であり、家族的類似性によってまとまっているという性格を帯びている。例えば「読む」という概念。「文章を読む」というだけでもさまざまな読み方がある。ほとんど意味を考えずに音読する場合もあれば、内容の概略を捉えるために斜め読みする場合もある。あるいは、「地図を読む」というのも読むことであるし、「人の気持ちを読む」「空気を読む」「先を読む」等々、ひとくちに「読む」といってもさまざまな「読む」がある。これも、家族的類似性によってまとまった一つの家族と捉えられる。他にも、「仕事」「食事」「恋愛」「悲しみ」……。いくらでも挙げられるだろう。（私としては「哲学」という語も家族的類似性で捉えるしかない典型的な語として挙げておきたい。）

　家族的類似性は旧来の概念観を一新しうるきわめて強力で重要な考え方であると思われるが、しかし、ラッセルや『論理哲学論考』のウィトゲンシュタインには「そんなことは承知の上だ」と応じられてしまうかもしれない。ラッセルであれば、それは日常言語の不完全さを示すものだと答えるだろ

う。だから、日常言語を基にしつつも、厳格な論理的言語を構築しなければならない。そして論理学はその一歩を踏み出したのだ、と自負をこめて言うだろう。『論理哲学論考』のウィトゲンシュタインは、「われわれの日常言語のすべての命題は、実際、そのあるがままで、論理的に完全に秩序づけられている」(『論理哲学論考』五・五五六三)と述べ、あくまでも日常言語にとどまろうとする。しかし日常言語を支配するその論理は、日常言語に表立って姿を現わしているわけではない。「日常言語から言語の論理を直接に読みとることは人間には不可能である。」(『論理哲学論考』四・〇〇二)『論理哲学論考』は、日常言語の複雑さ、多様性の基底に唯一の論理的秩序が潜んでいると考えていた。それゆえ哲学は家族的類似性などという表層にとどまるのではなく、さらに深層へと分け入り、言語の本質を見出さねばならない。『論理哲学論考』であれば、「家族的類似性」という『哲学探究』の考え方に対してそう苦言を呈するに違いない。

第一〇三節の比喩を使うならば、家族的類似性という考え方は「新しい眼鏡」だと言える。『論理哲学論考』は言語の本質を捉えようとしていた。その眼鏡を新しい眼鏡にかけ替えさせたい。どうすれば古い眼鏡を外させることができるのだろう。だが、これはなんらかの主張を批判することよりもはるかに難しい。というのも、古い眼鏡をかけている人はその古い眼鏡を通してしかものを見ていないからである。その人に向かって、あなたが見ているものは新しい眼鏡で見えるものとは異なっていると論じても、眼鏡をかけ替えさせる効果はあまり期待できない。やれることは、古い眼鏡で見ると視野が狭まり、歪みが生じると指摘し、新しい眼鏡で見るとこんなふうによく見えるとアピールして、眼鏡をかけ替える気にさせるしかない。ただし、よく見える眼鏡で見ると、ものごとはあまりに雑然としており、むしろその乱雑さを嫌う哲学者がいることは想像に難くない。[25]

古い眼鏡——旧来の概念観——が守ろうとするもう一つのポイントは、曖昧さの排除である。[26] 真正の概念はその概念に当てはまるものと当てはまらないものの境界が明確でなければならない。だが、日常言語に含まれる多くの概念は曖昧である。例えば「丼」という概念。飯碗はどのくらいの大きさから丼と呼ばれるのか、鉢と丼の境界はどのあたりなのか、はっきりしない。[27]「走る」と「歩く」の境界はどの程度のスピードなのか。私は哲学者なのか、そうでないのか。曖昧である。

旧来の概念観のもとにいる人は、概念は明確な境界をもたねばならないと考える。それゆえ、曖昧な概念は真正の概念とは認めがたいだろう。それに対して、『哲学探究』はこの考え方に叛旗を翻す。明確にできないから仕方なく曖昧さに甘んじているのではない。日常言語における曖昧な言葉は曖昧であってもまったく問題がないから、あるいはときには曖昧であることの方が望ましいから、曖昧なのだ。[28]

「この辺りにいてください」と言うのは無意味なのか？　（第七一節）

「この辺り」がどの辺りなのかは状況によって変わりうる。しかし、より明確にするために境界線を引いて「この内側にいてください」などと言う必要はない。日常言語において曖昧なままに長年使われてきた言葉は、それでなんの支障もないのである。すでにわれわれが慣れ親しんでいる言語使用に対して、「それは曖昧であるからよくない」などと、いったいどういう権利があって言えるのだろうか。たんに旧来の概念観という眼鏡を通して見るから、曖昧な言語使用が悪しきものに見えるのであり、われわれが問題なく使用している言語が不出来に見えてしまうということは、逆にその眼鏡こそが不良品であることを示しているだろう。

4-2 見本を用いた説明

家族的類似性によって家族を成している概念や曖昧な概念を表わす言葉をどのようにして子どもに教えればよいのだろうか。例えば、「ゲーム」という言葉はどう説明されるのか。これに対するウィトゲンシュタインの答えはこうである。

> われわれはその人にいくつかのゲームを描写してみせる。場合によっては、それに加えて「これやその類いのものを「ゲーム」と呼ぶ」と言うこともあるだろう。（第六九節）

「丼」であれば、その子にいくつかの丼を見せて、「こういうのが「丼」って言うんだ」と教える。あるいはむしろ「丼」という語を用いた言語ゲーム（「丼を持ってきて」と言われれば食器棚から特定の食器を持っていく、等)に参加することによって「丼」という語の使用を学ぶと言った方が実情に近いだろう。そのさい、最初は典型的な丼から始めるのがだいじである。そして「丼」と呼ぶべきか「ご飯茶碗」と呼ぶべきかはっきりしないものについて子どもが「これは丼なの?」と尋ねてきたら、「微妙」と答えるのが正しい。微妙なものを微妙と判断できる(あるいは判断を保留することができる)のも、「丼」という概念の理解には含まれている。曖昧な概念を理解するとは、それを曖昧なものとして理解するということであり、曖昧に理解するということではない。

「ゲーム」という言葉を教えるときに示されたいくつかのゲームの実例は「ゲームの見本」であり、「丼」という言葉を教えるときに示されたいくつかの丼は「丼の見本」である。だが、見本を提示して「こういうものが「ゲーム」だ」とか「こういうものが「丼」と呼ばれる」と教える教え方は、旧来の概念観からすればきわめて不十分なものに思われるだろう。「こういうもの」がどういうものなのかはまったく明らかではない。それではまだ言葉を教えることは終わっていない。そう言われるに違いない。

仮に「走る」という概念を「両脚を交互に動かして時速七キロメートル以上の速度で移動すること」とし、「歩く」を時速五キロメートル未満として、そして時速五キロメートル以上七キロメートル未満であれば「走ると歩くの中間」と定義したとしよう。もしこのように定義したとすれば、もはや「走る」も「歩く」も曖昧な概念ではないということになる。この定義は「走る」「歩く」「走ると歩くの中間」という三つの概念を明確に規定したものと言うべきだろう。それゆえ、曖昧な概念をあくまでも曖昧なものとして教えるには「こういうもの」ないしそれに類する言い方をするしかないのである。見本を用いた説明は曖昧な概念に対する説明として最善のものであり、けっしてきちんと説明できないがゆえの次善の策ではない。[29]

だが、ここまで進んできたとしても、なお『哲学探究』の歩みを阻もうとする力は消えはしない。ある哲学者たちは見本を用いた説明はたんに補助的な手段にすぎないと言うだろう。例えば、ジョン・ロックは「一般観念説」と呼びうる考えを提唱した。ウィトゲンシュタインはロックの名前を出してはいないが、その考えはまさに『哲学探究』が振り捨てようとしているものにほかならない。ロックであれば、見本は一般観念を形成するための補助手段だと言うだろう。そこで少しの間、ロックの一般観念説について説明させていただきたい。

ロックは一般的なものを表わす普通名詞の意味は一般観念であると主張する。例えば「犬」という語の意味は犬の一般観念とされる。ロック自身の言葉を引こう。

言葉は、一般観念の記号とされることによって一般的となる。そして観念が一般的となるのは、その観念から時間と場所の状況が切り離され、またそれ以外にもその観念をあれこれの個別のものとするような他の諸観念がすべて切り離されることによる。この抽象という仕方によって、観念は一つ以上の個体を代表しうるようになり、各々の個体が(われわれが呼んでいるような「犬とか桜とかいった」)その種のものとされるのは、それがこの抽象観念と一致するからにほかなら[30]

（『人間知性論』[31] 三・三・六）

ない。

一般観念（あるいは同じ意味であるが、抽象観念）がどのようなものなのかははっきりしない。[32] しかし、例えば「犬」という語に対しては何か〈犬一般〉とでも呼ぶべき了解が心の中に形成されるとロックは考えている。「犬」という語は特定のポチやシロといった個々の犬だけではなく、過去と現在に存在し、これからも生まれてくるだろうすべての犬たちを表わしている。それゆえ、「犬」の意味は〈犬一般〉であると言うべきだろう。他方、現実に周りを見回してみても、出会うのは個々の犬だけであるように思われる。〈犬一般〉が歩いてくることはない。[33] そうであるならば、〈犬一般〉は心の中にあるしかないだろう。そこでロックは個々の犬を経験することからその個別の特徴を切り離し抽象することによって、〈犬一般〉という観念を心の中に形成すると論じたのである。

いまはロックを引き合いに出したが、これは普通名詞の意味についての哲学的見解としては一つの典型的な考え方と言えよう。一般観念の議論にかぎらず、どう考えてよいか困ったときには心の中をもち出してなんとかしようとする姿勢はしばしば見られるものである。そして『哲学探究』はそうした心の中に逃げ込もうとする姿勢とも徹底的に戦っていくことになる。

見本を用いた説明に話を戻そう。ロックのような考え方をするならば、見本を用いた説明は一般観念を形成するための補助手段ということになるだろう。大きすぎる丼や小さすぎる丼、あるいは奇妙な形の丼といった典型的ではない丼を見せられても、〈丼一般〉の観念を形成するのは難しい。やはり典型的な丼を提示することが近道である。一般観念を形成しやすい実例を示すこと、それが見本を用いた説明にほかならない。いや、もしそのように論じられるのであれば、見本に訴えた『哲学探究』の議論はまったく骨抜きになっていると言わねばならない。

この戦いはまだ続くことになる。この段階でウィトゲンシュタインはあまり多くを論じてはいない。しかし、きわめて簡潔に放たれた矢は、致命傷ではなかったかもしれないが、確かに的に命中しているように私には思われる。

緑という色に対する「私の心の中の見本」——緑のすべての色調に共通なものとして心の中に形成された見本——はどのような色調をしているのか？（第七三節）

緑の色見本を提示して「このような色が「緑」だ」と子どもに教えたとしよう。一般観念説に従えば、その色見本を見て子どもは緑色の一般観念を心に形成することになる。では、その一般観念はどのような色をしているのか。もし見本と同じ色をしているのであれば、見本があればそれで十分だろう。目の前に緑色の見本があるのに、それに加えて同じ色の観念を心に抱く必要はない。そしてそうだとすれば、見本はけっして一般観念を形成するための補助手段などではない。むしろ、一般観念の方が、見本が手元にないときに見本の代わりをしてくれるものとして、補助手段であると言うべきだろう。

他方、緑の一般観念がその色見本とは違う色だというのであれば、いったいそれはどのような色だというのか。緑の色見本と異なる色の観念が「緑」という語の意味とされるのは、不可解としか言いようがない。

もう一例加えておこう。第2章「名指すとはどういうことか」において、お膳立てさえ整えればさまざまなものごとに対する直示的定義が完璧に精確にできると論じていたことを思い出していただきたい。そこで、状況と相手を考慮しお膳立てを整えた上で、何匹かの犬を示して「こういうのが「犬」だ」と教える場面を考えよう。このとき、示されたそれらの犬は犬の見本になっている。この直示的定義が首尾よく成功したとして、そこにおいて一般観念は何かの役に立っているだろうか。一般観念に訴える哲学者は、その直示的定義のときに犬の一般観念が形成されるのだと言うだろう。では、その一般観念は見本として示された何匹かの犬たちとどう違うのだろうか。同じだというのであれば、同じものをもう一つ心の中に形成することに意味はない。違うというのであれば、どう違うのか答えてもらいたい。一般観念の犬は、雄なのか雌なのか、大きいのか小さいのか、耳は立っているのか垂れているのか、色や柄はどうなのか。それとも一般観念であるから、すべての犬が共通にもつ特徴だけを備えているというのだろうか。雄でも雌でもなく、雄であり雌でもある、あるいは、耳はもつが、立っているのでも垂れているのでもなく、同時にまた、立っているのでもあり垂れているのでもある、そんな犬の観念。いや、それは意味が分からない。

なによりも、目の前にある見本ではだめだから心の中の一般観念なるものをもち出すのだろうが、目の前の見本でだめなものがどうして一般観念ならだいじょうぶなのだろうか。けっきょく「心の中」というよく分からないところに問題を皺寄せしたことによって、なんとなく問題が解決されたかのような気になっているだけなのではないか。

では、「犬」という語の意味は一般的なのに現実に出会える犬は個々の犬でしかないという問題は、一般観念に訴えても解決しないと言うべきなのだろうか。いや、そうではない。一般観念などもち出さなくても解決するはずなのである。典型的な犬を何匹か示して、「このようなものが「犬」だ」と教える。めざすべきは一般観念の形成などではなく、「犬」という語を使えるようになること、その言語ゲームに参加できるようになることである。そしてそのために、見本を用いた説明は有効に働く。いや、より正確に言おう。見本を用いた説明は、適切な状況においてほとんどの人間に対して、事実として有効に働くのである。一般観念などもち出すことなく、見本の有効性という事実を受け止めねばならない。

4-3 規則と道標

言語使用は、正しい使用と誤った使用があるという意味で、規範的な活動である。語は対象を適切に名指すものでなければならない。赤い色を「青い」と言えばまちがいであるし、三つの角をもつ図形を「円」と言うのもまちがいである。また、「ネコがひもにじゃれた」は有意味な文だが、「じゃれるにひもがネコった」は無意味である。

こうした規範性は規則によって捉えられるように思われる。「三つの角をもつ図形は「三角形」と呼ぶべきであり、「円」と呼んではならない」というのも一つの規則である。また、文法の研究は、有意味な文と無意味な文の違いを説明する構文規則を解明しようとしている。では、言語使用の規範性を全面的に規則によって説明することはできるのだろうか。

「できない」、というのが答えである。理由は二つある。

まず第一に、規則として表わすことができず、見本を用いて説明するしかないような場合がある。先に述べたように、例えば「走る」を仮に曖昧さを排除する形で定義したとして、それはわれわれが日常言語において用いている「走る」と似てはいるが、同じものではない。日常言語の「走る」のように曖昧な概念は曖昧なままに理解し、「ゲーム」のように家族的類似性によって家族を成している概念はその家族を理解しなければならない。それを規則の形で捉えるのは不可能である。（ではそのとき何を理解しているのか、という問いが生じる。「理解する」とはどういうことなのか。その問題は次章で取り上げよう。）

この点に関して、見本にも規範的な力があることを強調しておきたい。丼の見本を示して「こういうものが「丼」だ」と説明した場合、その説明を理解した子どもはあるタイプの食器を「丼」と呼びたくなり、そしてあるタイプの食器は「丼」とは呼びたくないと感じるだろう。だが、これだけではそれは自然な反応傾向というにすぎず、規範的とは言えない。何を「丼」と呼ぶべきか、微妙な事例はあるにせよ、見本とほぼ同じ食器を「丼」と呼ばなかったり、逆に見本からかけ離れたものを「丼」と呼んだりすれば、それは誤りとされる。平皿を「丼」と呼んだ子どもに対して、「こういうものが「丼」なのだから、それは「丼」ではない」と言うことができるだろう。見本は言語使用の正誤の根拠として働きうるのである。

言語使用の規範性を全面的に規則によって説明することができない第二の理由は、一般に規則というものがわれわれの行動を完全に規制するものではありえないという点にある。ウィトゲンシュタインはこれをかなり荒唐無稽な想像で説明している。椅子に見えるものがあったとする。ところが突然それが消えてしまう。錯覚だったのかと思うと数秒後にまた姿を現わし、つかむこともできる。では見えなくなったのが錯覚だったのかと思うと、また姿を消す。こんなふうにいわば点滅する椅子のようなものをなお「椅子」と呼ぶべきなのか(「見えたり消えたりする椅子がある」と言うべきなのか、それとも「椅子に見えたり消えたりする不思議な何かがある」と言うべきなのか)。規則はこのような想定外の場合に対してまでどうすべきかを決めているわけではない(第八〇節)。そして荒唐無稽な場面も含めてあらゆる場合を想定して規則を立てることは不可能である。おそらく考慮すべき場面は無限にあるだろうし、それでもなお「想定外」のことは起こりうるだろう。このことは規則一般に言えることである。例えば「赤信号では停止せよ」という交通法規はゴジラないしそれに類する巨大生物の襲撃から逃げる場合にも適用されるのか。いったい、交通法規は「ただしゴジラに襲われた場合にはこのかぎりではない」と規定しておかなければならないのだろうか。

われわれはものごとをあくまでも通常の生活の範囲、常識的に想定される範囲で考えている。規則もまた、その範囲内で機能する。ところが、その通常想定される範囲を明示的に書き出すことはできない。「椅子はひとりでに現われたり消えたりしないものとする」とか「ゴジラが襲ってこない場合にかぎる」とか、書き出すべき条項は無限にあり、かつ、どの範囲が「通常の想定の範囲」とされるべきなのかは曖昧である。[34]

常識による限定を外し、想像力をたくましくしてありとあらゆる荒唐無稽な場面を考えるならば、それに応じて規則もあらゆる疑いに晒されることになる。逆に言えば、規則は規則として明示できない了解に支えられているのである。したがって、言語使用の規範性を全面的に規則によって説明することはできない。

そこでウィトゲンシュタインは規則を道標になぞらえる。

　規則は道標のようにそこにある。（第八五節）

何気ないひとことだが、汲み取るべき含意は大きい。まず、道標は事実として役に立っている。しかし、道標にまったく誤解の余地がないかというと、そんなことはない。例えば野原に道があり、その道のある箇所に、その道に沿った方向を指す道標が立っているとしよう。ところが、その道はそこから右に向かってカーブしている。いったいその道標はその道に従って右に曲がって行けと言っているのか、それとも道を外れてその方向にまっすぐ進めと言っているのか。
あるいは道標の一方が尖っているとして、その尖っている方向が進むべき方向だというのは確かなのか。もしかしたらそれは「上を見よ」という意味だったり、「いま来た道を引き返せ」という意味だったり、あるいは「急げ！」という意味だったりすることはないのだろうか。ここでも、常識の枠を取り外せばあらゆる疑いが湧き出てくることになる。だが、もう一度確認しておこう。道標は実際に役に立っているのである。

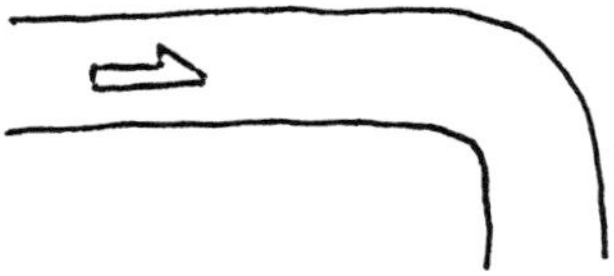

こんなふうに言えるかもしれない。説明は誤解を取り除いたり予防したりするのに役立つ。——つまり、それは説明がなければ犯してしまいかねない誤解に対してであり、想像しうるあらゆる誤解に対してではない。

どんな疑いも、土台に穴があいていることを示しているかのように思われがちである。そうしてまず疑うことの可能なものをすべて疑い、その疑いのすべてを除去しなければ、確実な理解は得られないと思われてしまうのだ。

道標は——通常の状況でその目的を果たすならば——何の問題もない。（第八七節）

われわれは、言語使用が規範的であるということから、そのすべての言語使用が規則を参照して為されているかのように考えてしまうかもしれない。つまり、こうだ。規則に慣れていない初心者であれば、いちいち規則を参照するだろう。それは熟達者も同様であり、ただ熟達者の場合には規則は頭に叩き込まれていて、ほぼ無意識の内に規則を参照しているのだ、と。

だが、道標は道の迷いやすいところに立てられる。同様に、規則もまた迷いやすいところで示される、ウィトゲンシュタインはそう言いたいのである。「規則は道標のようにそこにある」という言葉には、「すべての言語使用は規則を(ときに自覚的に、ときに無自覚の内に)参照しつつ為されている」という考え方を壊そうという意志がこめられている。

そしてまた、第八七節における「まず疑うことの可能なものをすべて疑い、その疑いのすべてを除去しなければ、確実な理解は得られない」という言葉はデカルトの方法的懐疑そのものであるが、ここには懐疑論に対抗する思考も芽生えている。しかし、それはまだ芽生えにすぎないと言うべきだろう。ともあれここでは、言語使用の規範性を全面的に規則として表現することはできないという議論を押さえておこう。

４－４　結晶のように純粋な論理

ここまで、「概念は、その概念に当てはまるものと当てはまらないものの境界が明確であり、かつ、その概念だけに当てはまる共通の性質がある」とする旧来の概念観を拒否し、また、規則が規範性のすべてを説明しうるわけではないことを論じてきた。ではそのとき、論理はどうなるのだろうか。こうした考察は論理を破壊してしまわないのだろうか。

論理は厳格である。そこからは曖昧さなどは締め出されている。なるほどわれわれの実際の言語使用は概念が家族を成していたり曖昧であったりする。しかし、そこには厳格な論理が存在するはずだというのが、『論理哲学論考』を貫いていた信念であった。そして日常言語の基底に潜む論理を探り出し、記述するのが、論理学の役目だと考えていた。

日常言語の基底に潜む論理――それは、「言葉はこう使わねばならない」という言語使用の規範を完全に規定するものでなければならない。だが、見てきたように、われわれの言語使用は規則によって完全に決定されているわけではない。そこで、「意味」という幻想が忍び込むのである。論理は、音声や文字模様等の使い方を規制するものではなく、日常言語が用いている音声や文字模様等の「意味」において成り立つものであるはずだ。あるいは、「命題」という用語を使ってもよい。「文」と「命題」は区別されずに用いられることもあるが、哲学において両者を区別して用いるときは、命題は文が意味する内容のこととされる。論理は命題において成り立つ。論理は厳格でなければならない。しかし、日常言語における記号使用は厳格さを欠いている。それゆえ、厳格な論理が成り立つ「意味」の領域、「命題」の秩序があるはずだ。『哲学探究』の次の節は、『論理哲学論考』のこうした考えを振り返り、自らを揶揄したものにほかならない。

「命題、この不思議なもの！」、ここにおいてすでに論理に関するすべての叙述の純化が起こっている。[35]（第九四節）

いわば、不規則に波打っている水面の下に潜れば、「意味」ないし「命題」という整然とした秩序に支配された言語の基底が見えてくるはずだ、というのである。だが、『哲学探究』は基底へと潜ろうとすることを拒否する。そして日常言語をその乱雑さや曖昧さを含めてそのままに受けとること、それが新たにめざされることになる。言語ゲームという道具立ての最大の狙いはそこにあった。言語ゲームは、音声や文字模様等をやりとりするゲームである。第一節の買物の言語ゲームを思い出そう。そこでは「5　赤　リンゴ」という記号が書かれたメモが用いられていた。その言語ゲームではそうした記号が何を意味しているかなど問題になっていない。きわめて即物的に記号が書かれたメモが渡され、そこに記されている文字模様に応じて買物が行なわれる。第二節の建築現場の言語ゲームも同様である。親方が「ブロック」「円柱」「プレート」「角柱」といった語を発する。ここでもそれらの語が表わす意味内容など問題になっていない。助手は親方の発する音声に応じて、しかるべき石材を持っていく。それ以上でも、以下でもない。

しかし、厳格な論理という思い込みに囚われた哲学者は、こうした言語ゲームにおいてさえ、それを基底において支える論理を求めるかもしれない。そうして、親方の発する「ブロック」という音声は「ブロックを持ってくる」という命題を意味するのだと言うかもしれない。それゆえ、こうした言語ゲームの提示は基底の論理を拒否すべしと結論する論証にはなっていない。だが、基底へと潜っていこうとする誘惑が可能なかぎり少ない言語を示すことによって、日常言語の基底に潜むと想定された論理的秩序を求めてやまぬ病いを治療しようとしているのである。

ここでは、いわば頭を水面に上げておくことが難しいのだ。[36]

（第一〇六節）

実際の言語をよく観察すればするほど、われわれの要請はその言語と激しく衝突するようになる。（論理の結晶のような純粋さは探究の結果明らかになったことではなく、一つの要請だったのだ。）衝突は耐えがたくなり、その要請はもはや空虚なものになろうとしている。——われわれはツルツルした氷の上に入り込み、摩擦がなく、それゆえある意味で条件は理想的なのだが、まさにそのために歩くことができない。われわれは歩きたいのだ。だから、摩擦がなければならない。ザラザラした大地へ戻れ！

（第一〇七節）

結晶のような純粋さという予断は、われわれの全考察をひっくり返すことによってのみ除去されうる。

（第一〇八節）

では、論理をどのように捉えればいいのか。われわれは新たな論理観の探究へと踏み出さねばならない。それは必ずしも新しい論理学を模索するということではない。問題なのは、既存の論理学を含め、論理学というものがいったい何をしているのか、そしてそもそも論理とは何なのか、論理と論理学に対する見方である。『哲学探究』は、『論理哲学論考』が縛られていた論理観・論理学観を振り捨て、新たな見方へと歩を進めようとしている。

そしてその歩みの方向は、「規則は道標のようにそこにある」という言葉が示している。道標はひとが迷いそうなところに立てられる。これまでの論理観は、そこからさらに進めて道標は隙間なく立てられねばならないと考えてきた。論理は厳密であらねばならない。論理はあらゆる逸脱を許さないものでなければならない。それゆえ、ひとが迷いそうかどうかなどとは関係なく、道のすべての地点において歩むべき方向を示さねばならない。そう考えてきた。だが、いまやその論理観は崩される。そして新たに手にしようとしている論理観は、その場所の状況と道行く人とに応じて立てられる道標をモデルにしたものになるだろう。そして論理学もまた、どのような道標を立てるのが有効なのかという観点から捉えられることになる。

第5章　「理解」の罠

5-1　何かを把握したという幻想

前章で普通名詞の意味を一般観念であるとする考え方を批判したが、一般観念説に従うと、第二節の建築現場の言語ゲームは次のように描写されることになるだろう。――助手は「ブロック」と言われたときにどういうものを持っていけばよいのかを理解しなければいけない。そのためには、いくつかのブロックを示してもらい、それをもとにブロックの一般観念を心の中に形成しなければならない。そうしてブロックの一般観念が形成されたならば、以後、「ブロック」という親方の発話に対して、ブロックの一般観念を心の中に思い浮かべ、それに合致したものを選んで親方のところに持っていく。――しかしこれは、ウィトゲンシュタインが期待しているのとはまったく異なる解釈である。このように解釈する誘惑を断たねばならない。

いま述べた一般観念説の考え方において、われわれをそこに誘惑する地点は「理解」ということにある。どんな言語ゲームであっても、われわれがたんに機械仕掛けの自動人形のように動くのではないかぎり、その言語ゲームの参加者はそのゲームを理解した上で、その理解に基づいて適切に行動するのでなければならない。このように言うことにまちがいはないだろう。では、そのとき何が理解されているのか。何を理解し、何に基づいて適切に行動するとされるのか。こう問いを発したとたんに、われわれは罠にかかっているのである。

問題はただ一般観念説にかぎられるわけではない。「ブロック」と言われたときにブロックを持っていく。しかし、細かく言えばどのブロックもまったく同じではない。どれも直方体の石材ではあるが、微妙に色や柄が違ったり、わずかに一部欠けたりしているものもある。それゆえ、「ブロック」という命令の意味を理解しているとすれば、そこで理解されているものはそうした細かい違いは無視した一般的な何かだろう。何か一般的なことが理解されていて、その一般的な理解に照らして助手はどれかのブロックを取り上げて持っていくに違いない。一般観念説に対する批判にはある程度納得した人でも、このように言われれば「確かに理解されていることは何か一般的なことに違いない」とうなずいてしまうのではないだろうか。

ウィトゲンシュタインとしては、親方の発声が直接に助手の反応を促す、その直接的な結びつきの場に立ち止まりたいのである。第一節の買物の言語ゲームのあと、ウィトゲンシュタインがこう言っていたことを思い出そう。

第一節の事例をよく見れば、言葉の意味という一般的な概念がどれほど言語の働きをもやで覆い、明瞭に見てとることを不可能にしてしまっているかがおそらく感じとれるだろう。——言語の諸現象を、語の目的と働きが明瞭に見渡せるような原初的な形の言語使用において検討するならば、そのとき霧は晴れてくる。　（第五節）

助手は確かにこの言語ゲームを理解している。そのように言うことに問題はない。しかし、そこで理解されている「意味」なる何かを求め始めたとたん、ウィトゲンシュタインがもやを剝ぎ取ろうとして提示した言語ゲームは再びもやで覆われてしまうだろう。

ウィトゲンシュタインは、「ブロック」と言われてブロックを持っていくという言語ゲームをただそのままに受けとりたい。その発話と行動をつなぐとされる「意味」や「観念」といった幻影を追い払いたいのである。だが、われわれは言語ゲームの「理解」について語る。そしてそれによって理解されているはずの何ものかを求めてしまいがちになる。哲学はその要求を先鋭化し、言語の基底に潜む論理を取り出そうとしてきた。『論理哲学論考』もまた、まさにその誘惑に屈したのである。『哲学探究』はその罠——ありもしない基底を求める誘惑——から逃れようとする。

その罠がいっそう強力に迫ってくるのは、「いま分かった！」という瞬間である。何ごとかを学んでいるとき、ときに理解が開ける瞬間がある。説明を聞いてすぐに「ああ、分かったよ」とうなずく場合もある。あるいはなかなか分からなかったのだが、あることがヒントになって「あ、そうか。分かった！」と言うこともある。こうした体験そのものは別に珍しいことではない。だが、それがわれわれを罠にかける。

ウィトゲンシュタインは、「意味」という語が用いられる多くの場合において、「ある語の意味とは、言語におけるその語の使用である」(第四三節)と論じる。建築現場の言語ゲームの事例では、「ブロック」という語の使用とは親方が「ブロック」と言って助手がブロックを持っていくそのやりとりである。そこで、「ブロック」と言われたときにどの石材を持っていけばよいのか、最初はよく分からずにまごついていた新入りを考えよう。ブロックの見本を示されて、そのようなものを親方のところに持っていくよう教えられる。ほどなくその新入りはそれを理解し、「はい、分かりました」と言う。このとき、何が分かったのだろう。意味とは使用であるという主張に従えば、そのとき「ブロック」という語の使用が分かったことになる。だが、使用は時間をかけて為されることであり、しかもいまだけではなく今後もその言語ゲームは続けられていくのである。それを「いま分かった!」として、どうやって理解できるのだろうか。時間的に延長しているものをどうして一瞬の理解に押し込めることができるのだろう。

ある語を聞いたり話したりするとき、われわれはその意味を理解する。意味を一瞬で把握する。そして、そこで把握されたものは時間をかけて為される「使用」とは別ものではないか!

(第一三八節)

私は、もしかしたら読者にはこの問題がたいした問題ではないと、あるいはそもそもどこが問題なのか分からないと思われてしまうことを危惧する。たいした問題に感じない人は、おそらく「語の意味とはその語の使用である」という主張を「語の意味とはその語の使用法である」と解しているのだろう。使用法であれば、一瞬というのは無理であるにせよ、いま理解することができる。そして、その後はそこで理解した使用法に従って言葉を使っていけばよい。何の問題があるだろう。

だが、使用法を理解するとはどういうことなのか。それが問題なのだ。とはいえ、語の使用法にかぎらず、道具の使用法や機械の使用法等々、「使用法を理解する」ということ自体は日常ふつうに行なっている。逆に言えば、ここでウィトゲンシュタインが考えようとしている問題は、われわれにとって、そして哲学にとっても、真に新しい問題なのである。

使用法を理解するとは、それを理解していればそれに従って正しい使用が導かれるような何かを把握することだろう。ではその何かとは何なのか。すべての使用がそこから導き出されてくる、いわば水源地のような何か。そのようなものを想定することは途方もないことであり、日常的な実感に深く根ざしてはいるが、しかし哲学的な捏造物にすぎない。ウィトゲンシュタインはそう糾弾したいのである。

そこでウィトゲンシュタインは、「立方体」という語を聞いたときに立方体の像が思い浮かぶという事例を取り上げる。「立方体」という語の意味を理解するとき、何が把握されたのか。「立方体」という語を聞くと立方体の像が思い浮かぶようになることだろうか。だが、立方体の像から「立方体」

という語の適切な使用が導かれるというのはどのようにして可能なのか。「立方体」という語を聞いたときに立方体の像が思い浮かぶとしよう。だが、ある人は立方体の像を思い浮かべつつ、それを白い色の立方体に限定するものと理解するかもしれない。その場合には「青い立方体」という言い方は矛盾とされるだろう。あるいは別の人は、立方体の像を思い浮かべつつ、それを賽の目に切った豆腐と理解するかもしれない。その場合には「今夜の味噌汁の具は立方体にしよう」とか「立方体で麻婆豆腐を作る」とか言ったりするだろう。「立方体」という語に伴って立方体の像が思い浮かんだとしても、なお「立方体」という語はさまざまに使用されうる。

ここで重要なのは、ある語を聞いたときに同じものが思い浮かんだとしても、それでもなおその語を異なった仕方で使用する可能性があると見てとることなのである。（第一四〇節）

語の意味を理解したとき、何を理解したのか。この問いに対する答えが、一般観念であれ、使用法であれ、そこで把握された何か――Xとする――を述べるものであるとしよう。立方体の例ではXは立方体の像であった。だが、何でもよい。Xを取り出したとしても、Xを誤解して、期待される使用とは異なる使用を導いてしまう可能性がある。

いや、より深刻な問題として、そもそも何がXの正しい理解なのかをどうやって決めればよいのかという問題がある。「立方体」という語に伴って立方体の像が思い浮かぶとする。その立方体の像に従って「立方体」という語を使用することが「立方体」という語の適切な使用とされる。だが、立方体の像が思い浮かんだとしてもそれを賽の目に切った豆腐だと理解するなら、それは立方体の像に正しく従ったものとはならない。では、立方体の像に正しく従って「立方体」という語を使用しているかどうかは、どのようにして分かるのだろうか。これが立方体の像に正しく従う仕方だという理解はどこで成り立つのだろうか。

「立方体」という語の理解を説明するために立方体の像をもち出しても、こんどはその立方体の像を正しく理解することが問題になる。仮に立方体の像の正しい理解のあり方を説明するために、さらなる何かをもち出しても、やはりその何かを正しく理解することが問題になるだろう。「さらなる何か」と言われてもなんのことやら分からないし、実際に立方体の像の正しい理解を説明するためにさらなる何かなどをもち出してくる哲学者はいないだろうが、論理的にはこれは際限なく続くことになる。一般的に述べてみよう。Xに従った言語使用が正しいとされる。しかし、それはXに正しく従った言語使用でなければならない。では、Xに正しく従っているかどうかは何が決めるのか。そこでXの正しい理解を導くようなYを考える。だが、Yに正しく従っているかどうかは何が決めるのか。そこでYの正しい理解を導くようなZを考える。かくして、きりがない。

哲学は(そして『論理哲学論考』は)、言語使用を正しく導くようなXがあるはず、だ、という要求から、Xをいわば崇高なものに仕立て上げてきた。それさえ把握していれば、そこから正しい使用が必ず導かれてくる、そのようなすばらしい力をもったX。『哲学探究』はそれを否定し、理解という事柄を世俗化しようとするのである。

第一三八節をもう一度読もう。「ある語を聞いたり話したりするとき、われわれはその意味を理解する」、このことはまちがっていない。だが、続けて「意味を一瞬で把握する」とされたとたんに道を踏み外している。なるほど、われわれは「いま分かった！」という経験をする。だが、それはけっして「いまXを把握した！」——言語ゲームを導いてくれるようなXを把握した——ということではない。

5-2　自然数を「身につけ」、数列を「理解」する

第一四三節からウィトゲンシュタインは数列の事例を論じる。一定の規則に従って無限に続いていく数列は、規則を理解することと数列の各項を求めることの関係という形で、理解と使用の関係を見るには好適な事例と言えるだろう。前半は自然数の事例であり、後半はより複雑な数列を取り上げている。何気なく読むと、自然数とより複雑な数列とは同じように論じられていると思われるかもしれない。しかし、私の解釈が——というより、私の哲学的理解が——正しければ、両者は明確に区別されねばならない。あらゆる数列の中で、自然数は特別なのである。

そこでまず、子どもが「1, 2, 3, 4, …」という自然数[37]を学ぶ事例を取り上げよう。どうやって自然数を教えればよいのだろうか。最も不親切な、しかし実際にはこれで十分なのではないかと思われる

やり方は、具体的に数を適当なところまで数え上げ、あとは「以下同様」とすることだろう。より丁寧にやるとすれば、まず1から9までを数え、9の次が10になることを教え、数の「桁」ということを教え、2桁、3桁と桁数が上がっていくやり方を教えるといった形になるだろう。[38] どれほど丁寧に教えたとしても、ある程度やってみせて「以下同様」と言うしかない。問題はこの「以下同様」をどう教えるかである。

「「以下同様」ってどういうこと？」と子どもに尋ねられたら、いったいどう答えればよいのだろうか。もう少し続けてみせて「こんなふうに同じようにやっていけばいいんだ」などと応じても役には立たない。その子は「こんなふうに同じように」ということが分からない。もちろん多くの子どもは「以下同様」ないしそれに類する表現によって促されれば、大人の期待するように数を先まで続けていけるようになるだろう。しかし、そうならない可能性も考えられる。これは何を意味しているのだろうか。

一般観念に訴える人は「自然数の一般観念」としてどのようなものを考えるのだろうか。私には想像がつかない。一般観念などをもち出さずとも、ともかく「自然数を一般的に捉える」とはどういうことなのだろうか。数列を一般的に捉えるというと、例えば偶数を「$a_n = 2n$」[39] と表わすようなことが考えられるが、このような一般式はnが自然数であることを用いており、それゆえ自然数を使えることが前提になっている。自然数そのものを一般式に表わすことは無意味でしかない。（仮に「$a_n = n$」と書いたとしても、自然数を理解していない人はこの式を理解できない。それゆえ、この一般式を理解することによって自然数を理解することは不可能である。)

私には、そもそも「自然数を理解する」という言い方がナンセンスであるように思われる。自然数を用いて偶数を理解するということには意味があるだろう。つまり、自然数以外のさまざまな数列に対してそれを「理解する」ということに意味はある。しかし、その理解は自然数を習得していることが前提になっている。自然数の習得は他の数列の理解の前提なのであり、自然数の習得に対して「理解」ということは言えないのである。この点について、ウィトゲンシュタインははっきりと述べてはいないが、そのような方向を示唆する言葉を見出すことはできる。

では、「この数列を百番目まで続けたなら生徒は十進数の体系を理解したことになるのか?」と尋ねたら、どうか。あるいは――われわれの原初的な言語ゲームでは「理解」ということについて語るべきではないと言うのであれば――、「この数列をそこまで正しく続けられたなら生徒は十進数の体系を身につけたことになるのか?」と尋ねたら、どうか。(第一四六節)

「われわれの原初的な言語ゲーム」とは、教師の指示に応じて生徒が自然数を書き出すという言語ゲームである。この言語ゲームに対して「「理解」ということについて語るべきではないと言うのであれば」として、「理解」を「身につける(innehaben)」と言い換えている。ウィトゲンシュタインがどうしてこのように述べたのかは明らかではない。しかし私はこの言い換えに賛成したい。自然数は身につけるものであり、理解するものではない。少なくとも知的に理解するものではない。自然数を身につけるとは、犬に「お手」を仕込むような訓練のレベルなのである。[40] ウィトゲンシュタインがここで自然数を習得できない子どもの可能性を強調するのは、「お手」を習得できない犬がいるのと同様である。「お手」の訓練は犬の本性を利用して行なわれる。それゆえ、そもそもその本性のレベルで、例えば報酬を与えてもいっこうに行動が強化されることがない犬であれば、訓練は失敗するだろう。同様に、「以下同様」という仕方で数の訓練が成功するかどうかには人間の本性が関わっている。いささか単純化して安直な言い方をすれば、1から100まで数えて「以下同様」と言えば、ほとんどの人間は101, 102, … と続けていく本性をもっているのである。それは本性であるから、その本性をもっていない子どもがいたとすれば、数を教えることは挫折するしかない。逆に言えば、ここでウィトゲンシュタインが数を教えることが挫折する可能性を強調するのは、数を教えることがわれわれの本性に根ざした訓練のレベルであることを示唆したいからだと私には思われる。

だが、これで「理解」の罠が解除されたわけではない。自然数以外の数列に対しては「理解」について語ることができる。また、あらゆる言語使用に対して「理解」を語ることを却下するというのは、まったく実情に反している。われわれは「理解」が正当に語られうる場面へと立ち入り、そこにおいて「理解」の罠を逃れねばならない。

そこでウィトゲンシュタインは第一五一節から次のような数列を取り上げる。

1, 5, 11, 19, 29, …

29まで示されて「あ、分かった！」という人は何が分かったのか。このあと数列は無限に続いていく。もちろんその無限個の項のすべてが思い浮かんだわけではない。ありそうなことは、こうだろう。1と5の差が4、5と11の差が6、11と19の差が8、19と29の差が10、つまり次の項との差が2ずつ増えていく。漸化式を知っている人ならば、$a_{n+1}-a_n=2(n+1)$, $a_1=1$という漸化式を書くだろう。それゆえ6番目の項は29に12を足して41となる。以下同様。あるいは、漸化式を解いて$a_n=n^2+n-1$という一般項を求めるかもしれない。[41] 一般項が求められていれば、例えば10番目の項に対しては$n=10$として$a_{10}=10^2+10-1=109$と求めることができ、任意の項を計算できるようになる。

では、「次の項との差が2ずつ増えていく」と気づいたことや$a_n=n^2+n-1$という一般項が求められたことが、この数列を「理解した」ということなのだろうか。これに対してウィトゲンシュタインは、状況を抜きにしてこうしたことだけを取り出したならば、それは「理解」とは呼べないものでしかない、と論じる。ここで考慮されるべき状況とは、その人がある程度数列について学んでいるといったことである。もし数列についてまったく学んだことがなく、それゆえ「一般項」ということが何を意味するのかも分からない人が、たんにどうした加減か$a_n=n^2+n-1$という式を思いついたとしても、この式をどう扱ってよいか分からない以上、示された数列を理解したとは言えないだろう。また、ある項と次の項の差をとってみることの意味が分からない人であれば、「次の項との差が2ずつ増えていく」ということに気がついたとしても、そのことからどうやってさらに数列を続けてよいのか分からないかぎり、数列を理解したとは言えない。ならば、ともかく数列を続けられれば理解したと言えるのかというと、そうとも言えない。「29の次は41だ。そして次は55」といつまでも続けていけるのだが、なんとなくその数が思いつくだけでどうしてそうなるのか答えている本人にもまったく分からないというのであれば、それもまた理解しているとは言えないだろう。

人はあることを「理解していない」状態から「理解した」状態へと変化する。それゆえ「理解」とは、何かその人において「理解」と呼べる状態が成り立っていることだと考えられてしまうのである。例えば一般項を思いつくというのは、その人の頭の中――心の中、あるいは現代のわれわれなら脳と言うかもしれない――のなんらかの状態である、と。いまウィトゲンシュタインが戦っているのは、そのような考え方にほかならない。

「理解」とはどういうことかを見てとるには、それがいかなる状態なのかを知るために心の中(あるいは脳の中)を調べるのではなく、「理解した」あるいは「理解している」という言葉がどのような場面で使われるのかを見なければならない。これがここでウィトゲンシュタインが新たに手にしようとしている考え方である。

> 理解を「心の中に生じる過程」と考えてはならない。それは君を惑わす語り方だからだ。そうではなく、こう問うのだ。どのような場合に、どのような状況のもとで「いま分かった。続けら

れる」と言うのか？　（第一五四節）

心の中を探るのではなく、言葉が使用される状況を見よ。この新たな哲学的探究の方法をさらに手繰り寄せ、手中に収めるため、数列という事例をいったん離れ、ウィトゲンシュタインは第一五六節から「読む」ことについての考察を始める。

5－3　読み上げる

ここでは「読む」ということで、意味をまったく考えずにただ書かれてある文字を声に出して読み上げることを考えている。次の文字列を例にとろう。

しきふいくう、くうふいしき。しきそくぜくう、くうそくぜしき。じゅそうぎょうしき、やくぶにょぜ。[42]

このような文字列が与えられ、「しきふいくう　くうふいしき　しきそくぜくう……」と正しく発音したとしよう。だが、その場合でも、いいかげんにあてずっぽうで言ったらたまたま正解だったということも可能性としてはゼロではない。あるいは、そもそも知っていたので一瞥しただけであとは暗唱したということもありうる。そうした場合と読み上げている場合とはどう違うのだろうか。

だが、なぜそんなことが問題になるのだろう。ここで少し脱線して、ウィトゲンシュタインの考察を読む面白さについてひとこと述べてみたい。その最大の面白さは、いままで誰も(非哲学者だけでなく、哲学者たちも)悩んだことがないような問題をウィトゲンシュタインが取り出してくることにある。もっと分かりやすい面白さは、誰もが問題に感じていることを明確に取り出し、鮮やかに解決してくれるというものだろう。しかし、ウィトゲンシュタインを読んでいて最も驚きなのは、誰も立ち止まらなかったところで立ちつくしているその姿なのである。だから、ウィトゲンシュタインの考察を読もうと思ったならば、それが問題に見えているだろう地点、ウィトゲンシュタインが立ちつくしているその地点にともに立って、それを問題として実感しなければならない。ウィトゲンシュタインの魅力が問題を解消していく手さばきにあることも確かだが、それよりもはるかに大きな魅力は、それを問題として見ているウィトゲンシュタインのまなざしなのである。

「読み上げる」とはどういうことかという問題に戻ろう。一つの答え方は、読み上げている場合とあてずっぽうや暗唱の場合の違いは、目から情報を入力して声に出すに至る処理過程の違いだというものだろう。読み上げ機を考えてみよう。文字列を入力するとそれが電気信号に変換され、処理されて音声として出力される機械である。われわれ人間もまた、一種の読み上げ機であると思われるかもしれない。文字から反射された光が目に入り、網膜で電気信号に変換され、脳で処理されて、発声を引き起こす。もちろん人間のメカニズムは機械とは異なるが、両者を類比的に捉えることはできるようにも思われる。そして読み上げ機との類比で考えるならば、あてずっぽうや暗唱との違いも説明できるだろう。読み上げている場合には文字列が入力され、それを取り込んだメカニズムが正常に作動し、そして音声が出力される。他方、あてずっぽうや暗唱の場合には目の前の文字列は入力として適切に働いているとは言えない。

だが、ウィトゲンシュタインはこの捉え方を批判する。多少ウィトゲンシュタインを補って批判を試みてみよう。

人間を一種の読み上げ機として捉えるのであれば、読み上げているのかそうでないのかはたんに文字列を入力して正しく音声が出力されたというだけではなく、その内部のメカニズムが正常に作動していることが必要となる。人間の場合であれば入力された視覚刺激を視神経や脳が適切に処理して音声を出力しているのでなければならない。だが、われわれは日常生活において視神経や脳状態などをチェックすることなく、読み上げているかそうでないのかを区別している。そうであれば、日常生活における「読み上げる」という概念は視神経や脳状態とは独立であると言うべきだろう。

大人が子どもに文字の読み上げを教えているとしよう。最初はうまくいかなかったのだが、だんだん正しく読み上げられるようになってくる。そして「この子はもう正しく読み上げることができるようになった」と大人が判断するとき、この場合もやはり脳状態をチェックしたりはしていない。あくまでも状況とその子の反応を観察してそう判断するのである。

またそれゆえ、「この子はいつ読み上げ始めたのか」という問いに対する答えも必ずしも明確ではないことになる。読み上げがきちんとできるようになる途中では、半ばあてずっぽうで答える(しかも正解する)こともある。その境界は明確ではなく、たぶんこれでいいだろうけれどもちょっと自信がないという段階もあるに違いない。そうだとすると、「いつ」と問われてもきっぱり答えることはできないだろう。他方、読み上げ機の場合であれば、機械が正常に作動していれば読み上げており、そうでなければ読み上げてはいないということになるので、「この機械はいつ読み上げ始めたのか」という問いには明確に答えることができる。このこともまた、「読み上げる」ということを読み上げ機との類比で捉えることが不適切であることを示唆している。[43]

では、機械とわれわれとの相違点は何だろうか。

> このことについてよく考えてみると、ある人が読んでいることの唯一の真の規準[44]は読むという意識活動、つまり文字から音を読みとる意識活動なのだ、と言いたくなる。(第一五九節)

機械に欠けていて人間にあるもの、それは意識だ。ならば、そこにこそ違いがあるはずだ、というわけである。そこでウィトゲンシュタインは、「読み上げているときには、読み上げているという実感がある。それはあてずっぽうや暗唱のときにはない感覚だ」という考えを俎上に載せる。なるほどそのような感覚がある気もする。例えば次を読み上げてみていただきたい。

あすはれのちくもり。えんがんぶをちゅうしんにかぜがつよまる。

読み上げているという感覚があるだろうかと意識しながら読み上げると、なんだかそのような感覚が伴っているようにも思えてくるかもしれない。これに対するウィトゲンシュタインのアドバイスはこうである。

ある対象が遠くからどう見えるかを記述しなければならないとき、さらに近づいてそこで見えてくることを述べたとしても、それによってより正確な記述が得られるわけではない。

（第一七一節）

哲学的な下心などもたずに何気なく読み上げてみていただきたい。何か読み上げているという感覚があっただろうか。私はと言えば、とくに何か特徴的な感覚はなかった。

これに関して、ウィトゲンシュタインはさらに手の込んだ想定をする。読み上げている間、なんらかの毒物の影響であたかも暗唱しているかのような感覚を覚えたとしたらどうか、と言うのである。読み上げている実感の有無が読み上げているかどうかの弁別規準になるのであれば、その感覚を奪われたならばそれはもはや読み上げているのではないということになるだろうが、しかし、この荒唐無稽な想像に対して、そのようにきっぱりと「これは読み上げではない」と言えるような気はしないのではないだろうか。さらにウィトゲンシュタインの想像を膨らませるならば、読みまちがいに気づいて訂正したり、文字を指でたどりながら自分の読み上げの正しさを確かめたりするのであれば、たとえ読み上げている実感を奪われ、暗唱しているかのような感覚に襲われたとしても、それはやはり読み上げていると言うべきだろう。

ウィトゲンシュタインはまた、逆の場合も想像するように促している。読み上げることに特有の感覚があるとしよう。また、脳に作用してそのような感覚を引き起こす薬があるとする。そこで、どんな言語にも属さない記号列を示し、それを読み上げるよう求める。もちろんふつうであれば読み上げ不可能だが、薬の影響であたかも読み上げているかのような感覚をもちながらそれなりの音声を発したとする。これを「読み上げている」と呼んでよいのだろうか。読み上げているかどうかを実感の有無に求めるのであれば、この場合は読み上げているとされるだろうが、こんな事例では読み上げているとは言えないだろう。

かくして、読み上げているかどうかにとって、視神経や脳といったメカニズムのあり方も、そしてまた読み上げているさいの感覚のあり方も、無関係であると結論される。このことから、「読み上げている」とはたんにあるできごとや状態を意味する語ではないということが示唆される。例えば「パンが焼き上がる」といったことであれば、焼き上がったかどうかはパンの状態によって判断される。だが、読み上げているかどうかを区別するものはなんらかの状態ではないと考えられるのである。

読み上げることの議論に入る直前の第一五四節の文章をアレンジして、次のように言うことができるだろう。

読み上げることを「心の中に生じる過程」と考えてはならない。それは君を惑わす語り方だからだ。そうではなく、こう問うのだ。どのような場合に、どのような状況のもとで「読み上げている」と言うのか？

５－４　原因と理由

では、どのような場合に「読み上げている」と言うのだろうか。答えは書かれていない。私の考えでは、それはこのあとさらに明らかにされていくべき『哲学探究』の根幹に関わっている。それゆえ、ここでただちに述べることができないのである。とはいえ、このままでは「読み上げることは心の中に生じる過程ではない」という消極的な議論にとどまり、「読み上げる」という問題の興味深さ、重要さが伝わらないのではないだろうか。そこで私としては、もう一歩踏み込んで「読み上げる」ことの姿を見ておくことにしたい。

読み上げているとき、そこに書かれている文字と読み上げた音声とは「結びついている」。問題はその「結びつき」が何なのかである。まず思いつくのは因果的な結びつきだろう。そこに「しきそくぜくう」と文字が書かれてあることは私が「しきそくぜくう」と発声したことの原因である。だが、それだけではない。因果関係があることは事実であろうが、「読み上げる」という概念にとって重要なのは因果関係ではなく、理由関係なのである。『哲学探究』ではそのようにはっきりと論じられてはいない。しかし、ここで因果関係と理由関係を区別すべきと匂わせるような箇所はある。

第一六九節において、「読み上げているとき、目にした文字の形がある仕方で発声を引き起こしているのを感じないか？」と相手に問いかけさせ、それに対して「なぜ君はわれわれが因果関係を感じていると言うのか」と応答している。そしてそのあとでこう述べるのである。

むしろ、その文字は私がそう読み上げている理由なのだと感じる、という言い方ならばできるかもしれない。というのも、「どうして君はそう読み上げたのか？」――この問いに対して私はそこに書かれてある文字を理由として挙げるからである。

（第一六九節）

なんらかの感覚を「読み上げる」ことの規準とみなす考えを批判する脈絡であるから、「読み上げる」ことについて積極的に述べているわけではない。しかし、ここで因果関係と理由関係を区別し、理由関係を感じるという言い方であればまだ許容できるかもしれないと述べていることは注目に値する。もちろん、たとえ理由関係であっても、その理由関係を「感じる」ということを「読み上げる」ことの規準にしようとする考えは批判される。だが、理由関係は因果関係よりも「読み上げる」ことの実態に近づいているとウィトゲンシュタインが考えていたことはうかがえるだろう。

ウィトゲンシュタインは「原因」と「理由」の区別を重要視しており、「青色本」などでもその区別を強調している。[45]『哲学探究』ではこの区別は表立って論じられていないが、しかし、原因と理由を区別することは『哲学探究』を理解する上でも不可欠である。以下、原因と理由の違いについて説明しよう。

原因はできごと同士の関係である。例えば、「スギ花粉の飛散が鼻水が出ることの原因だ」のように、できごとA(スギ花粉の飛散)ができごとB(鼻水が出る)を引き起こしたときに「AがBの原因」と言われる。

それに対して、ある行為や判断を正当化するものはその行為や判断の「理由」と呼ばれる。例えば、「彼女は嘘をついている」と判断し、その判断の理由として「話しているときに目が泳いでいた」と答える。目が泳いでいたことは嘘をついたというできごとの原因ではなく、「彼女は嘘をついている」という判断を正当化する理由である。[46]なお、原因であり同時に理由であるような場合もありうる。例えば、「頭痛薬を飲んだから痛みは和らぐだろう」と言うとき、頭痛薬を飲んだことは痛みが和らぐ原因でもあり、かつ、「痛みは和らぐだろう」と判断する理由でもある。

では、原因と理由の区別を踏まえて「読み上げる」という事例を見てみよう。「なぜ「しきそくぜくう」と発声したのか」と問われて「ここに「しきそくぜくう」と書いてあるから」と答える。「しきそくぜくう」と書いてあることは、私がそう発声したことの原因だろう。しかし、それだけではない。私はまた「ここに「しきそくぜくう」と書いてあるのだから、私の読み上げは正しい」とも言いたかったのである。だとすれば、それは私の読み上げを正当化する理由を答えたものとも言うべきだろう。つまり、「ここに書いてあるから」という私の答えは私が「しきそくぜくう」と発声した原因を答えるものでもあり、かつ、理由を答えるものともなっているのである。

読み上げることは、正しい読み上げと誤った読み上げがあるという意味で、規範性をもっている。他方、因果関係には正しいも誤りもない。スギ花粉に反応して鼻水が出ることに正しいも誤りもありはしないだろう。それゆえ、「読み上げる」ということをたんに因果関係だけで捉えるわけにはいかない。「読み上げる」とは、そこにある文字を参照して自分の読み方の正しさを確認したり、あるいは読みまちがいに気づいて訂正したりする活動と結びついてはじめて成り立つことなのである。

ウィトゲンシュタインは、「読み上げる」がいかなることなのかを捉えるためには、読み上げているそのできごとだけを見つめようとするな、と訴える。読み上げることを取り巻いて、確認や訂正の可能性が開かれていることが、それを「読み上げる」と呼びうるものにするのである。確認や訂正を可能にする言語ゲームの中ではじめてそれは「読み上げる」と呼べるのだと言ってもよいだろう。

このような原因と理由の区別に基づいた議論をウィトゲンシュタインが展開しているわけではないが、このことは「理解」という概念の核心に迫るものであると私には思われる。例えば数列を理解するという事例においても、「1, 5, 11, 19, 29」と提示された数列はさらにこの先を続けていくための原因ともなり、かつ、理由ともなるのでなければならない。だが、先走るのはこのくらいにして、『哲学探究』に戻って見ていくことにしよう。

5-5　「いま分かった!」という合図

「読み上げる」についての考察を挿んで、第一七九節から数列の事例が再開される。自然数を習得するという訓練のレベルの話ではなく、第一五一節で取り上げた、「1, 5, 11, 19, 29, ...」のような、「理解する」ということが語られうる事例である。「1, 5, 11, 19, 29」まで示されて「いま分かった!」と言う。これはいったい何を意味しているのか。

「読み上げる」についての議論が示唆していたのは、「読み上げる」はなんらかのできごとや状態を記述する言葉ではない、ということであった。その示唆を受けとるならば、「いま分かった!」という言葉もまた、なんらかのできごとや状態を記述するものではないと考えることになる。では何なのか。

その言葉はここではむしろ「合図」と呼ぶことができよう。（第一八〇節）

スタートの合図としての「よーいドン!」みたいなものだというのである。後の節で思考について論じているところがあるが、そこでもこの問題に言及して、こう述べている。

「いま分かった。続けられる!」は叫びなのだ。それは自然にあがる声やうれしくて体が動くようなものだ。(第三二三節)

ウィトゲンシュタインのこの見解に、私はゴルギアスの結び目を断ち切ったかのような爽快感を覚える。悩まされていた結び目は何だったか。「ある語を聞いたり話したりするとき、われわれはその意味を理解する。意味を一瞬で把握する。そして、そこで把握されたものは時間をかけて為される「使用」とは別ものではないか!」(第一三八節)、これがいまわれわれを悩ませていた問題であった。「いま分かった!」という発話は、自分が理解したことを報告するものであるように思われる。だとすれば、そこで報告されているのは自分が「理解」と呼びうる状態にあることだろう。では、それはどのような状態なのか。しかも、ある時点においてその状態にあれば、今後為されるすべての適切な使用がそこから導かれてくるはずの状態とは——。

これに対してウィトゲンシュタインは、そもそも「いま分かった!」は何かを記述するものではない、とその結び目を断ち切る。そこには記述されるべき状態などありはしない。「理解」とはなんらかの状態ではない。「いま分かった!」は「あ、できるぞ!」という喜びの叫び、あるいは「オーケー。だいじょうぶ」というゴーサインのようなものなのだと言うのである。

「ゴーサイン」ということで具体的に例を挙げてみよう。例えば、ある曲を思い出そうとしてなかなか思い出せず、出だしを思い出したときに「あ、分かった」と言う。まだ曲の終わりまでは心に浮かんでいないのだが、出だしを思い出したことでいわば扉が開き、先に進めると確信する。この場合の「あ、分かった」はまさに「オーケー。だいじょうぶ」というゴーサインである。

あるいは、いささか楽屋話的になるが、私は本書を執筆するとき、各章を書き始める前に下準備をする。『哲学探究』を読み直す、抜き書きをする、メモを書く、論点を書き出して線でつないでみる、等々。そのさい散歩することは私にとってだいじなことで、歩きながらイメージを固めたりアイデアを得たりする。そうすると、あるところで「よし、書けるな」という感触をもつのである。そして、書き始める。もちろん、途中で書きあぐねたり、ある程度書いたものを破棄することもある。だから、ある程度はやってみなければ分からない。しかし、まったく見通しなしに書き始めるわけでもない。その「見通し」とは何か。執筆する文章がすべて思い浮かんでいることではありえない。ただ、何か道が通ったという感じがするのである。この「よし、書けるな」という思いは、まさにゴーサインだろう。

数列の事例を考えよう。「1, 5, 11, 19, 29」と示され、$a_n = n^2 + n - 1$ と一般項を求めた人が「分かった。続けられる」と言う。この場合は、私の原稿執筆などと違って、「やっぱりできなかった」ということはまずないだろう。ゴーサインの信頼性という点では、私の原稿執筆の場合はあまり信頼できず、曲を思い出す場合にはある程度信頼でき、数列の場合にはかなり信頼できると言ってよいだろう。この信頼は何によるのだろうか。曲を思い出す場合には、「あ、分かった」の信頼性は人によるだろう。私の場合は残念ながらあまり信頼できない。しかし、人によってはかなり信頼できるに違いない。

その点は数列も同様であり、「分かった。続けられる」の信頼性はその人がどの程度数列について学習できているかによるだろう。

ともあれ、数列で一般項を求めたときの「分かった。続けられる」という発言は、現在の時点における自分の頭の中の状態を報告したものではなく、このあとずっと数列を書き出していけるだろうという未来に向けての出発の合図なのである。「分かった」と言われると、そこで理解が成立したと考える。別にそう考えることがまちがっていると言いたいわけではない。だが、理解が成立したという言い方は、容易に理解という状態が実現したことと捉えられてしまうだろう。そして、それがいかなる状態なのかを調べようとする。ところが理解と呼びうる状態を探って頭の中を反省してみても、これが理解だと言えるようなことは見つからない。そうしてわれわれはほどけぬ結び目をほどこうとして空しい努力を繰り返すことになる。

数列の事例における「分かった。続けられる」といった言葉を「理解」と呼ぶべき心の状態の記述とみなすことについて、ウィトゲンシュタインはこう断罪する。

この言葉を「心の状態の記述」と呼んでしまうと、完全に道を誤ることになるだろう。

(第一八〇節)

ここまでの成果を確認するため、「理解」について論じ始めた動機を振り返ろう。ウィトゲンシュタインは「言葉の意味」という観念は哲学の病いの大きな発生源であると見ている。哲学問題を治療するには、むしろ買物の言語ゲームや建築現場の言語ゲームのようなシンプルな言語ゲームをモデルにして言語を捉えたいのである。しかし、どれほどシンプルな言語ゲームを出そうとも、例えば「ブロック」と言われてブロックを持っていくのは「ブロック」という語の意味を理解しているからだという考えに囚われがちになる。もちろん「理解」について語ることをやめる必要はない。しかし、「理解」ということはわれわれに哲学的な罠を仕掛けてくる。『論理哲学論考』はそうして、言語の基底に潜む論理を求めたのである。「いま分かった！」というのは、言語使用を説明する基底の論理を把握したことの表明なのではないか。

そしていまやそれに対して「否」と答えられる。「いま分かった！」は何ごとかを把握したという報告ではなく、「よし！」という合図、ゴーサインなのである。そこには記述すべき「理解」なる状態はありはしない。

こうして一つの罠を逃れ、ウィトゲンシュタインはさらに歩を進めることができる。

第6章　規則に従う

6-1　規則のパラドクス

言語使用は規範的活動である。語彙の選択にも適切・不適切があり、文の組み立てにも文法に従ったものと文法違反のものがある。こうした規範は「……すべし」ないしは「……すべきではない」という形で表わされる。すなわち、規則として表現される。そこで、言語使用を支配する規則を見出したいと考えるのは自然なことだろう。ちょうど、「1, 5, 11, 19, 29, …」という数列に対して、そのすべての項が従うべき「$a_n = n^2 + n - 1$」という一般項を見出すように、言語使用に対しても、その言語使用を正しいものとするような規則を見出したいと考えるのである。少なくとも、『論理哲学論考』はそのような規則、すなわち言語の論理が存在すると考えていた。

そして『哲学探究』はその考えを破壊しつつある。その歩みの一部は第4章で見てきた。振り返っておこう。そこでは、言語使用の規範性のすべてを規則によって説明することはできないと論じた。その理由は二つある。第一に、規則として表わすことができず、見本を用いて説明するしかないような場合がある。第二に、規則は常識的な想定の範囲内でのみ有効であり、その「常識」を規則で表わすことはできない。例えば椅子に見えたり消えたりするような現象に対してそれを「椅子」と呼ぶべきかどうかのように、想定外の事態に対して規則で対応することはできない。

ここまでの議論をいわば外堀を埋めたものとするならば、第一八五節からウィトゲンシュタインは本丸への攻撃を開始する。長くなるが第一八五節を全文引用しよう。

第一四三節の例に戻ろう。生徒は——通常の規準で判断して——すでに自然数を習得しているとする。そこでわれわれは生徒に他の数列[47]を書くことも教える。例えば「+n」という形式の命令に対しては、次のような形式の数列を書けるようにしたい。

0, n, 2n, 3n, …

つまり、「+1」という命令を与えれば自然数の列を書くわけである。——これを1000までの範囲で練習し、理解を確かめるためのテストも済ませたとしよう。

さて、その生徒に1000を超えて数列(例えば「+2」)を続けさせてみる。ところが彼は1000, 1004, 1008, 1012と書き出すのである。

われわれは彼に言う。「何をしてるんだ。よく見てごらん!」——彼は何を注意されたのか理解できない。われわれは言う。「いいかい、2を足さなくちゃいけないんだ。最初の方のやり方を見てごらん！」――彼は答える。「えっ、違ってるんですか？　ぼくはこうしなければいけないと思ったんです。」――あるいは彼がその数列を示しながらこう言ったとしたらどうか。「だけど、ぼくはずっと同じやり方でやってるのに！」――このような生徒に対しては、「でも……となっているのが見てとれないのか」と言っても――そしてこれまでの説明と例示を繰り返しても――役には立たない。――このケースをこんなふうに言うこともできるだろう。「われわれの説明を与え、「＋2」と命令すると、この人は生まれつき、われわれが「1000まではずっと2を足し、2000までは4を、3000までは6を、……」という命令を理解するようにその命令を理解してしまうのだ。」

この人は、指差しの身振りに反応して、生まれつき指先の方向ではなく指先から手首の方へと目を向けてしまう人のようだとも言えるだろう。

（第一八五節）

ここでウィトゲンシュタインは「規則に従う」と呼びうる典型的な事例を取り上げている。数列は「丼」や「ゲーム」という概念のような曖昧さはもっていない。また、ここで想定されている状況は「椅子のような姿が点滅する」といった異常な状況でもない。われわれならば、なんの迷いもなく「＋2」という命令に従って数列を書き出すだろう。焦点を当てられるのは「われわれならば」というところである。この場面が規則に従うことの典型的な事例となりえている前提には、「われわれならば」という限定がついている。では、この限定は何を意味しているのか。

それをあぶり出すため、ウィトゲンシュタインは「われわれ」ではない生徒を登場させる。以下、その生徒を「ルートヴィヒ」と呼ぼう。ルートヴィヒは自然数についてはわれわれと同様に習得しているとされる。[48] そして「+2」という命令に対して、「0, 2, 4, 6, ...」と続け、1000までは「996, 998, 1000」と、われわれと同じように書き出す。しかし1000を超えると「1000, 1004, 1008, ...」と書き始める。

これに対して、「この生徒は「+2」についてのわれわれの説明を誤解したのだな」と考えて済ませてしまうのであれば、前章における「理解」を巡る議論の教訓が生かされていないと言わざるをえない。いや、というよりは、ウィトゲンシュタインがここで戦っている病いは心底根深いものであって、何度でも再発してくると言うべきだろう。「きちんと説明して、それがきちんと理解されれば、こんなまちがいは犯さないはずだ」と考える。だが何を理解したというのか。それは無限に続く数列の適用を導いてくれるような何かでなければならない。そうして「理解」というところに逃げ込んで、うやむやなままに済ませてしまおうとする。それに対してウィトゲンシュタインは、すべての適用を導いてくれるような理解されている何かなどありはしないと論じてきた。「いま分かった」というのは、そのような何かを把握したことの表明ではなく、「オーケー、行ける」と発言する場合と同様の合図、ゴーサインなのである。

あるいは、「+2」という命令を出した教師が意図していたこと・意味していたことに訴えたくなるかもしれない。1000の次に1004と続けていく生徒は教師の意図していた「+2」の意味を捉えていない、というのである。だが、教師は「1000の次には1002と書かねばならない」などということを考えていただろうか。仮に考えていたとして、例えば「76894のあとは76896と書かねばならない」と考えていたというのだろうか。数列は無限に続くから、教師が考えるべき適用例は無限にある。それをすべて考えていたというのは不可能である。

われわれはもう「すべての適用を導く水源地のような何か」という幻想と手を切らねばならない。しかし、「理解」について語ることも、「意図」や「意味」について語ることもわれわれがふつうに行なっていることであり、それをやめる必要はない。「彼は……を理解した」、「私の意図は……だった」、「私は……を意味していたわけではない」、こうした言い方は正当である。ただ、この言い方が仕掛ける罠にかからないようにしなければいけない。こうした言い方は容易に、そして強力に、いま述べた「水源地幻想」へとわれわれを誘惑するだろう。

だが、水源地のような何かを諦めたとき、規則は適用を導く力を失ってしまうようにも思われる。ルートヴィヒの反応をまちがいとし、「+2」という命令に正しく従うならば1000の次は1002でなければならないとするには、「理解された何か」や「意図していた何か」や「意味」に訴えるしかないのではないか。だが、それらに訴えることができないというのであれば、規則になんの力が残されているというのか。第二〇一節で問題はこう述べられている。

われわれのパラドクスはこうであった。規則は行為の仕方を決定できない。なぜなら、いかなる行為の仕方もその規則と一致させることができるからである。そして答えはこうであった。いかなる行為の仕方もその規則と一致させることができるのであれば、矛盾させることもできよう。それゆえ、ここには一致も矛盾もないということになるだろう。（第二〇一節）

これが、一般に「規則のパラドクス」と呼ばれる問題である。

6-2　訓練と慣習

規則のパラドクスに対する応答への一歩はすでに踏み出されている。われわれはまず、2-3において、名前を尋ねることもできない段階では定義によって言葉を学ぶことは不可能であり、それは犬にお手を教えるような訓練になると論じ、また5-2では自然数を習得するのは訓練という仕方でしかないと論じた。規則のパラドクスに対しても、訓練ということは強調されねばならない。行為の仕方を定めるには、訓練が不可欠なのである。

「すると、私のすることは何だってその規則と一致するのか？」――この問いにはこう問い返したい。規則の表現――例えば道標――は私の行動とどう関係しているのか。そこにはどのような結びつきがあるのか。――そう、例えば、その記号に特定の仕方で反応するように訓練され、それで私はいまそのように反応する。

（第一九八節）

ここでウィトゲンシュタインが問題にしているのは、道に設置されていて見たり触れたりすることのできる道標である。道に道標が立っているのを見ると、私はその尖っている方向へと促される。人間は指差しされるとその指の方向へと注意を向けるという本性をもっている。道標はその本性を利用している。あるいは、さまざまな道標に対応するためには多少の訓練が必要かもしれない。ここで考えられているのは、道に立っている道標という物体と、それに促された私の身体反応との結びつきである。何度も繰り返すように、ここには道標と身体反応を媒介する何か（心の中の何か、あるいは意味）を考えたくなる誘惑がある。だが、もうその誘惑は振り切ろう。そのような媒介なしの、道標と身体反応との直接的結びつきがここでは考えられている。第二節の建築現場の言語ゲームでも、親方の「ブロック」という音声と助手の行動とが直接に――「理解された何か」という媒介なしに――結びついていた。われわれが「＋2」という記号に一様な反応を示すのも同様なのである。「＋2」という文字模様が書きつけられる。それに対して私はある仕方で反応する。その反応の仕方は私の生まれつきの本性と私が受けた訓練の結果である。われわれが「＋2」という命令に対して同じ仕方で数列を続けていくのも、われわれが同様の本性をもち、同様の訓練を受けて、同様の反応をするようになっているからにほかならない。

それに対して、ここで考えられているルートヴィヒはそもそもわれわれのような本性をもっていない。それゆえ、「+2」という文字模様に対してわれわれとは違う反応をする。しかも、生まれつき自然にそう反応する。つまり、ルートヴィヒにとっては「+2」という命令に対して、1000 の次に 1004 と続けるのが彼の本性にかなった自然な反応なのである。

だが、以上のような応答に対しては当然不満の声があがるだろう。これでは「+2」と命令されたならば 1000 の次に 1002 と言うべきだということが捉えられていない。本性と訓練の結果一定の反応をするようになったというのはたんなる条件反射にすぎない。例えばそれは、梅干を見ただけで唾が出るのと違いはないだろう。梅干を見たことが原因で唾が出るのは事実であるとしても、梅干を見たら唾を出すべきというわけではないし、唾が出なくともまちがいというわけではない。第一九八節はさらにこう続いている。

> だがそれでは君はただ因果的な関係を述べたにすぎない。どのようにしていまわれわれが道標に従って進むようになったのかを説明しているだけで、〈この記号に従う〉ということがそもそも何であるのかを述べていない。（第一九八節）

しかしウィトゲンシュタインはこれに対してただちに反論する。

> いや、違う。私はまた、ひとが道標に従うのは道標を使い続けてきている場合だけだということ、

すなわちただ慣習が存している場合だけだということも示唆していた。

（第一九八節）

ここでウィトゲンシュタインが「示唆していた」ことが正確にどのようなことなのかははっきりしない。規則に従うということが言えるためには「慣習」がなければならない、ウィトゲンシュタインがそう主張しているのは確かである。では、ここで「慣習」と言われていることはどういうことであり、また、どうして慣習が必要とされるのだろうか。

続く節でウィトゲンシュタインは次のように問いかけている。

「規則に従う」とわれわれが呼ぶものは、一人の人が人生で一回だけ行なえるようなことなのか？

（第一九九節）

規則に従った活動の典型的な事例としてウィトゲンシュタインはしばしばチェスの対局を取り上げるが、この例を使うならばこう問うことができる。「一人の人が人生で一回だけチェスをすることができるだろうか？」ウィトゲンシュタインの答えは「できない」というものである。「規則に従う、報告する、命令する、チェスをする、これらは慣習（継続的な使用、制度）である。」（第一九九節）だが、率直に言って、私の直感はまだ「一人の人が人生で一回だけチェスをすることは可能ではないのか？」と呟いている。どうしてできないのだろう。

おそらく私はまだ、ウィトゲンシュタインが打ち壊そうとしている規則の描像に囚われているのである。規則を、適用を導く抽象的で一般的な何かと考えてはいけない。そんなものはありはしない。もうそれは聞き飽きたという読者には申し訳ないが、私は何度でも自分に言い聞かせなければならないようだ。むしろ道に立っている道標――実際にさわることのできる物体である道標――を念頭におき、規則をそのようなものと考えねばならない。そう言い聞かせた上で、「一人の人が人生で一回だけチェスをすることができるだろうか？」という問いに向かおう。

チェスだけにかぎらず、なんらかのゲームを考えよう。ゲームの中には規則が曖昧だったり、そもそも規則がないようなものも考えられるが、いまは明確な規則に従っているとみなせるようなゲームを考える。その場合でも、規則が表立って述べられている場合と、暗黙の内に示されている場合がある。

規則が暗黙の内に示されている場合には、実際にゲームをプレイする中で規則を把握するしかない。そのためには一人が一回だけプレイするのではだめだろう。ある動きは規則に従っていたのか違反していたのか、あるいはその動きについては規則は何も決めていないのか、そうしたことは一人の一回だけの動きでは示されえない。例えばある人がある仕方で一度だけ百メートルを歩いたとして、そこにはさまざまな規則が示されうる。あるいはむしろ、いかなる規則も示されていないと言うべきだろう。

では、規則が表立って述べられている場合を考えよう。その場合には規則が口頭で語られるか書き出されるかする必要がある。そうしたものを第一九八節にならって「規則の表現」と呼ぶことにしよう。(ただし、「表現(Ausdruck)」という言葉に惑わされないように。ここでは規則が知覚可能な形で提示されていることを押さえておくために「表現」という語を用いているのであって、「規則の表現が表現している抽象的な規則」のようなものを求めてはいけない。)道に立っている道標は規則の表現である(例えば「A町に行くのならば右の道を進め」という文字記号と同等のものとみなせるだろう)。そして道標が規則の表現でありうるのは、それが道標として使われるからである。もしかしたらそれは芸術作品かもしれない。墓標かもしれない。信仰の対象かもしれない。ゴミかもしれない。道標として使われることによって、それは道標となる。一般に、規則の表現は規則として使われることによって、規則の表現になるのである。

これは規則に対して途方もない見方の転換を要求するものと言えよう。まず、われわれがふつうどう考えているかを述べてみよう。例えば部屋の壁に「禁煙」と書いて貼られてあるとする。それは規則の表現である。それはこの部屋で煙草を吸ってはいけないということを意味している。すなわち、規則の表現(貼紙)が意味しているものが、規則である。そしてその規則を理解した上で、われわれはその規則に従ったり従わなかったりする。おおむねこのように考えているだろう。

だが、「規則の表現(貼紙)が意味しているものが規則である」という考えを捨てるように、いまわれわれは迫られている。おそらく何を捨てろと言われているのかもピンとこないほど、その考えはわれわれを支配しているのではないだろうか。「規則の表現が意味しているもの」とは何か。規則の表現は道標や貼紙、あるいは規則集に書かれた文字である。それらは具体的に知覚可能なものとしてある。道標も貼紙も規則集も、「どこにある」とそのある場所を言えるものである。道標は道の脇に立っている。貼紙は壁に貼ってある。規則集は本棚に差してある。では規則はどこにあるのか。「規則の表現が意味するもの」はどこにあるのか。少なくとも道端や壁や本棚にはない。そこで哲学がもち出してくるのが、「イデア」や「観念」である。イデアという存在に居心地の悪さを感じる哲学者は観念に訴え、観念は心の中にあるとするだろう。ここまでいくと非哲学者たちのふつうの考えとは言えないが、しかし、その元は「規則の表現が意味しているものが規則である」というふつうの考えにあった。そして『哲学探究』はそれを捨てるよう求めているのである。

規則はイデア界にあるのでも心の中にあるのでもない。それは道端や壁や本棚にある。すなわち、規則とは規則の表現が意味するものではなく、規則の表現そのものなのである。だが、道端に立てられた物体はそれだけでは道標にはならない。それはたんなるオブジェかもしれないし、墓標かもしれない。つまり、それを道標として使うということがなければ、それは道標にはならないのである。同様に、壁に貼られた「禁煙」の貼紙も、それだけでは規則の表現にはならない。日本語を知らない人が、すてきな模様だと思って飾っているのかもしれない。その貼紙もまた、規則として使用されなければ規則の表現にはならない。あるいは、規則集の文字も発声練習のテキストとして使用されたならば規則の表現になりはしない。ポイントは、規則の表現をしかるべき仕方で使用することであり、規則の表現が意味するイデア的な何か、あるいは心の中の観念などをもち出してはならない。

では、「規則として使用する」とはどういうことだろうか。例えば「禁煙」と書かれた貼紙を規則として使用するとは、その貼紙を参照してある人の行動を許可するか制止するということであり、規則集の文章を規則として使用するとは、その文章を引き合いに出して、ある行為を許可したり、推進したり、制止したりすること、あるいは、ある行為に対してそれを「違反」としてなんらかの罰を与えることである。すなわち、規則の表現を規則として使用するとは、その規則を参照して、ある行為を「規則に従っている」ないしは「規則に違反している」と判断することだと言えるだろう。

そしてどのような行為がその規則に従っているとされるのか、そしてどのような行為がその規則に違反しているとされるのか、それはただ一度の場面だけでは分からない。ある行為が許可されたとして、なぜ許可されたのか一回の事例だけでは判断できないだろう。むしろ違反事例の方がその規則の内実を示してくれるだろうが、それでも、違反したとされる行為にはいくつもの要素ないし側面がある。その部屋で煙草を吸ったことが違反とみなされているのか、その部屋のその場所がいけなかったのか、その時間帯がいけなかったのか、ある特定の人物がその部屋にいたからなのか、あるいは、その銘柄の煙草が禁止されているのかもしれない。それゆえ、規則の表現が規則として使用されるためには、一度の使用ではなく、ある程度の事例の蓄積がなければならない。つまり、慣習がなければならないのである。

このことは、法における判例の必要性を考えてみると納得しやすいだろう。成文化された法律は「法の表現」と言える。そして、法の表現が実際にいかに使われているかが法の実質である。すなわち、成文化された法律を用いて下されてきた判例が法の実質を形作っている。成文法主義をとったとしても、判例は重視される。判例の蓄積は、すなわち、慣習にほかならない。

あるいはここで、ウィトゲンシュタインは「理由」という言葉を用いてはいないが、5‐4で述べておいた「原因」と「理由」の対比という観点から補足することもできる。われわれは道標に対して、その尖った方に進もうとする一様な反応傾向をもっている。だがそれだけでは道標とわれわれの行動との因果関係を述べたにすぎない。それゆえ、まだ「規則に従う」と言えることは成立していない。そこでさらに、道標を「規則として」継続的に使用しているという慣習が必要とされる。道標を規則として用いるということは、自分の行動の理由を道標に求めることである。「どうしてあなたは右の道を進むのか」という問いに対して、「私はA町に行きたい。そして道標は右の道がA町であると指示している」と答える。道標は私の行動を正当化する理由になるのである。

数列の事例で見ておこう。われわれの本性と訓練の結果、「+2」という命令に対してわれわれは一様な反応をするようになっている。必要な学習を終えたあとではわれわれの誰もが1000の次には1002と続けていくだろう。（ルートヴィヒはこの段階で「われわれ」から排除される[49]。）さらにわれわれは1000の次に1002を書くことを「正しい」とし、それを正当化する理由として、「+2」という規則の表現を引き合いに出すだろう（「だって、「+2」というのが命令だったからね」）。

一般的に述べよう。われわれは本性と訓練に基づいて規則の表現に対して一様の反応をするようになっている。さらに、その規則の表現を自分の行動を正当化する理由として、あるいは自分の行動がまちがいである理由として取り上げる。このように、原因と理由の両方が合わさって、「規則に従う」ということが言えるのである。

6-3　解釈によらない規則の把握

規則のパラドクスには二つの面がある。おそらくそれが規則のパラドクスを論じにくいものとしている。まず、「規則は行為の仕方を決定できない」と論じられる。「＋2」という命令を与えても、1000の次に1002とすべきなのか1004とすべきなのかが決まらない。それどころか任意の数が答えになりうるように思われる。これが規則のパラドクスであった。だが、ウィトゲンシュタインは規則のパラドクスから少なくとも二つの教訓を引き出している。一つは、規則に従うことにおける本性と訓練の重要性である。この教訓は、ここまで見てきたように、われわれと本性が異なるルートヴィヒを登場させたエピソードから引き出される。

規則のパラドクスからはもう一つの教訓が引き出される。それは規則に従うことにおける解釈の無力性、そして解釈によらない規則把握の存在である。この教訓を引き出すには、われわれと本性が異なるルートヴィヒではなく、われわれと異なる解釈をしてしまう登場人物の方がよい。そこで、与えられた説明と命令に対してわれわれとは異なる解釈を与える人物を考えよう。その人物の名を「アーロン」とする。[50] アーロンはすでに自然数を習得している。そして「＋2」と命令され、「0から始めて2ずつ足していくように」と説明を受ける。あるいは「0, 2, 4, ...」と具体的に例を示されもする。そして1000までの範囲で練習し、テストも済ませた。そこで1000以上を続けるように言うと、アーロンは1000, 1004, 1008, 1012と書き出す。アーロンはその理由を、「+2」という命令は「1000まではずっと2を足し、2000までは4を、3000までは6を、……」という意味だと理解したから、と答える。そこで私は「1000を超えてもずっと2を足していくんだ」と言う。アーロンは1002, 1004と続け、「2000の次は？」という問いかけに対しても「2002」と答える。しかし、10000からは10004, 10008と続け始めるのである。私は「1000を超えてもずっと2ずつ足していくように言ったじゃないか」と言うが、アーロンは「でも、「1000を超えてもずっと2ずつ足していく」というのはこういう意味じゃないんですか？」と応じる。

　ルートヴィヒとの違いがまだよく分からないかもしれないが、もう少し待っていただきたい。とりあえず、ルートヴィヒはわれわれと本性において異なっており、それに対してアーロンはわれわれと規則の解釈において異なっているという点を押さえておいてほしい。そしてアーロンのケースにおいて示されるのは、規則の把握において解釈は無力でしかないということである。

　「だが、この箇所で私がどうすべきかを規則はどうやって教えられるのか？　私が何をしようとも、適当にその規則を解釈すれば、それは規則と一致するようになるのだから。」いや、そういうことではない。むしろこうだ。いかなる解釈も解釈されるものとともに宙に浮いている。だから解釈は支えにはならない。解釈だけで意味を定めることはない。

（第一九八節）

実はこのパラドクスが示していることは、解釈などによってではなく、規則の適用の場面場面に応じて、われわれが「規則に従う」と呼び、また「規則に違反する」と呼ぶ事柄の内に自ずと現われてくるような規則の把握があることなのである。

（第二〇一節）

ここでウィトゲンシュタインは「解釈によらない規則の把握」を示唆している。そこで、解釈によらない規則の把握を「規則を見てとる」と言おう。さらに私はこの「見てとる」を文字通りに受け止め、「規則を知覚すること」と考えたい。

一つの考え方は、事実と規則を区別し、われわれは事実だけを見て、それをもとにそこに示されている規則を読みとる、すなわち解釈するというものである。例えば、分かれ道にしかじかの形をしたものが立っているという事実を見る(次ページの図参照)。そしてそれをもとに、「A町に行くならこの尖った方向に行くべきだ」と、そこに示されている規則を解釈する。だが、このような考え方をしたとき、一つの事実に対して無数の解釈が可能になってしまうだろう。「ここからA町になる」という境界の表示かもしれない。あるいは「尖った方には行くな」という意味かもしれない、等々。アーロンの事例はまさにそのことを示していた。教師がしかじかの発言をしていたという事実から、アーロンは「+2」という命令を「1000まではずっと2を足し、2000までは4を、3000までは6を、……」

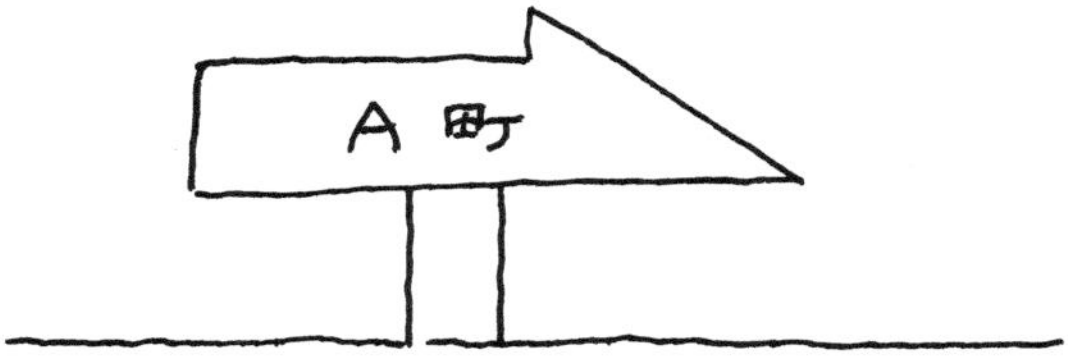

というものと解釈したのである。

　もちろんわれわれはアーロンのような解釈はまちがっていると言いたい。だが、アーロンの解釈がまちがっていると主張する根拠は何だろうか。どれほど説明を詳しくしたとしても、その説明はなおさまざまに解釈されうる。この多様な解釈の中でわれわれの解釈だけが正しいとする根拠は何か。しかし、ウィトゲンシュタインはこの問いに答える代わりに、この問いそのものを拒否するのである。つまり、ここでは解釈などしていないし、解釈を求められてもいない。規則はそこにおいて端的に見てとられている。ウィトゲンシュタインはそう主張する。

　われわれは分かれ道にしかじかの形をしたものが立っているのを見るのではなく、道標が立っているのを見る。そして道標とは、しかるべき方向を指示しているものなのである。だが、ここでもまた、そこで見てとられている規則を、すべての適用を導く水源地のようなものと考えたくなる誘惑を退けておかねばならない。むしろ、例えばフライパンがフライパンとしての相貌をもっていることと類比的に考えた方がよいだろう。われわれはフライパンを見るのであって、けっしてしかじかの形をした金属製の物体を見て、それをフライパンと解釈するのではない。端的にそれをフライパンと見ている。そしてその知覚経験はそれをフライパンとして、つまり調理器具の一種として実際に使い続けているから成り立っている。もしそれと同じ形状の物体を調理器具としてではなく、楽器としてのみ使用し続けている共同体があるとすれば、それは楽器としての相貌をもち、われわれとは異なる知覚経験になったに違いない。もちろんわれわれもそうしようと思えばフライパンを楽器として使うことはできる。しかし、一度だけ楽器として使っただけでは、なかなかフライパンを楽器の相貌で見ることはないだろう。相貌を獲得するには、使い続け、それになじんでいなければいけない。道標もまた、道標として使われ続け、われわれがそれになじんでいることによって、道標としての相貌をもつのである。一般に、規則の表現は規則として、すなわち行動の正誤を評価する理由として使用され続けることにより、規則としての相貌をもつようになる。われわれはそのとき、そこにおいて規則の相貌を端的に——解釈によらずに——見てとるだろう。

第一九九節においてウィトゲンシュタインは「「規則に従う」とわれわれが呼ぶものは、一人の人が人生で一回だけ行なえるようなことなのか?」と問いかけていた。ここで私はこう問うてみたい。「フライパンは一人の人が人生で一回だけ調理器具として使用すれば調理器具としての相貌を獲得するのか?」——無理だろう。それが調理器具としての相貌を獲得するには調理器具として使われてきた実績が必要となる。規則の表現もまた、規則としての相貌をもつためには、行動の正誤を評価する理由として用いられてきた実績を必要とする。つまり、慣習が必要なのである。

私は、「解釈によらない規則の把握」を以上のように理解する。この理解は「相貌」などをもち出していう点で、ウィトゲンシュタインよりも多少言い過ぎているかもしれない。しかし、いずれにせよ、ここでもう少し『哲学探究』の議論を補完しておかねばならない。というのも、なるほど解釈によらない規則の把握があるとしても、解釈がまったく不要というわけではないからである。

例えば、数列のはじめの部分として「0, 2, 4, 6, 8」と示されれば、われわれはそこに規則を見てとり、「10, 12, …」と続けていくだろう。だが、「1, 5, 11, 19, 29」と示されて、次が「41」であることを端的に見てとれるという人は少ないのではないだろうか。この場合にはこの数列を「2項の差が4, 6, 8, … と2ずつ増えていく数列」のように解釈し、さらにそこから $a_n = n^2 + n - 1$ と一般項を求めるかもしれない。そして一般項が求められたならば、数列を学んだことがある人にとっては、もはや解釈は不要となる。数列を学んだことがない人であれば、数列について学ぶところから始めねばならないが、そのはじめの第一歩は自然数の習得になるだろう。そして自然数の習得はわれわれの本性を利用した訓練によって身につけるしかないものであり、そこでは解釈の入り込む余地はない。それゆえ、どこで解釈不要になるかは、その人がどの程度学んでいるかによって異なる。しかし、どこかで解釈不要となり、端的に規則を見てとれるところに行き着くのでなければならない。逆に言えば、ある場合には解釈不要の地点に到達するまでは解釈が必要になるのである。

数列に関して、少し立ち入った話をしよう。実は、無限に続く数列の最初のいくつかの項を示されても、その次に続く項は確定しない。例えば「0, 2, 4, 6, 8」と示されても、次は10とはかぎらないのである。もしかしたらこれは「0, 2, 4, 6, 8, 6, 4, 2, 0, 2, 4, 6, 8, 6, …」という数列かもしれない。そのときには、a_6は6となる。一般項が$a_n = 2(n-1)$であれば、$n=6$に対しては$a_6=10$となるが、「0, 2, 4, 6, 8」を満たす一般項は無数に作れ、a_6は任意の数をとれるのである。それゆえ、「0, 2, 4, 6, 8」が偶数列を表わすためには、これを「2ずつ増えていく数列の最初の部分」と解釈する必要がある。しかし、われわれにとって解釈はここまでである。「2ずつ増えていく数列」と解釈されたら、もうそれ以上解釈は不要であり、われわれは1000の後も「1002, 1004, 1006, …」と続けていく。ところがアーロンはここでも解釈してしまうのである。そして彼は、どう説明されても、けっして解釈不要の地点に到達することなく、延々と解釈を続ける。

あるいはアーロンよりも過激な存在を考えることもできるだろう。アーロンはわれわれとは異なる独自の解釈を述べてきた。しかし、その過激な存在は、あらゆる解釈の可能性を思いついてしまうのである。「2ずつ増えていく数列」といっても、1000の次は1004かもしれないし、1008かもしれない。あるいは1000の次は2000かもしれない。「2ずつ増えていく数列」という説明はなお無数に解釈されうる。その過激な存在は愚かだからそんなふうに考えてしまうのではない。逆であり、歯止めの効かない過剰な知性があらゆる解釈を視野に入れてしまうのである。それゆえ私はアーロンより過激なこの存在を〈神〉と呼びたくなる。

解釈不要の地点に立てない者は規則を端的に見てとることができない。そして規則を端的に見てとることができない者は、規則に従うこともできない。だから、アーロンや〈神〉は規則に従うことができない。

ここでアーロンや〈神〉とルートヴィヒの違いについて述べておこう。アーロンや〈神〉はいま見たように、解釈不要の地点に立てずに解釈を繰り出してしまう存在だった。それに対して、ルートヴィヒは解釈していない。第一八五節の終わりのところを再掲しよう。

> このケースをこんなふうに言うこともできるだろう。「われわれの説明を与え、「＋2」と命令すると、この人は生まれつき、われわれが「1000まではずっと2を足し、2000までは4を、3000までは6を、……」という命令を理解するようにその命令を理解してしまうのだ。」
> この人は、指差しの身振りに反応して、生まれつき指先の方向ではなく指先から手首の方へと目を向けてしまう人のようだとも言えるだろう。
> （第一八五節）

ここでルートヴィヒはわれわれとそもそも異なる本性をもった者として描かれている。ルートヴィヒは「＋2」を「1000まではずっと2を足し、2000までは4を、3000までは6を、……」のように理解していると書かれているが、それはわれわれとは異なるルートヴィヒの本性を描写するためにわれわれが与えた説明であって、ルートヴィヒがそのような解釈をしているわけではない。つまり、ルートヴィヒは「＋2」という命令を端的に「1000の次は1004と書くべき」とするようなものとして見ている。だからこそウィトゲンシュタインはこのエピソードのあとに、「指差しの身振りに反応して、生まれつき指先の方向ではなく指先から手首の方へと目を向けてしまう人」をもち出しているのである。

整理しよう。ルートヴィヒはわれわれと異なる本性をもち、それゆえ「＋2」という命令をわれわれとは異なる仕方で見てとる。他方、アーロンは「＋2」をわれわれとは異なる仕方で解釈する。規則のパラドクスは、ルートヴィヒを登場させた場合には、規則に従うことにおける本性と訓練の重要性を示すものとなり、アーロンを登場させると、解釈によらない規則の把握の存在を示唆するものとなる。規則のパラドクスを巡る『哲学探究』の叙述は入り組んでおり、ウィトゲンシュタイン自身が規則のパラドクスのもつこの二面性をどの程度自覚していたのかは分からない。しかし、いずれにせよ、規則のパラドクスを通してウィトゲンシュタインが本性と訓練の重要性および解釈によらない規則把握の両方を示そうとしていたことは確かだろう。

6-4 レールと転轍機

規則に従うことを巡る第一八五節から第二四二節に至る議論は、『哲学探究』における最も標高の高いピークと言える。[51] われわれはいまある程度見晴らしのよいところまで登ってきている。振り返って、見えてきた風景を素描してみよう。

規則の表現は適用の仕方を定めているように見える。これはわれわれの生活における否定しようのない事実であり、否定する必要もない。だが、このことからわれわれは容易に誤った理解に陥ってしまうだろう。すなわち、規則はすべての適用を導く水源地のようなものだという幻想である。この幻想と手を切るには、規則の表現が規則としての相貌をもつことを、よけいな描像を入り込ませることなく捉えねばならない。(ここでは、いわば頭を水面に上げておくことが難しいのだ。)

一つの規則は無限の事例において適用される。規則の表現がそうした無限の適用の仕方を定めているかのように見えるのは、われわれがその規則の表現に対してどう反応すればよいのか迷わないからである。「0から始めて順に2を足していきなさい」と言われて、すべての項が決定されていると感じるのは、そのあとどうすればよいのかについての迷いがないからにほかならない。もちろん1000の次に1002と書くだろうこと、あるいは76894のあとには76896と書くだろうことなど、この時点で考えてはいないだろう。それゆえ、「私は76894のあとには76896と書く」という確信をもっているわけではない。しかし、ここにはいかなる疑いも生じていないし、迷いもない。

規則に従っているとき、私は選択をしない。
私は規則に盲目的に従っている。

(第二一九節)

ではどうして迷わないのか。それはわれわれが本性と訓練に基づいて規則の表現に対してある仕方で反応するようになっているからである。それは生まれつきの本性かもしれないし、訓練によって身についた「第二の本性」かもしれない。いずれにせよ、われわれは他の反応の可能性をそもそもまったく視野に入れることなく、そう反応するようになっている。

だが、それだけでは規則や命令の表現に対してある仕方で反応する原因を述べたにすぎない。規則の表現は規範の相貌をもっている。たんにある仕方で反応してしまうというのではなく、そうすべきだからそうしたのである。規則に従うということは、梅干を見て唾が出るようなこととは違う。それゆえ、本性や訓練に訴えるだけでは規範性は出てこない。規範であるためには正誤が評価できなければならない。

ここで、第二〇一節をもう一度見よう。先に、解釈によらない規則の把握があると述べている節として引用した箇所である。

実はこのパラドクスが示していることは、解釈などによってではなく、規則の適用の場面場面に応じて、われわれが「規則に従う」と呼び、また「規則に違反する」と呼ぶ事柄の内に自ずと現われてくるような規則の把握があることなのである。（第二〇一節）

解釈によらない規則の把握は、規則に照らして行動を評価する場面で現われてくる。規則の把握が示されるのは、規則が順調に遵守されているとき、すなわちわれわれが迷いなく正しく規則に従っているときであるようにも思われるだろう。だが、そうではない。むしろ「これでいいのだろうか」と迷い、規則に照らして「これでいい」とか「これではだめだ」と評価する場面こそ、規則の把握が示される。ウィトゲンシュタインはそう述べている。

ある人が迷ったりまちがったりしたとき、われわれは規則の表現を引き合いに出してその人に正しい行動の仕方を説明する。そのような説明は、学習の最初に為されるだけかもしれないし、その後も折に触れて為されるかもしれない。だが、いずれにせよそうした説明はつねに為されるわけではない。説明は迷ったとき、まちがえたときにのみ為される。そしてわれわれはつねに迷ったりまちがえたりするわけではない。ある程度迷わずに行動する。それが規則に従っているという相貌をもちうるのは、その行動が実際に規則に従っているからではない。あるときに迷い、まちがえて規則の表現を参照するからなのである。

私がここで『哲学探究』から読みとろうとしている考えは、おそらくなかなか納得しがたいものだろう。そこで、二つの異なる共同体を考えてみよう。共同体Aでは、「人とすれ違うときには会釈しなければいけない」という規則があるとする。他方、共同体Bの人たちはなぜかそれが本能となっていて、教えられずとも人とすれ違うときには幼児でも会釈をし、そして誰ひとりとしてそれに反することはないとしよう。共同体Bの場合には「人とすれ違うと会釈する」というのは自然な反応傾向であり、われわれが眠くなるとあくびが出るように、「そうすべき」という規範性は認められない。それに対して、共同体Aでは人とすれ違うときには会釈すべしとされ、会釈することは規則に従った規範的な行動とされる。だが、そんな共同体Aの人たちでも、会釈についての教育を終え、その規範が身についてしまったあとでは、迷わずに会釈するようになる。そして迷わずに会釈するときには、

「人とすれ違うときには会釈しなければいけない」という規則のことなど念頭にはないだろう。それゆえ、その場面だけを取り出すならば、共同体Bの人たちと変わりはない。つまり、共同体Aの人たちもごく自然に会釈するのである。だが、共同体Aの人たちの会釈は規則に従ったものという相貌をもっている。それは、会釈すべきと教わったり、その規則に従いそこねて注意を受けたりしたことがあるからである。あるいは少なくとも共同体Aの中に規則を引き合いに出して行動を規制するという実践があるからである。

　私はここでレールと転轍機の比喩を使いたくなる。[52] レールの上を進んでいるとき、私は迷ってはいない。私は私の本性および訓練によって身についた第二の本性に従って進んでいる。だが、つねにそうだというわけではない。最初にレールに乗るときは、そして途中でも、迷ったりまちがえたりするだろう。そのとき、迷わずに進んでいる他の人が規則の表現を引き合いに出して、私の進むべき道を説明してくれる。その説明は、私がいくつかの選択肢で迷っているときにその内の一つを示してくれるか、あるいは私がまちがえて進もうとした道をさえぎって、別の道を示すものとなるだろう。つまり、説明は「そっちじゃない、こっちだ」という形になる。

　例えば、小学生が繰り下がりのある引き算を教わっているとしよう。2桁の引き算は習得しているものとする。しかし、少なからぬ子が、「402－238」という問題に対して「174」という答えを出してしまうらしい。まず2から8は引けないから十の位から10をもらってきて、12から8を引いて4を出す。ここまでは順調である。しかし、10をもらってきたことを無視して、こんどは百の位から100をもらってきて、100から30を引いて70にしてしまったのだと思われる。そこで正しいやり方を説明する。[53] 首尾よくいけばそれで繰り下がりのある3桁の引き算のやり方を理解してもらえるだろう。このように、教師は生徒がまちがった方向に行こうとしたときに、「そっちじゃない、こっちだ」と転轍機を作動させるのである。

ここで注意すべきは、こうした説明は規則のパラドクスに登場するルートヴィヒやアーロン、あるいは〈神〉に対しては無力だということである。あらゆる方向に行ける何もさえぎるもののない地面に、説明がレールを敷いてくれるのではない。レールを敷くのは説明ではなく、本性ないし第二の本性である。本性そのものは規範的なものではなく、自然的なものである。しかし、本性が共有されていないところには規範というレールを敷くこともできない。だから、ルートヴィヒやアーロンや〈神〉に対しては、われわれが敷くようなレールを敷くことができない。そして説明は、ただ「このレールを使うように」と指示するだけである。すなわち、説明は転轍機のような役割を担っている。Aに行くべきところでAかBで迷ったり、Bに行きそうになったりしたときに、Aへと切り替えてやる。それが説明の役割にほかならない。説明によって無限のレールが敷かれるというのは幻想にすぎない。

> だが、これがすべてなのか？　もっと深い説明があるんじゃないか？　あるいは、説明の理解はもっと深いものでなければならないのではないか？
>
> （第二〇九節）

この追及に対しては、４－３において規則と道標について述べたところで引用した箇所をもう一度引くことにしよう。

こんなふうに言えるかもしれない。説明は誤解を取り除いたり予防したりするのに役立つ。――つまり、それは説明がなければ犯してしまいかねない誤解に対してであり、想像しうるあらゆる誤解に対してではない。

どんな疑いも、土台に穴があいていることを示しているかのように思われがちである。そうしてまず疑うことの可能なものをすべて疑い、その疑いのすべてを除去しなければ、確実な理解は得られないと思われてしまうのだ。

道標は――通常の状況でその目的を果たすならば――何の問題もない。（第八七節）

レールの上は、そこだけを取り出すならばいかなる規範性の特徴――それが規範的であることを示すような状態や性質――も見出せはしない。例えば、晴れた空を見上げ、「なんて青空だ」と呟くとき、その色を「青」と呼ぶべきという意識など、いくら私の心の中を探ってみてもありはしない。私はただその色を「青」と呼びたくなったから「青」と呼んだ。いや、「青」と呼びたくなったという気持ちさえ見出せないというべきだろう。ごく自然にその色を見るとそれに対して「青」という語が口をついて出てくるというにすぎない。それを「青」と呼ぶべきとするものは、それでよいのかどうか私が迷ったり、あるいはまちがえたりしたときに、何か青いものを見本として示されながら「これが「青」という色だ」と説明を受けたことがあるからである。おそらく私は色名を学習するときにそのような説明を受けたに違いない。こうしたポイントごとの説明によって、レールの全体が規範的な相貌をもつことになるのである。

6-5　生活形式を共有する「われわれ」

規則のパラドクスにおいてルートヴィヒはわれわれと本性が異なり、それゆえわれわれの一員とはみなせなかった。だが、なるほどルートヴィヒはわれわれの規則に従うことはできないだろうが、彼は彼で規則に従っているとは言えないのだろうか。つまり、「＋2」という命令に対して、彼は1000の次は1004と書くべきだとする。それはわれわれとは異なる規則に従っているということではないのだろうか。この問題に向かうには、『哲学探究』を少し引き返さねばならない。

ウィトゲンシュタインは第二〇一節で解釈によらない規則の把握があると論じたあと、それを受けて次のように議論を進める。

それゆえ「規則に従う」とは実践なのである。そして規則に従うことは規則に従っていると信じていることではない。それゆえひとは規則に「私的に」従うことはできない。なぜなら、もし規則に私的に従うことができるのだとすると、規則に従っていると信じていることと、規則に従っていることとが同じものになってしまうからである。

（第二〇二節）

解釈によらない規則の把握があるということは、規則の表現に直接反応して行動するということである。道標を見る、そしてA町に行きたい私は道標に反応して右に道を選ぶ。あるいは「+2」という規則が示されたならば、私はその規則を解釈することなく、「0, 2, 4, ...」と続ける。そのことをウィトゲンシュタインは「実践」と呼んでいるのだと思われる。規則に従うとは、規則の表現を用いた行動のあり方において見てとられねばならない。それゆえ、規則に従うことは規則に従っていると信じていることではないとされ、さらにそこから、ひとは規則に「私的に」従うことはできないと畳みかけられる。その理由として、「規則に従っていると信じていることと、規則に従っていることとが同じものになってしまうから」と述べられてはいるものの、この展開はいささか性急であるように思われる。少し補いながら、ゆっくりたどり直してみよう。

規範性が言えるためには、規則の表現を引き合いに出して行動の正誤を評価する場面がなければならない。そこでいま問題になるのは、規則の表現によって行動の正誤を評価することはいかにして可能か、ということである。

規則に従うこと、それは命令に従うことに似ている。人はそうするよう訓練され、命令に特定の仕方で応じるようになる。だが、命令と訓練に対してある人がこう反応し、また別の人が違う反応をしたとしたら、どうか。そのときどちらが正しいのか？

（第二〇六節）

私とルートヴィヒしかいないとしよう。「＋2」という規則に対し、私は1000の次は1002だと言い、ルートヴィヒは1004だと言い張る。どちらが正しいのか。いや、この場合には正誤が言えないと言うべきだろう。どちらも自分の本性に基づいた自然な反応をしているだけでしかない。私は「＋2」という規則を引き合いに出して自分の答えを正当化しようとするが、ルートヴィヒにとっては「＋2」は彼の答えを正当化する理由となる。そうだとすれば、「＋2」はこの場面で行動を正当化する理由としては働かないと言うべきである。

だが、規則のパラドクスで描かれていたエピソードは私とルートヴィヒだけの世界ではなかった。私は、私と同様の本性をもったわれわれの一員としてそこにいる。そしてわれわれの共同体は、「＋2」が1000の次に1002と答えることを正当化する理由として成立する社会なのである。

第二〇二節でウィトゲンシュタインは「「規則に従う」とは実践なのである」と述べていた。私は、この「実践(Praxis)」という言葉でこうしたことが意味されていたと考えたい。すなわち、それは規則の表現に対するわれわれの反応と、その反応に対する正誤評価の実践である。

もし、私とルートヴィヒのように、私の周囲の人間たちが全員てんでんばらばらな反応を、しかも自然な反応として、示したとしよう。「＋2」に対して私は1000の次は1002だと言うが、1004と答える者、1006と答える者、あるいは998だと答える者や2000と答える者、誰ひとりとして同じ答えを言わない。そのときにはもはや正誤評価は不可能となり、「われわれ」は形成されず、規則に従うということも成り立たなくなってしまう。

それに対して、われわれの場合に規則に従うという実践が可能になっているのは、その実践に関わるかぎりでわれわれの生まれつきの本性が一致し、また、訓練によって身につけた第二の本性においても一致しているからである。そして規則の表現に対してほぼ一様に反応するようになり、ときに迷ったりまちがったりするが、規則の表現を用いて説明されることによって、再び一様な反応を取り戻すことができる。規則に従うことを形成するわれわれのこうしたあり方を、ウィトゲンシュタインは「生活形式」と呼ぶ。

> 「すると君は、人々が一致するかどうかが、何が正しく何がまちがいなのかを決めると言うのか?」――正誤は人々が語ることに対して言われる。そして言語において人々は一致する。それは意見の一致ではなく、生活形式の一致なのだ。
>
> （第二四一節）

もちろんわれわれはみな異なる行動をとり、話す内容もばらばらである。しかし、何かを指差せば、指先の方向に目をやるだろう。しかるべき学習のあとでは、誰もが晴れた空の色を「青」と呼び、「+2」という命令に対して1000の次には1002と答えるに違いない。われわれは圧倒的に多くの形を共有している。それが生活形式である。

「もっと深い説明」を求めたくなる哲学者たちは、なぜそのように一致するのかと問い、われわれの一致した反応を導くような水源地となる何ものかを立てようとするだろう。だがウィトゲンシュタインはその誘惑に抗して、頭を水面に上げておこうとする。これ以上深く潜ってはならない。

生活形式は所与であり、すべてはそこからスタートする。規則に従うことが成り立つには、生活形式を共有している「われわれ」が形成されていなければならない。それゆえ、規則に「私的に」従うことはできない。

第7章　感覚を語る言語

7-1　私的言語

哲学における最大の——と言いたくなる——危険な誘惑は「心」だろう。言語、認識、存在といったものを心に基づけようとする。例えば、言葉の意味を一般観念に求める。確実な知識の基礎を心の内に求める。あるいは、世界の存在を観念によって捉えようとする。こうした誘惑に屈するならば、われわれはなによりもまず自分の心の内を記述できなければならない。もちろんわれわれはふだんから自分の心の状態を語っている。頭痛がする、わくわくする、何か食べたい、等々。しかし、あらゆることを自分の心からスタートさせようとする哲学的野心のもとでは、そうした記述は「純粋な」ものでなければならない。自分の心の外の世界のあり方や他人の心を除去して、ただひたすら自分の心とだけ向き合うことによって成り立つ記述が求められる。

だが、自分の心の中の体験——感じていること、気分、等——をただ自分で利用するためだけに記録したり言い表わしたりすることができる、そんな言語も考えられないだろうか？　いや、それなら日常言語でやっているのでは？——違う、そういうことではない。その言語の語は、それを話す人だけが知りうるもの、つまり、その人が直接に感じている私的な感覚と結びついている。それゆえ他人はその言語を理解することができないのだ。（第二四三節）

第二六九節で「私的言語」という語が用いられるが、それはここで想定された言語だと考えてよいだろう。私的言語の特徴はその「絶対的な私的性格《プライバシー》」、すなわち他人には理解できないという点にある。だが、そのような言語が成立しえないことはすでに第6章の最後で論じていた。規則に従う実践が成立するためには次の二つの条件が要求される。

(1)　本性と訓練によって、規則の表現に対するわれわれの反応傾向がおおむね一致する。

(2)　規則の表現を行動の理由として用いるような正当化の実践が成立する。

そして正当化の実践が成り立つためには、誤りを犯した者とは別に誤りを指摘し正す者がいなければならない。それゆえ、ただ私一人で規則に私的に従うことはできない。だとすれば、他人には理解できないような発話は規則に従ったものとはなりえない。だが、言語は規範的な活動である。もしある特定の色を「赤」と呼ぼうが「青」と呼ぼうが「緑」と呼ぼうが、どう呼んでも正しくもなければ誤りでもないというのであれば、それは言語とは言えないだろう。

自分の心とだけ向き合い、それ以外のものにいっさい言及しない純粋な記述という想定は、私的言語とならざるをえない。とすれば、そのような記述は存在しないということになる。だが、心を語る純粋な言語への誘惑は、多くの哲学者たちが積極的にその誘いに乗ってきたように、強烈な魅力を放っている。ウィトゲンシュタインは「ひとは規則に「私的に」従うことはできない」(第二〇二節)と言っておしまいにするのではなく、さらなる哲学的治療を求め、心の状態を語るという危険海域に身を投じて、そこを泳ぎ切ろうとする。

7-2 泣き叫ぶ代わりに「イタイ!」と言うことを教える

問題は一般的に心を語る言語についてであるが、ウィトゲンシュタインは考察を感覚に、とりわけ痛みに集中する。おそらく痛みというシンプルな事例の方が、感情のような複雑な現象よりも心の私的性格を取り出しやすいからだろう。私はただ私の痛みを感じるだけであり、他人の痛みを実際に痛みとして感じることはできない。逆に他人は私の痛みを実際に痛みとして感じることはできない。このことを哲学的に突き詰めていくと、他人も痛みを感じているということがどうして私に分かるのかという問題となり、さらに突き進んで、「他人の心について私はまったく知りえない。他人がそもそも心をもっているかどうかさえ知りえない」とする他人の心についての懐疑論へと行き着くことにもなる。

だが他方で、日常生活においてわれわれはいともやすやすと自分の痛みを他人に訴え、他人の痛みについても語っている。なるほど他人の痛みを完全に分かるということはないが、他人が痛みを感じているかどうかまったく分からないとも考えてはいないだろう。日常の語り方が無反省でうかつなのではない。もし哲学的議論が、他人も痛みを感じているのかどうかなどまったく分かりはしないと結論せざるをえないのであれば、哲学の方がまちがっている。考えるべきは、どこでまちがえたのか、どうすればまちがえずにいられるのか、である。そしてそれはたんに哲学者だけの問題ではない。他人の心についての懐疑は、哲学ほど過激ではないにせよ、われわれの日常生活の中にもときに影を落とすだろう。人によっては、哲学問題であるという意識などなしに、その哲学問題に悩まされてしまうこともある。

日常言語の場合を見よう。「痛い」という語は特定のタイプの感覚と結びついている。これは「痛い」という感覚で、これは「痒《かゆ》い」という感覚だ。そしてそのことをわれわれは子どもの頃に学んだ。それは当然大人たちから学んだはずである。では、大人は子どもにどうやって「痛い」という日本語を教えるのだろうか。これに対して、ウィトゲンシュタインは実にきわどい球を投げてくる。

> ひとは感覚の名の意味をいかにして習得するのか。例えば「痛い」という語の意味をどうやって習得するのか。一つの可能性はこうだ。言葉が原初的で自然な感覚の表出に結びつけられ、その

代わりとなること。子どもがけがをして泣き叫ぶ。すると大人たちがその子に話しかけ、「イタイ!」といった叫び声を教え、後に文を教える。大人たちは、その子どもに新しい痛みのふるまいを教えるのである。

（第二四四節）

ここだけを取り上げると、「痛い」という言葉は泣き叫ぶ声や呻き声のようなものだと言っているようにも読めるだろう。もしそうだとすると、赤ん坊が「ワーワー」泣くことや、痛そうに呻き声をあげることが言語ではないように、「痛い」という発話もまた言語ではないことになる。だが「痛い」という語に対して、われわれはそれを「痛かった」と過去形にしたり、「もう痛くない」と否定形にしたり、「彼女は痛みに苦しんでいる」と他人の痛みについて語ったりする。泣き声や呻き声に過去形も否定形も三人称もありはしない。それゆえ、たんに「泣き声や呻き声の代わりなのだ」と言って済ますわけにはいかない。

だが、われわれはすでにウィトゲンシュタインのこの主張を読み解く鍵を手にしている。言語習得の最初はわれわれの本性に基づいた訓練による。本性と訓練に基づく反応の一様性が言語実践を支えているのである。しかし、泣き声や呻き声に正しいも誤りもないように、それだけでは正誤が言える規範的実践とはならない。つまり、子どもが泣き声をあげたときに「痛い」という言葉をその代わりに教えることは、「痛い」という語を用いた言語ゲームを開く準備と言うべきなのである。まず、新しいふるまい方として「イタイ!」という発話を教え、そこから子どもを「痛い」という日本語の言語ゲームへと導いていくことになる。

そこで、「痛い」という語を用いたわれわれの言語ゲームのありようをつぶさに見ていく必要があるが、しかし、この段階ですでに他人の心について懐疑論を唱える者からは反論が来るだろう。懐疑論者たちは、「私が知りうるのは私自身の痛みだけであり、他人の痛みについては知りえない」と考える。他方、他人の泣き声や呻き声は私も聞くことができる。「痛い」という語がそれらの代わりとして導入されるのであれば、そこには絶対的な私的性格は見出せなくなるだろう。だが、懐疑論者に言わせれば絶対的な私的性格をもつことは「痛み」という概念の本質なのである。

7-3 文法の対立

日常言語においても「痛み」という概念には私的性格が認められる。私が直接に感じている痛みを、他人は私のふるまいや発話を通して知るしかない。それゆえ、痛みを感じていてもがまんして他人には分からないようにすることができる。あるいは逆に痛くもないのに痛いふりをすることもできる。こうしたことを「私的性格」と呼ぶこともできよう。しかしそれは絶対的なものではない。私が痛みを感じていることを他人がある程度知ることはできるし、また、嘘もばれる可能性がある。それゆえ、「これは他人には絶対に知りえない」という懐疑論者の言い分は、やはりあくまでも哲学的な主張であり、われわれの日常言語から導ける主張ではない。

ここでは、「私の痛みは他人には絶対に知りえない」とする主張と「ときに他人は私が痛みを感じていることを知りうる」とする主張が対立している。しかし、これはどういう対立なのだろうか。哲学においてしばしば見られるこうした対立に対して、ウィトゲンシュタインは経験命題と文法命題の混同に注意するよう促す。経験命題とは、経験によって真偽が言える命題であり、例えば「すべてのヒグマは冬眠する」という主張と「いや、冬眠しないヒグマもいる」という主張の対立は経験命題の対立である。調査して、冬眠しないヒグマを見出すことができれば、「冬眠しないヒグマもいる」という主張の正しさが示されることになる。

では、「私の痛みは他人には知りえない／知りうる」という対立はどうだろうか。どちらが正しいかを観察によって調べることができるだろうか。私が痛さに耐えかねて呻いているときに、他の人が私を慰めたり薬を渡してくれたりすることもある。そのとき、日常的な実感としては、その人は私が痛みを感じていることを分かってくれたと思う。だが、そのような例を突きつけても、懐疑論者はけっしてそれを自分の主張に対する反例とはみなさないだろう。痛みを感じている私を慰めてくれる人はいる、しかし、その人にも私がこれを感じていることは分からない。懐疑論者はそんなふうに言うに違いない。どんな調査や観察によっても決着のつけようがないその対立は、それゆえヒグマが冬眠するかどうかといった経験命題の対立ではない。ウィトゲンシュタインはその対立は文法命題の対立なのだと指摘する。

ウィトゲンシュタインは文法命題の例として「すべての棒には長さがある」という命題を挙げてい

る。冬眠しないヒグマを探すことには意味があるが、長さのない棒を探す調査は徒労に終わるだろう。われわれは、「棒」という語を「長さ」を言えるようなものとして使っている。このような、ある言葉が言語ゲームでどのように使われるべきかを述べた命題をウィトゲンシュタインは「文法命題」と呼ぶ。そして、哲学上の対立の多くが文法命題の対立であり、それをあたかも経験命題の対立であるかのように考えてしまうことが混乱の元であると警告を発するのである。

「私の痛みは他人には絶対に知りえない」という懐疑論者の主張もまた、文法命題にほかならない。もちろんそれはわれわれの日常言語が採用している文法ではない。日常言語では「ときに他人は私が痛みを感じていることを知りうる」という文法命題が採用されている。だが、懐疑論者は(おそらくなんらかの哲学的囚われによって)その日常言語の文法に満足できない。そこで新たな文法、すなわち「痛み」という語に対する新たな使用を提案するのである。

だから、懐疑論者に対して「それは日常言語の文法とは異なる」と反論しても役には立たない。彼らは、それを認めた上でなお、「痛み」という語は絶対的な私的性格をもつように使うべきだと応じるだろう。(あるいはもっと強気に出て、絶対的な私的性格をもつとする捉え方の方が日常言語の文法を正しく捉えているのであり、「彼女はいま私が痛みを感じていることを知っている」という文は日常言語においても実は文法違反なのだと主張するかもしれない。)

どうすればよいのだろうか。文法命題における対立は、一般に簡単に決着がつくようなものではない。場合によっては決着をつける必要もないかもしれない。例えば「うどん」という語を例にとってみよう。「小麦粉に水を加えて練り合わせた麺」をすべて「うどん」と呼ぶならば、そうめんも「うどん」である。これに対して「小麦粉に水を加えて練り合わせた二ミリより太い麺」を「うどん」と呼ぶならば、そうめんは「うどん」ではなくなる。[54] だが、どちらでもいいだろう。必要なら混同しないように前者を「広義のうどん」、後者を「狭義のうどん」とでもすればよい。

では「痛み」に対しても、日常言語の「痛み」を「広義の痛み」とし、懐疑論者の「痛み」を「狭義の痛み」とすればよいのだろうか。いや、そうはいかない。というのも、懐疑論者の提案する文法は私的言語を要求するからである。

7-4　感覚を「私的に」語ることはできない

私的言語の不可能性についてはすでに論じている。しかし、一般的に「ひとは規則に「私的に」従うことはできない」ということから、それゆえ感覚について「私的に」語ることはできないと結論するのではなく、感覚に即して改めて考えていこう。もし感覚という事例において私的言語を批判する議論が説得力をもたないようであれば、これまで為してきた私的な規則遵守に対する批判も返す刀で切り捨てられてしまうことになるだろう。

ウィトゲンシュタインは議論のために、私的言語を念頭において次のような事例を考える。

> 私にある種の感覚が繰り返し生じ、私はそのことを日記につけようと思う。そこで、私はその感覚に「E」という記号[55]を結びつけ、私がこの感覚をもった日にはその記号をカレンダーに書きこむこととする。（第二五八節）

注意しておきたいが、これは私的言語ではない。私的言語など存在しないと論じたいのであるから、私的言語の具体例を挙げることなどできはしない。ただ、私的言語を擁護する人が「私的言語」と呼びたくなるだろうような事例を挙げてみたにすぎない。それゆえ、想定される私的言語にもっと近づけるならば、Eを「感覚」と呼ぶこともできない。というのも、「感覚」は公共言語たる日本語だからである（ウィトゲンシュタインも第二六一節でEは「感覚」とさえ呼べないと指摘している）。しかし、私的言語について考察するための挿絵のようなものであるから、考えやすさのためにEを感覚と称しておこう。

ある感覚が生じたときにそれを「E」と名づけ、そして以後それと同じ感覚が生じたときに「E」と書き記す。一見すると何の問題もないように思える。例えば、翌日私にある感覚が生じ、私はそれを昨日「E」と名づけた感覚と同じだと判断して「E」とカレンダーに記すことは可能だろう。だが問題は、「E」を言語とみなせるかどうかである。

そこで起こっていることは、私にある感覚が生じ、それに促されて私は「E」と書くというだけでしかない。それは痛みが原因で呻き声をあげるのと違いはない。呻き声の代わりに「E」と書きはするが、それはまだ言語ゲームの準備にすぎない。そこから言語ゲームを開いていかなければ、「E」と書くことはたんに自然に呻き声を発するレベルにとどまったままなのである。

日常言語の場合も、痛みが生じたことに促されて「痛い」と発話する点では、「E」と違いはないと言えよう。しかし、日常言語の「痛い」の場合には、そこから「痛い」という語を用いた言語ゲームが開かれる。それがどのようなものであるかについて『哲学探究』はとくに述べていないが、私の考えでは、「痛い」という語が異なる時制と異なる人称で用いられることが、目下の議論にとってとくに重要である。私は現在の痛みを訴えるだけではなく、後には過去形で「痛かった」と言い、棘のあるバラの枝を見て「さわると痛いだろう」と予想する。あるいは、私にとっての「私の痛み」はあなたにとっては「あなたの痛み」であり、私にとっての「あなたの痛み」はあなたにとっては「私の痛み」であることを理解している。

もしこうしたことに反して「痛い」という語を使用したならば、それは誤った使用になる。昨日の「いま痛い」という発話と今日の「昨日は痛かった」という発話との時制の連関や、「私は腹が痛い」という私の発話とあなたが私に言う「あなたは腹が痛い」や第三者が私について言う「彼は腹が痛い」という発話の間にある人称の連関は「痛み」という語の文法、すなわち言語ゲームの規則である。そしてこのような文法に則って、われわれは痛がっている人を慰めたり、あるいは嘘をついたりもするだろう。

他方、「E」はただある感覚に反応して「E」と書きつけるだけでしかない。それゆえ、自然に発せられる呻き声に正しいも誤りもないように、「E」と記すことに正誤はない。

だが、これに対してはなお反論があるかもしれない。「Eは生じていない」と判断したにもかかわらず「E」と記入してしまったら、それは誤りである。あるいは、「Eが生じた」と判断したにもかかわらず「E」と書かなかったならば、それもまた誤りだろう。だとすれば、「E」と書き記すことにも正誤はあると言うべきではないか。

なるほど、「Eは生じていない」と正しく判断し、その上で「E」と書いたならば誤りであるし、「Eが生じた」と正しく判断し、その上で「E」と書かなかったならば誤りである。だが、それが言えるためには、「Eは生じていない」ないし「Eが生じた」と正しく判断できるのでなければならない。まさにそこに問題の核心がある。

「E」の事例と対比するために問題のない事例を挙げよう。私はある花を見て「ボタンが咲いている」と判断する。事実ボタンが咲いていれば、その判断は正しい。だが、例えばそれはボタンではなくシャクヤクであったとすると、私の判断は誤りとなる。ここにおいて、私の判断と独立な事実があるとされるためには、少なくとも私の判断とは別の他者の判断がなければならない。ボタンの場合であれば、とりわけ専門家の判断としての図鑑が参照されるだろう。そして、「ボタンの葉には切れ込みがある」といった知識を得ることができ、私は目の前の植物の葉に切れ込みがないことを確認して、「これはボタンではなかったのか」と自分の判断を訂正する。

他方「E」の場合には、まさに「私的言語」と想定されているため、「Eが生じた」という私の判断とは別の他者の判断などありはしない。私のこの判断に異を唱える他人はおらず、ただ私の判断だけがある。それはすなわち、「Eが生じた」という私の判断と独立な〈Eが生じた〉という事実を言うことができないということである。判断と独立な事実が立てられないのであれば、その判断に対して正誤を言うこともできはしない。

ここでひとは、なんであれ私に正しいと思われることが正しいのだと言いたくなるかもしれない。それはつまり、ここでは「正しさ」を語ることができないということでしかない。

(第二五八節)

仮に「「これはEだ」という私の判断は正しい」と私が判断したとして、私自身が自分の判断に対して与える正しさの判断は、けっきょくのところ「そうだ、これはEだ」と再確認しているだけのものでしかない。ウィトゲンシュタインは、こうした自分自身に対して与える「正当化」のことを「朝刊の記事の正しさを確かめるために同じ新聞を何部も買い足す人」(第二六五節)や「掌を自分の頭の上に乗せ、それで自分の身長を知っていると主張する人」(第二七九節)に喩えて揶揄している。

私的言語の不可能性は微妙な、かつ難しい問題であるから、これで私的言語を擁護する側からの反論が終わるとは思えない。ここではもう一つだけ、この問題の根幹に関わる反論を考えておこう。私は昨日「これを「E」と呼ぶ」と決め、そして今日「またEが生じた」と判断する。そのとき、昨日自分が与えた「E」の定義を覚えているのだから、自分の記憶に照らして現在の感覚が「E」と呼ばれるべきものかどうかは分かるだろう、と反論される。しかしこの反論は的を外している。そして記憶に訴えることがいかに的を外しているかを理解することが、私的言語批判を理解する上で決定的に重要となる。

昨日私はある感覚を経験しそれを「E」と呼ぶと決めた。私はそのことを正確に記憶していると仮定しよう。しかし、今日生じた感覚は昨日の〈それ〉そのものではない。経験としては別個のものである二つの経験を同じ「E」で呼んでよいのか。だが、いくら私の記憶を探っても答えは出ないだろう。というのも、私はいま感じているこの感覚については昨日何も考えてはいなかったからである。（規則のパラドクスを論じたときのエピソードを思い出していただきたい。「+2」という命令を出した教師は、その命令の時点において、1000の次は1002だということなど考えてはいなかった。）私は確かに昨日ある感覚を「E」と呼ぶと決めた。だが、今後どのような感覚が生じたときにそれを「E」を定義したときに生じていたあの感覚と同じ、ないしは類似したものとみなすのかについては決めていなかった。また、今後生じるであろうすべての感覚について定義の時点で考えておくことなど不可能である。それゆえ、ここでは記憶は役に立たない。

記憶に訴えても無駄である以上、けっきょく私はいま自分がこの感覚を「E」と呼びたくなっているということを頼りにするしかない。つまり、なるほど昨日「これを「E」と呼ぶ」と決めたのではあるが、今日は今日で「E」と呼びたくなったものを「E」と呼ぶことになる。だとすれば、今日の私の「Eが生じた」は「私はこれを「E」と呼びたくなった」ということでしかないだろう。私は「E」と呼びたくなったものを「E」と呼ぶ——これはもはや規則に従った活動とは言えない。それが言語であるためには、規範性が必要である。たんに「これを「E」と呼びたいから「E」と呼ぶ」のではなく、「これを「E」と呼ぶべきだから「E」と呼ぶ」のでなければならない。それゆえ、私的言語の想定は「言語」とは言えないものでしかない。「E」は〈Eが生じた〉という事実の記述ではありえない。

7-5 「痛み」という語と痛みという感覚

7-5-1 言語以前に感覚を同定するという考え

私的言語ではなく、日常言語を考えよう。日常言語において、「痛み」という語と痛みという感覚はどのような関係にあるのか。「痛み」という日本語は、痛みという感覚の名前なのだろうか。言葉で痛みを語ろうが語るまいが、痛いものは痛い。そう思われる。もちろん、それを「痛み」と呼ぶのは言葉による。しかし、どう呼ばれようと、あるいはまったく名前を与えられていなくとも、けがをしたときに痛くなくなるわけではない。ウィトゲンシュタインだってそのことを否定しはしないだろう。だがわれわれはこの実感から、「言語以前に感覚を同定している」という考えを引き出しがちになる。子どもが「痛み」という日本語を学ぶ過程を考えてみよう。あるとき痛みを経験する。しかし、まだ「痛み」という言葉は教わっていない。それ以後、その子は同様の経験をするたびに「またあれが生じた」と判断する。やがて大人からそれが「痛み」と呼ばれるのだということを学ぶ。このように考えるとき、子どもは言葉を学ぶ前にその感覚を同定していることになる。だが、ウィトゲンシュタインはこの考え方を拒否するのである。

すでに「痛み」という言葉を学んでいるわれわれもまた、「言葉で語られなくとも痛いものは痛い」という実感に導かれて、「痛み」と呼ばれるべきその感覚は語られる以前にすでにそこにあり、われわれはそれを確認したから「痛い」と語るのだと考えるかもしれない。これに対してウィトゲンシュタインは、どうにも呑み込みがたい議論を展開する。

「E」をカレンダーに書き記すという事例を一歩だけ日常言語に近づけたものを想定しよう。「E」に一つの適用が与えられる。あるとき私にある感覚が生じる。私はその感覚を「E」と名づけ、カレンダーに「E」と書き記す。ここまでは先の事例と同じである。さらにそのとき、血圧計で測ってみると血圧が上昇していることが分かった。それ以後も、Eが生じるとつねに血圧の上昇が見られた。そこで私はEが生じたときには血圧が上昇しているに違いないと予測できるようになった。そしてウィトゲンシュタインはこの想定に対して、次のように論じるのである。

さて、この事例においては、私がその感覚を正しく再認していたのか、そうでないのか、どちらでもまったくかまわないように思われる。つねにその同定をまちがえていたと仮定しても、何の違いも生じない。そのことを考えさえすれば、同定の誤りという仮定が見かけだけの無意味なものにすぎないことが分かるだろう。（第二七〇節）

ここでは感覚と血圧の上昇の相関関係が言われている。だとすれば、当の感覚を正しく同定しなければ血圧の予測にも失敗すると思われる。だが、ウィトゲンシュタインはここでは感覚の同定などどうでもよいと論じる。少なくとも私はこの議論に多少の当惑を禁じえないが、それは私が「言語以前に感覚を同定する」という考えから抜け出せないでいるからだろう。あるタイプの感覚が同定されていないのであれば、何を「痛み」と呼んでいるのか分からないじゃないか。私はなおそんな思いから離れられないでいる。ウィトゲンシュタインは「つねにその同定をまちがえていたと仮定しても、何の違いも生じない」と言う。どうしてそうなるのだろうか。

なんでもお見通しの〈神〉を登場させてみたい。私は、Eが生じたと判断し、血圧の上昇を予測する。血圧計で測ると確かに血圧は上昇している。そのとき〈神〉は私のことをこう見ているかもしれない。「あいつは「E」と名づけたときの感覚とぜんぜん違う感覚を「E」と呼んでいるのに気がついていない。でも、まあ、血圧は確かに上昇しているのだから、それでもかまわないか。」ここで〈神〉などをもち出すとウィトゲンシュタインに怒られるかもしれないが[56]、こんなふうに考えると「つねにその同定をまちがえていたと仮定しても、何の違いも生じない」という言葉が、私にも少し納得できるように思える。〈神〉の目から見ると私はいつもまちがえている。しかし〈神〉ならぬ私はそれに気がつかない。それで「Ｅが生じた。血圧が上がっているぞ」と考える。だが、私が「Ｅが生じた」と判断したときに実際に血圧が上がっているのだとすれば、「Ｅが生じた」という判断がまちがっていたとしても、私にとっては何の問題もないことになるだろう。

とはいえ、〈神〉などいはしない。言語以前の感覚の同定という想定のもとでは、すべては私の心の中で為され、私が気づいていない誤りに気づいてくれる他人はどこにもいない。それゆえ、ここでは同定の誤りを言うことができない。どういうことか。同定の誤りを言えないということは、つねに感覚を正しく同定しているということではない。そもそも言語以前の感覚の同定など為されてはいないということではないか。

では、ここで私が「Ｅ」をある感覚の名前だとする根拠は何か？　おそらくこの言語ゲームにおいて「Ｅ」という記号が用いられる仕方のゆえである。――ならばどうして「一定の感覚」なのか？　どうして毎回同じ感覚とされるのか？　それはつまり、毎回「Ｅ」と書くと仮定しているということなのだ。

（第二七〇節）

同じ趣旨のことが第二九〇節でも述べられている。

私はもちろんなんらかの規準に照らして私の感覚を同定しているのではない。私はそのような同定なしに同じ表現を用いる。だがそれでその言語ゲームが終わってしまうのではない。言語ゲームはそこから始まる。

（第二九〇節）

言語習得の最初はわれわれの本性に基づいた訓練によると論じていたことを思い出そう。「痛い」という語の場合には、泣くことの代わりとして「イタイ！」と声をあげることが教えられる。だが、まだその段階ではそれは言語とは言えない。新たな痛みのふるまいを学ぶことは言語ゲームの準備にすぎない。言語ゲームはそこから始まるのである。このことは、感覚の同定から言語ゲームが始まるわけではないということを意味している。子どもは「これはあの感覚だ」と判断し、その判断に従って泣くわけではない。痛みが原因で泣くという反応が端的に引き起こされているのであり、それを「これはあの感覚だ」などという判断が媒介することはない。だとすれば、泣くことに取って代わった「イタイ！」という発話も同様だろう。「痛い」という言葉を最初に学ぶ段階で、子どもは特定の感覚の同定などしていないと言うべきである。

7-5-2　仮面をつけた行動主義者なのか

言語以前に感覚を同定するという考えを批判するために、ウィトゲンシュタインはきわめて印象的な、というかとっぴな思考実験を示す。

よろしい、めいめいが自分自身について私にこう言うとする。私は痛みとは何であるかをただ自分自身の場合についてのみ知っているのだ！――こんなふうに仮定してみよう。各々が一つずつ箱をもっており、その中には、われわれが「カブト虫」と呼ぶ何ものかが入っている。誰もけっして他人の箱の中を覗き込むことはできない。そしてめいめいが、ただ自分のカブト虫を見ることによってのみ、カブト虫のなんたるかを知るのだと主張する。――このとき、それぞれが自分の箱の中に異なるものをもっているということが起こりうるだろう。いや、それどころか、そのようなものが絶えず変化していると想像することさえできよう。――だが、この人たちの「カブト虫」という語が彼らの間で使用されていたとすれば、どうか。――そのとき、その使用はあるものを名指すという使用ではない。箱の中にあるものは、およそ言語ゲームに属しているものではなく、さらに言えばそれは何ものかですらない。箱は空っぽでもかまわないのだから。――そうなのだ。箱の中のものを素通りして「短絡《ショート》させる」ことができる。箱の中に何が入っていようと、それは姿を消してしまう。

つまり、こうだ。感覚を表わす表現の文法を「対象と名指し」というモデルに従って作るならば、そのときその対象は不要なものとして考察からはじき出されることになる。（第二九三節）

「箱の中にあるものは、およそ言語ゲームに属しているものではなく、さらに言えばそれは何ものかですらない」と言われる。「カブト虫」は「痛み」の喩えであるから、この箇所だけを取り上げれば、「痛み」という語を用いた言語ゲームでは痛みの感覚は不要だと主張しているようにも思われる。そのとき、「痛み」という語は私的な感覚ではなく、他人にも観察可能なふるまいのレベルで捉えられていることになるだろう。心に関する言葉をふるまいのレベルだけで意味づけようとする立場は「行動主義」と呼ばれるが、もしウィトゲンシュタインがカブト虫の思考実験を通して言語ゲームにおける感覚の不要性を主張しているのであれば、彼は行動主義だということになる。

だが他方で、ウィトゲンシュタインは次のようにも言うのである。

いったいどうして私が心的過程の存在を否定しなければならないのか?!

（第三〇六節）

ウィトゲンシュタインはけっして行動主義者ではない。しかし自分の主張が感覚の存在を否定する行動主義の主張として読まれる可能性を痛切に意識してもいる。

「だが君の言っていることに従えば、例えば痛みのふるまいがなければ痛みは存在しないことになるのではないか？」

（第二八一節）

「君はいつも繰り返し感覚それ自体は何ものでもないという結論に行き着く。」

（第三〇四節）

「やはり君は仮面をつけた行動主義者じゃないのか？　仮面の下では、人のふるまい以外のものはすべてフィクションだと言っているのではないか？」

（第三〇七節）

私はここにおけるウィトゲンシュタインの姿を、ナイフリッジを行く登山家としてイメージしたくなる。そこは両側が断崖のように切り立った、あたかも綱渡りをするかのような細い尾根道である。一方に落ちれば、言語以前に感覚を同定するという考えとなる。それを避けてバランスを崩し、もう一方の側に落ちると行動主義となる。

だがウィトゲンシュタインは、どちらの谷底にも落ちないように慎重に歩を進める。なるほど痛みのふるまいがなければ「痛み」という語を用いた言語ゲームは成り立たない。しかし、それはけっして行動主義ではない。彼はけっして行動主義のようにすべてをふるまいのレベルで捉えようとするわけではない。ふるまいは言語ゲームを成り立たせるための一つの要因にすぎない。

ポイントは、言語ゲームを営むのが人間だという点にある。人間は、心をもち、体をもち、さまざまに感じ、さまざまにふるまう。人は心に話しかけるのでもなく、体に話しかけるのでもなく、相手の人に話しかける。人は人に痛みを訴え、人は人に嘘をつき、そして人は人を慰める。

人は痛んでいる手を慰めるのではなく、痛がっている人を慰める。われわれはその人の目を見る

のである。　　　　　　　　　　　　　　　　　　　　　　（第二八六節）

なぜ目を見るのだろう。視線を合わせることが人と人が関わりあう一つの形だからだろう。そうして人と人の関わりあいの中で「痛み」という語の言語ゲームも営まれる。ふるまいは言語ゲームが成り立つために、すなわち人と人とが関わりあうために要請されるのであり、けっして「痛み」に関わるすべてをふるまいのレベルに還元しようとするわけではない。

7-5-3　水源地としての感覚の否定

ウィトゲンシュタインが切り捨てようとしているものが何なのかを、正確に見てとらねばならない。第二九三節の最後に注目しよう。カブト虫の思考実験の後、こう書かれていた。

つまり、こうだ。感覚を表わす表現の文法を「対象と名指し」というモデルに従って作るならば、そのときその対象は不要なものとして考察からはじき出されることになる。（第二九三節）

「対象と名指し」というモデルとは、感覚に限らず、言語一般に関してわれわれがこれまで批判してきた考え方である。簡単に確認しておこう。「A」という名前は対象αを名指している。そこで、「A」という語をどう使用すべきかは対象αのあり方を見れば分かるはずだと考える。これがここで

「対象と名指し」というモデルと言われている考え方だろう。例えば一般観念に訴える考え方では、「犬」という語は犬の一般観念を名指すものとされ、犬の一般観念を把握した者はそれに照らして「犬」という語を適切に使用できるようになる、というのである。だが、百歩譲って仮に犬の一般観念なるものが心の中に形成できたとしても、そこからどのように「犬」という語の使用を導くべきかは、なお不確定なままにとどまる。「これを把握していればすべての言語使用はそこから導かれる」とするような、私が「水源地」と呼んだものによって言語使用を説明しようとする企ては幻想でしかない。われわれはそんな哲学的なでっちあげに訴えることなく、言語ゲームのあり方を見てとらねばならない。

「痛み」に関してもこの幻想にしがみつくならば、そこには「痛み」という語の使用を導いてくれるような水源地の役目を果たすであろう感覚があることになる。そして、その感覚は語の使用を導くものであるから、言語使用に先立って同定されていなければならない。それに対してウィトゲンシュタインは、そんなものはありはしないと切り捨てる。つまり、カブト虫の思考実験で切り捨てられているものは、感覚そのものではなく、あくまでも言語使用を導くとされる感覚の存在なのである。

7-5-4　「痛み」は痛みである

では、「痛み」という語と痛みの感覚の関係はどのようなものになるのだろうか。私自身の考えを補いつつ、述べてみよう。

言語以前に感覚が同定されるという考えは捨てねばならない。ある感覚を「これは痛みだ」と同定することなどなしに痛みに泣いたり呻いたりするように、子どもはそうした同定判断などなしに「イタイ！」と声をあげるようになる。そしてその発話は、一人称現在形の発話として日本語の言語ゲームにのせられる。[57] やがて子どもは「痛かった」とか「痛いだろう」と語るようになり、また、他人に対しても「痛い」という語を適用したり、他人から自分に向けて「痛い」という語を用いて話しかけられた場合にも適切に応じることができるようになる。人を慰めたり、嘘をついて痛いふりをしたりするようにもなるだろう。こうして「痛み」という概念が言語ゲームにおいて形成されてくる。そうすると、その概念を「痛い！」という発話を引き起こす原因である感覚に適用するようになる。つまり、その感覚を「痛み」として捉えるようになるのである。

先に「君はいつも繰り返し感覚それ自体は何ものでもないという結論に行き着く」という第三〇四節の言葉を引いておいた。それは次のように続いている。

いや、違う。感覚それ自体は何もの《エトヴァス》かではない。しかし何もの《ニヒツ》でもないというわけでもない！

(第三〇四節)

この謎めいた言葉は、言語によって形を与えられる以前の感覚のあり方を述べようとしたものではないだろうか。言語以前には「痛み」として同定されることはなく、なんらかの感覚として分節化されることもない。つまり、それは名前を与えられるべき対象としては成立しておらず、何ものか《エトヴァス》ですらない。だが、泣き声や呻き声を引き起こす因果的な力はもっている。それゆえそれはけっして何ものでもない《ニヒツ》というわけでもない。

ある状態が原因となって「痛い！」という発話を引き起こし、その発話が言語ゲームで用いられ、「痛み」という概念が形成される。それによってその発話を引き起こしていた状態に形が与えられる。言語以前に分節化された感覚が言語使用を導くという構図はここにおいて百八十度逆転させられている。感覚の同一性が確認されたから、それに「痛み」と名前をつけるのではない。「痛み」という同一の語を使用するから、そこに痛みという感覚の同一性が形成されるのである。

私はときに、彼女が「痛み」と呼んでいる感覚が実際にどういうものなのか分からないと思う。ある意味ではそれはその通りである。キリキリ痛いのか、シクシク痛いのか、その痛みはどの程度激しいのか、私にはよく分からない。だが、その思いは容易に哲学的に暴走する。私が「痛み」と呼ぶ感覚と他人が「痛み」と呼ぶ感覚はいったい同じものなのか。もしかしたら私だったら「痒み」と呼ぶ感覚を他人は「痛み」と呼んでいるのではないか。そんなふうに考え始めてしまう。だが、ここまでの議論が正しいものであるならば、この哲学的な妄想[58]に意味はない。「痛み」という語を用いた言語ゲームがその感覚に「痛み」という意味を与えるのである。それゆえ、私であれ他人であれそれを「痛み」として捉えたならば、それは必然的に同一のタイプの感覚となる。彼女が「痛い」と言っているのであればそれは「痛み」というタイプの感覚なのであり、それ以上でも以下でもない。

「あなたが「痛い」と言うとき、あなたはどういう感覚を経験しているんだ？」

「私はそのとき痛みを経験している。あなたはどうなの？」

「ぼくも同じだ。ぼくが「痛い」と言うとき、ぼくは痛みを経験している」

この間の抜けた会話がすべてであり、哲学はこれ以上先に進んではならない。

第8章　思考の神話

8-1　言語以前の思考への誘惑

私の心を、心の外の世界も他者も排除して、純粋に自分の心とだけ向き合って記述しようとすると、それは他者には理解不可能な言語、すなわち私的言語となるほかない。前章ではそのような言語の不可能性を論じた。だが、次の誘惑が待っている。心の中を非言語的に捉えようというのである。私的な仕方で言語的に捉えることができないというのであれば、非言語的に捉えることはできないか。

おそらく、心の中がくまなくすべて言語的に捉えられるとまでは、ウィトゲンシュタインも言わないに違いない。少なくとも私は、心の中に非言語的な何ものか——いや、「何ものか《エトヴァス》」でもなく「何ものでもないもの《ニヒツ》」でもないと言うべきだろう——があることを否定しようとは思わない[59]。例えば痛みなどは、「痛み」およびそれに関連する言葉をもっていなくとも、痛みを感じなくなるわけではない。動物が痛みを感じているとすれば、それは当然非言語的な状態だろう。では、思考はどうか。非言語的な思考は可能か。それが次の問題となる。

「痛い」という語の場合には、まず痛みの自然な表出として泣き声がある。そして泣き声に代わる新たなふるまいとして「イタイ！」という発声を覚えさせ、そこから「痛い」という語を用いた言語ゲームへと導くことができた。だが、叫び声のようにして「カンガエテイル！」と声をあげることはないだろう。それゆえ、「考えている」という語が何か自然な表出の代わりになるとは思えない。さらに、「考えている」の場合には「……を考えている」とか「……だと考えている」のように、思考内容がある。このことが、思考を痛みよりもいっそう複雑なものとしている。[60]

言葉で考えを言い表わす以前に、まず心の中で非言語的に思考が成立している。そんなふうに考えたくなる誘惑がある。赤ん坊だって考えている。ただそれを表現する言葉をまだ知らないだけだ。そしてその言語以前の思考があるからこそ、われわれの言語活動も可能になる。このような考え方は、言葉によるコミュニケーションに対する素朴な捉え方にも見られる。話し手は自分の思いを公共言語で表現し、聞き手はその公共言語の表現を受けとって、そこから話し手の思いを読みとる、というのである。この捉え方のもとでは、言語で表現される前に、言語以前の思いがあることになる。

私的言語が不可能である以上、言語は公共的であるしかない。それゆえ、思考が言語を必要とするのであれば、思考もまた公共的な性格をもち、他者へと開かれたものとなる。他方、言語以前に思考が為されうるのであれば、思考は純粋に自分の心の中でできることになる。それゆえ非言語的思考は、他者を排除し自分の意識に閉じこもろうとする哲学者に居場所を与えることにもなるだろう。

日常言語の現場を離れ、この言語活動を支えているものを求め、どうしてもより深いところへと潜ろうとする。その誘惑を前にして、私は先に引用した言葉をもう一度書きたくなる。

ここでは、いわば頭を水面に上げておくことが難しいのだ。（第一〇六節）

だが、この誘惑を断つことはそう簡単なことではない。われわれが「言語以前の思考」という想定へと強く誘われる三つのポイントを挙げよう。

⑴　思考の閃き

ある瞬間に考えが閃くことがある。だが、「あ、そうか！」と言ったときにはまだその考えは言葉になって口をついて出ていない。だとすれば、そこで閃いたものは言語以前の思考ではないか。

例えば、アルキメデスのエピソード。王冠を壊さずにそれが純金であるかどうかを調べよと命じられ、王冠の比重と金の比重を比較すればよいと考えた。そのためには王冠の重さと体積を量らなければいけない。重さは簡単だが、体積はどうやって量ればいいのか。あるとき風呂に入って、お湯がこぼれだしたときに、アルキメデスは閃いたという。「ヘウレーカ！」そのときアルキメデスは言葉にして考えるより先に、浴槽から溢れるお湯を見て「これだ！」と思ったに違いない。その「これ」とは何だろうか。「容器いっぱいに水を張った中に王冠を沈め、溢れた水の体積を量ればいい」という文を頭の中でつぶやくには数秒はかかるだろう。しかしそのときの閃きは瞬時のものだった。だとすれば、それは言語以前の思考であるに違いない。われわれだって、言葉にして言うとけっこう長くなるアイデアが閃くことも珍しいことではない。では、そのとき何が閃いたのだろうか。

(2) 考えずに話すことと考えて話すことは違う

思考が言語的でしかないのであれば、話すこと(あるいは書くこと)がすなわち考えることとされるだろう。だが、われわれは考えて話すこともあれば、考えずに話すこともある。そうだとすれば、考えることは話すことに伴うことも伴わないこともできるのである。したがって、考えることは話すこととは別のものだということになる。例えば、まったく歌詞の意味を考えずに、あるいはそもそもその意味など分からずに歌うことが、子どもたちや、あるいはわれわれでも外国語の歌を口ずさむ場合などに起こる。他方、歌詞の意味を考えて歌うこともある。どこが違うのか。たんなる発声練習で文章を口にするとき、いわばそれは言葉としては死んでいる。それに生命＝意味を与えるものこそが思考なのではないか。このように考えるとき、言葉に伴ってその言葉に意味を与える思考それ自体は非言語的だということになるだろう。(もし思考が言語的だとするならば、その言語的思考に意味を与えるものは何なのか。)

(3) ぴったりした表現を探す

ときに言葉がうまくそのときの自分の思いを表現していないように思われることがある。そしてぴったりした言葉が見つかったとき、「ああ、これだな」と思う。それはつまり、言い表わそうとしている思いが言葉以前にそこにあるということを意味しているのではないだろうか。例えば、「いらいらする」といったんは言ってみるが、しっくりこない。「じれったい」と言い換えてみるが、それも自分の気持ちをうまく言い表わせている気がしない。「歯がゆい」――近づいているがまだぴったりしない。そして「もどかしい」という言葉に思い至り、「ああそうだ、これだ」と思う。このような経験において、いったい何が起こっているのか。言語以前の思いが心の中にあり、それをうまく言い表わす言葉を探し、適切な言葉を見つけているということなのではないだろうか。そしてときには完全にぴったりした言葉が見つからず、思いが言葉をはみ出しているということも起こるだろう。だとすれば、私が抱いている思いそれ自体とそれを表現する言葉とは別ものと言うべきではないか。

こうした誘惑を断ち切って、ウィトゲンシュタインは次のように主張する。

　思考は非身体的過程ではない。思考という非身体的過程が、語ることに生命と意味を与えているわけではない。また、ちょうど悪魔がシュレミール[61]の影を地面から剝ぎ取ったように、ひとは語ることから思考を剝ぎ取れるわけではない。――だが、「非身体的過程ではない」というのはどういうことなのか？　つまり、私は非身体的過程なるものを知っているのだが、思考はそうしたものではないと言いたいのか？　いや、そうではない。私は「考える」という語の意味を原初的な仕方で説明したかったのだが、どうすればよいのか困惑して、「非身体的過程」などという言い方に頼ってしまったのだ。（第三三九節）

思考は非身体的過程ではないどころか、「非身体的過程」などという言葉を使うのさえ不適切だと言うのである。非身体的過程ではないと言うと、では身体的過程なのかという話にもなるだろう。例えば思考は脳過程である、等々。だがウィトゲンシュタインはそういうことを言いたいわけでもない。彼は言葉を語ることと思考とを可能なかぎり緊密に結びつけようとしている。そして言葉を語ることは声帯を振動させたり手を動かしたりするといったたんなる身体的過程ではないし、だからといって非身体的過程というわけでもない。思考も同様である。では思考とは何なのか。まさにウィトゲンシュタインは困惑して、とりあえず「思考は非身体的過程ではない」と断ずる。しかしそう主張するには、言語以前の思考へと誘惑する声が聞こえる三つの岩礁を切り抜けねばならない。

8-2 考えることは語ることか

8-2-1 第一の難所

第一の難所は思考の閃きという場面である。言葉で言うよりもすばやくその考えが閃くことがある。

だとすれば、そこで閃いたものは言語的なものではありえないのではないか。
これに対してウィトゲンシュタインは、考えをメモするという事例を挙げる。

この考えがそのメモに凝縮されるのはいかにしてなのか？　（第三一九節）

私も散歩しながら何か考えが閃いたとき手帳に手短にメモすることがある。ウィトゲンシュタインはしょっちゅうそんなメモを作っていた。あるいはスピーチするときに簡単なメモを見ながら話している人も見かける。だが、それなりの長さの内容が、どうしてそのひとことに凝縮されるのだろう。ウィトゲンシュタインはその答えを書いていない。ただ、思考の閃きはこのメモの事例と同じなのだと示唆するのみである。われわれ自身でもう少し考えてみよう。

どうしてメモのひとことが思考の内容を凝縮したものになるのか。二つの捉え方があるように思われる。一つは、ちょうど舞台上で台詞を忘れた役者がプロンプターのヒントで台詞を思い出すような具合に、メモのひとことが記憶を呼び起こすというものである。あらかじめスピーチの内容を考えておいて、それを思い出せるようにキイワードを話す順に書き記しておく。いざスピーチするときにそのメモを見ると、あらかじめ考えておいた内容がそのまま思い出されるというわけである。

もう一つは、そのメモ書きが新たな考えや言葉を生み出すヒントになるというものである。私が散歩しながら考えをメモする場合にはこのタイプが多い。考えている問題に対してどう応じればよいかその方向が見えたように思えたとき、手短にメモする。それはいわばある風景を眺める地点をマークしておくようなものと言えるかもしれない。あとでここに立って、そこから見える景色をもっとじっくり調べてみよう。そう思ってメモを残す。その時点では思いついた考えの全体や細部が見えているわけではない。散歩から戻り、パソコンに向かいながら、そのメモをヒントにして考えを詰めていくことになる。

記憶を呼び起こすメモであれば、メモとは別にあらかじめ考えた内容があり、メモはそれを再現するための手がかりということになる。他方、考えるためのヒントを示すメモであれば、そのメモをもとにして新たな内容が生み出される。一方は再現のきっかけを与え、もう一方は産出のきっかけを与えるのである。

この二つの捉え方のどちらかだけが正しいというわけではない。記憶を呼び起こすタイプのメモもあり、考えるヒントになるというタイプのメモもある。そして多くの場合に両者の性格が入り混じっているだろう。その中で、ウィトゲンシュタインが「考えがそのメモに凝縮される」と述べているのは、考えるヒントになるタイプのメモのことではないだろうか。

考えが閃いて「あ、そうか！」と言うときは、「考えるヒントがつかめた、ここから進めるぞ」というタイプの閃き方、つまり、再現するタイプではなく産出するタイプになるように思われる。「ここから進んでいける」と思ったとき、まだ私はその先へと歩み出ていない。あるいは「ここから見れば見えてくるものがある」と確信したとき、まだ何が見えてくるのかその全貌も細部もはっきりしてはいない。それゆえ、このタイプの思考の閃きは、けっして言語以前の思考がすでにそこにあるわけではない。思考の全貌が非言語的な形で姿を現わしたからではなく、ヒントをつかみ、先に進めると確信したから「ヘウレーカ」の叫びをあげたのである。

この問題は第5章で論じた「理解」を巡る問題と重なっている。ウィトゲンシュタイン自身も、「閃いた思考と言葉で言い表わされた思考の関係は、代数式とそれを展開してできる数列の関係に類比的と言える」(第三二〇節)と述べている。「1, 5, 11, 19, 29」と数列の最初の5項を示され、「分かった。続けられる」と答える。これはけっして無限に続く数列のすべての項が明示的に思い浮かんだということではない。(無限の項を思い浮かべるのは人間にできることではない。)例えば、前の項に足す数が2ずつ増えていると気づいたときに「分かった」と言うかもしれない。1に4を足して5、次はそれに6を足して11、それに8を足して19、それに10を足して29、だから次は12を足して41、以下同様。ここにおいて、「分かった。続けられる」という発言は、以下同様に続けていけるという合図、ゴーサインなのである。あるいは、この数列に対して「$a_n = n^2 + n - 1$」という一般項を求めるかもしれない。数列を学び、このような式に習熟している人であれば、この一般項によって数列を無限に続けていくことができるだろう。

考えが閃き「あ、そうか！」とつぶやくときも、数列に対して「分かった。続けられる」と言うときと同様なのである。考えが閃いたというのは、ある考えが言葉にならない形でその全体を現わした瞬間なのではなく、これから新しい考えを紡ぎ出していける、その扉が開いた瞬間にほかならない。

8-2-2　第二の難所

考えずに話すことと考えて話すことが異なる以上、思考は話すことそのものではなく、話すことに伴ったり伴わなかったりする心的な過程ではないか、これが第二の問題である。

そこでウィトゲンシュタインは、「ペン先がだいぶくたびれてきたな。でも、まあ、まだいけるか」という文章を例に挙げて、まず考えながら読み上げ、次に考えずに読み上げてみてほしいと注文する。そしてさらに、言葉を使わないで、つまり、非言語的な仕方で、その考えだけを心に生じさせてみよ、と言うのである(第三三〇節)。最後の注文に従うのは、明らかに無理だろう。

非言語的な思考をそれだけで直接に把握するのは不可能である。それは考えずに話すことと考えて話すことを区別するために想定された仮説にすぎない。だが、そのような仮説を立ててものごとを説明しようとするやり方は、自然科学においてはふつうのことであろうが、哲学ではやってはならないことだというのが、ウィトゲンシュタインの哲学の基本方針である。

> われわれの考察にはいかなる仮説もあってはならない。あらゆる説明は退場し、ただ記述だけがそれに取って代わらねばならない。[62]　(第一〇九節)

目下の事例で言うならば、考えずに話すことと考えて話すことの違いを説明するために、確認することのできない非言語的思考が存在するという仮説を立てる。まさにその姿勢こそが哲学問題の温床となるのである。それに対して、そのような仮説を不要とする明確で見通しのよい記述を与えれば、そうした哲学問題は消え去るはずだというのが、ウィトゲンシュタインの目論見であった。

では、考えずに話すことと考えて話すことの違いはどう捉えられるのだろうか。これに対してウィトゲンシュタインはあまり多くを語っていない。『哲学探究』から読みとれる一つのアドバイスは、確信をもって何かを言うことと類比的に考えてみよ、というものである。同じ言葉でも、確信をもって言う場合と確信なしに言う場合がある。ではその確信だけを取り出してみよと言われても、もちろんそんなことはできない。両者はどこが違うのだろうか。一つには口調の違いだろう。確信に満ちた口調もあれば、自信なさそうな口調もある。ウィトゲンシュタインはまた「考えずに話す場合とそうでない場合とは、ある曲を考えなしに演奏する場合と考えをもって演奏する場合とに比較されるべき」(第三四一節)とも述べている。私には音楽の場合の違いがよく分からないのだが、やはりそれは演奏の仕方に表われてくるのではないだろうか。そうだとすれば、これも口調の違いに通じることを指摘しているように思われる。

だが率直に言って、これだけではまだ考えずに話すことと考えて話すことの違いが明確に見通せた気がしない。私はここでもう一歩を進めるために、ジグソーパズルのアナロジーを出してみたい。いま一つのピースを手にしている。それは他のピースとつながってより大きな絵柄を作るだろう。ある図形が、他のピースとのつながりの中で「象の鼻」になったり、「水を撒くホース」になったり、「うどんの切れ端」になったりもするだろう。ここで重要なのは、あるピースの相貌を支えているのはその図形の背後にある思考などではなく、他のピースとの関係だということである。それが象の鼻という相貌をもつのは、象の目や耳、あるいは象の全身の姿との関係においてであり、人が手に持って植木に水をやっている絵柄の中に位置づけられたならば、それはホースの相貌をもつだろう。

それゆえ、手にしたピースを他のピースと関係づけることなく見るとき、その相貌は失われる。しかしこれは相当に不自然な見方だろう。われわれはどんな断片もなんらかの仕方で他のものごとと関係づけて捉える。「これは他のピースとつながらないはぐれたピースだ」とみなすことでさえ、他のピースとの関係を視野に入れた上での捉え方である。したがって、他のピースとの関係を完全に無視してそれ自体だけで捉えるとすれば、それは「はぐれたピース」という相貌さえもたない「無相貌」と言うべきだろう。私には、これが「考えずに話す」ということに対応するように思われる。

「ペン先がだいぶくたびれてきたな。でも、まあ、まだいけるか」という断片的な言葉を読むとき、われわれは自然にそれを取り巻くものごとを漠然とであれ想定する。この人はきっと部屋の中にいて、机に向かい、ペンで書きものをしようとしている。ペン先を見つめ、取り換えようか考えている。そしておそらく、いまは交換せずに書きものを始める。他方、多少不自然な努力をして、発声練習のように読み上げてみる。その場合、いま捉えたような「物語」はすべて遮断されることになる。すなわち、他のピースとの関係が断たれ、ただその断片だけが孤立させられる。そのとき、その言葉から相貌が失われるだろう。つまり、考えながら話すとはなんらかの相貌のもとにその言葉を語ることであり、考えずに話すことは相貌を消し去ってその音列を口にすることだと思うのである。

とはいえ、われわれがふだんの会話の中で、考えずに話して「よく考えて話せ」と言われたりする場合には、発声練習のようにして言葉を口にするというわけでもないだろう。それでもおそらく「考えずに話す」場合には、その言葉をあまり他の言葉やものごとと関係づけずに話しているのだと思われる。言葉が断片的になり、脈絡を無視してお喋りするとき、「もう少し考えて話せ」と言われるのではないだろうか。

こうした議論をウィトゲンシュタインは表立ってしているわけではないが、同様のことは強く意識していたのではないかと思われる。例えば、次のように述べている箇所がある。

> われわれにとって数列は一つの顔[63]をもっている。（第二二八節）

例えば「2, 4, 6, 8」という数列の断片を見ると、われわれはほぼ反射的にその先を「10, 12, 14」と続けるだろう。これは先のペン先についての断片的発言を読むとほぼ自動的に机に向かっている姿とつなげるだろうことと同様である。もちろん机に向かってではなく、なぜか荒野にひとり立ちつくしてそうつぶやいているのかもしれない。さまざまな可能性がある。同様に数列も「2, 4, 6, 8」のあと、「8, 6, 4, 2」と戻っていくかもしれない。だが、われわれはある場合には、あるピースを与えられたときにはほぼ自動的にそのピースを取り巻く絵柄を想定する。そしてそのことによって、その断片に相貌が生まれる。「ペン先がだいぶくたびれてきたな」というつぶやきは部屋で机に向かい書きものをしようとしている人のつぶやきという相貌をもち、「2, 4, 6, 8」は偶数列という相貌(顔)をもつのである。

「ある曲を考えなしに演奏する場合と考えをもって演奏する場合」の違いも、こうした観点から捉えられるだろう。曲のある部分をそこだけ孤立させて演奏する。(極端な場合には一つ一つの音を孤立させて発するという場合を考えてもよいかもしれない。そうなるともはや「演奏」とは言いがたいだろうが。)それは「考えなしに演奏する」ことと言える。他方、「考えをもって演奏する」とは、その部分と他の部分や曲全体との関係を捉えて演奏することと言えるだろう。ある旋律も、その旋律自体は同じであったとしても、その前後や曲全体との関係で異なる相貌をもつことになる。

言語の文の理解は、ひとが思っているよりもはるかに音楽におけるテーマの理解に似ている。

(第五二七節)

文——あるいは旋律——の一つの断片《ピース》が示されたとき、それに生命=意味(相貌)を与えるものはそこに寄り添う思考ではなく、その断片を取り巻く物語ないしは曲の全体なのである。

8-2-3　第三の難所

第三の難所は、ぴったりした表現を探すという場面の問題であった。何か非言語的な思いがあるからこそ、それを適切に表現する言葉を探すのではないか。

この問題に対しても、ジグソーパズルのアナロジーと相貌という概念は有効だと思われるが、まずは、ウィトゲンシュタインがどう応答しているかを見よう。彼の応答には二つの方向があり、そのうちの第一の方向はほぼ次の節に尽きているので、少し長くなるが全文引用したい。

「つまり君が本当に言いたかったことは……ということなのだね。」——こう言ってわれわれはその人の言い方を別の言い方へと促す。われわれはここで次のような像を用いるよう誘惑される。その人が本当に「言いたかった」こと、その人が「意味していた」こと、それはわれわれがそれを言葉に言い表わす前から、その人の心の内にすでにあったのだ、と。しかし、一つの表現をやめて別の表現に代えるようわれわれを促すものはさまざまでありうる。このことを理解するために、数学の問題がなぜ、どのようにして立てられたのかということと、それがどのように答えられたのかということとの関係を考えてみるとよい。例えば、「定規とコンパスを使った角の三等分」という概念について、三等分する方法を求めているときと、後にそのような角の三等分は不可能だと証明されたときとの関係を考えてみよ。

（第三三四節）

まず非言語的思考への誘惑を確認した後で、それに対する応答がただひとこと、適切な表現を求めるよう促される仕方は「さまざまでありうる」と言われる。え、それだけ？　と思っていると、角の三等分問題[64]を考えてみるとよいと続き、正直に言って、私は最初なぜここで角の三等分が出てくるのか理解できなかった。だが、ジグソーパズルのアナロジーを考えると理解できるように思われる。それについてはすぐ後で述べることとして、ウィトゲンシュタインのもう一つの応答を見ておこう。

ぴったりした表現を探す場面で求められる思考は、「これを話そう」という意図であると考えられるかもしれない。そして、話そうとする意図は話すこと以前にあるだろうから、それはまだ言葉になる前の状態に違いない。ぴったりした言葉を探すとは、その非言語的な意図にかなった言葉を見つけることではないのか。

このような疑念に対して、ウィトゲンシュタインは「意図は状況、人間の慣習、制度の中に埋め込まれている」(第三三七節)と言う。これ自体は大きな主張であり、この主張に納得するにはさらに議論が必要となるだろうが、さしあたり「そもそも将棋というゲームを習得していなければ飛車先の歩を突こうとする意図をもつこともできない」という程度であれば、むしろあたりまえに思われるのではないだろうか。だとすれば同様に、そもそも言語を習得していなければ「これを話そう」という意図をもつこともできないと言えるだろう。なるほど、実際に言葉を話す前に「これを話そう」と意図することはある。それゆえ、言語以前の意図を想定したくなるかもしれない。だが、それが言葉を話す意図である以上、その意図は言葉を話せることに依存しているのである。[65]

ぴったりした言葉を探すという場面に対するウィトゲンシュタインの所見は以上であるが、これを引き継いでいることを期待して、もう少し先まで進んでみよう。言葉が非言語的な思考にぴったり合うと考えている人は、おそらく「ぴったり合う」ということで、例えば犯行現場に残された指紋が容疑者の指紋とぴったり重なり合うといった場合のような、何かと何かが重なり合うイメージをもっているのだろう。しかし、言葉と非言語的な思考が重なり合うとはどういうことだろうか。いわば具象画(言葉)と抽象画(非言語的思考)が重なり合うようなことなのだろうか。だが、具象画とぴったり重なり合うのであれば、それはもはや抽象画ではなく、具象画である。

さらに、「ぴったり合う」という言い方はさまざまなことを意味しうる。重なり合うという形だけではなく、ボルトがナットにぴったり合うという場合もある。この色のシャツにはこの色の上着が合うとか、この料理にはこの酒が合う、あるいは、収入と支出がぴったり合うといった言い方もするだろう。そしてまた、言語使用における「ぴったりした表現」ということにもさまざまな意味がある。(韻の踏み方、適切な敬語の使用、子ども向けの話し方、等々。)

その中で、とりわけ言葉と非言語的思考の重なり合いという像を拒否するために私が有効だと思うのは、先にも述べたようにジグソーパズルのアナロジーである。[66] あるピースは、他のピースと組み合わされて大きな絵柄を作っていく。その絵の中にいわば「所を得る」ことができたとき、一つのピースはその場所にぴったり合うと言われる。言葉にも同様の性格がある。一つの語はそれだけで終わるものではなく、文の中で用いられる。そして一つの文もそれだけで終わるものではなく、さらに他の文と結びつき、あるいはその文を用いた活動と結びついている。先に「ペン先がだいぶくたびれてきたな」という例を挙げた。この文を読むと、この文が収まる典型的な場面が自ずと想定されるだろう。もちろん、ひとり荒野に立ちつくし、なぜか空を見上げて「ペン先がだいぶくたびれてきたな」とつぶやくことも不可能ではない。しかし、ふつうに考えれば部屋の中でペンを使って何かを書こうとしている場面が想定されるだろう。そして、このあと「でも、まあ、まだ行けるか」と続くか「そろそろ替えどきかな」と続くかは分からないとしても、「今夜はカレーうどんにするか」とはふつう続かない。つまり、ある文が一つ示されたとき、われわれはそれをなんらかの典型的な物語の内で捉えるのである。[67]

そこで、ある語が、あるいはある文が、より大きな物語の中にうまく収まったとき、それは「ぴったりした表現」と言われることになる。それゆえ、単独の語や文と向き合っているだけでは、それがぴったりした表現なのかどうかは分からない。ある程度そこで展開される物語の全体が予感されている場合にのみ、その全体との関連でぴったり合うとかうまく合わないと言われることになる。そして、その表現がぴったりした表現なのかどうかは、実際にその表現を取り巻く物語が確定したときにはっきりする。

先に、「いらいらする」ではぴったりせず、あれこれ考えて「もどかしい」という言葉に行き当たるという例を出したが、例えば、私が教師として学生に質問をする場面を考えてみよう。学生の答えはいいところを突いているのだが、もうひとつうまく答えられないでいる。私は学生を見守り、応援する意味でひとこと助言を与える。そんな私の気持ちを言い表わすのに「いらいらする」という言葉はぴったりしない。「いらいらする」だと私が学生を叱責するといった物語につながりそうである。そこで私は自分の気持ちを言い表わすのに「もどかしい」という言葉に思い至る。学生が答えようとするのを見守り応援する物語には、「もどかしい」という語がぴったりしている。それは、その物語を語るジグソーパズルの、まだ埋められていない穴に「もどかしい」というピースがぴったり収まったということだと言えるだろう。

ジグソーパズルのアナロジーがウィトゲンシュタインの気に入るかどうかは分からない。しかしこのアナロジーは、先に引用した「このことを理解するために、数学の問題がなぜ、どのようにして立てられたのかということと、それがどのように答えられたのかということとの関係を考えてみるとよい」という謎めいた言葉を理解する手がかりになるように私には思われる。

まず、「定規とコンパスだけを使って任意の角を三等分する方法を求めよ」と問題が立てられる。これをジグソーパズルのアナロジーを用いて述べるならば、この段階で「定規とコンパスだけを使った角の三等分」というピースが単独で示されたのだと言える。そして、このピースを数学の体系の中に収めてみよと挑戦されるのである。数学の中から他のさまざまなピースが動員され、提示された「定規とコンパスだけを使った角の三等分」というピースとつないで一つの絵柄が作れないだろうかと探られる。やがてそのような方法は存在しないと証明される。すなわち、手渡されたそのピースは数学の体系の中で他のピースとつながって絵を作ることができない、はぐれたピースだということが明らかになる。そして、「定規とコンパスだけを使って任意の角を三等分する方法は存在しない」という命題が数学の体系の中に収まることが示されたのである。

このように捉えるならば、「君が本当に言いたかったことは……ということなのだね」と言って、別の言い方へと促すという事例に、どうしてウィトゲンシュタインが数学の証明の話をつなげたのかも理解できるだろう。私は相手の発言を一つのピースとして受けとって、それをそれまでの相手の発言や、これから言いそうなことにつなげようとする。しかし、うまくつながらない。そこでその発言を取り下げてもらって、うまく当てはまるような別のピースを提案する。ここには角の三等分問題において、「定規とコンパスだけを使った角の三等分」というピースが取り下げられて「そのような方法は存在しない」というピースに取って代わられたのと同じような事情が見てとられる。

8-3 心の中で語る

8-3-1 公共言語を話せる者だけが内語することができる

かくして、「思考は非身体的過程ではない。〔中略〕ひとは語ることから思考を剝ぎ取れるわけではない」(第三三九節)と言われる。[68]

しかし、われわれはときに「沈思黙考」する。その思考もまた語ることと結びついているのだとすれば、その語りは声に出されず、文章にも書かれない心の中の語り、いわゆる「内語《ないご》」ということになるだろう。言語以前の思考は否定されるが、内語を否定する必要はない。実際、われわれはときに内語する。

だが、内語と公共言語の関係については明瞭な見通しを得ておく必要がある。自分の心からすべてを出発させようとする哲学者であれば、公共言語に先立ってまず内語が成立していると考えるだろう。しかし私的言語と非言語的思考が否定されている以上、その考えは袋小路でしかない。逆に言えば、公共言語以前に内語が成立するという方向で突き進んだ哲学者は、その袋小路を突破しようとして、再び私的言語や非言語的思考へと向かうかもしれない。

考えるべきは、「内語」という概念がいかにして学ばれるのか、「心の中で語る」とか「頭の中で話す」という言い方を、われわれはどのようにして学ぶのか、である。例えば、「内語」ということをまだ理解していない子どもがいたとしよう。「心の中で語る」や「頭の中で話す」といった言い方もまだ理解していない。「どういうこと？　どうすればいいの？」と尋ねられて何と答えればよいのだろう。「声に出さないで心の中で言葉を話すんだよ」と言っても、「心の中」が理解できない。「ポケットの中」や「箱の中」ならば理解できるが、心の中というのはどこのことだろう。「頭の中で話すんだ」と言っても、実際われわれだって頭蓋骨の中で喋っているわけではない。

同様の例として、ウィトゲンシュタインは暗算を取り上げる。どうやって暗算を学ばせるのか。そしてその教育において、子どもが暗算を学んだということはどうやって確かめられるのだろうか。ウィトゲンシュタインはそう問いかけはするが、答えは出していない。われわれとしてもあれこれ考えたくなるところではあるが、ウィトゲンシュタインに従って最小限の確認で済ませておこう。言えることは、筆算や声に出して行なう計算を学んだ者だけが暗算を学べる、ということである。筆算や声に出して行なう計算を学ぶ前にまず暗算を学ぶことは不可能に違いない。「ある部族が暗算しか知らないということも可能なのか?」(第三八五節)——不可能、というのが答えだろう。

だがもしかしたら、その部族はわれわれがときどきやっていることをつねにやっているだけなのだと言われるかもしれない。例えば昼食にときどきカレーを食べる人が、昼食にはいつもカレーを食べるようになるということは、ありうるだろう。同様に、ときどき暗算しているのであれば、いつも暗算したってよさそうにも思える。だが、暗算の場合はカレーとは事情が異なっている。その部族の人たちは、紙に書いたり声に出したりして計算をすることはなく、ただ暗算だけをする。例えば二七個のリンゴが入った箱が一八箱あったときに、四八六個のリンゴがあると答えることができる。しかし、そこでどのような計算をしたのかを言うことはできない。いま、その部族は暗算しかしないと想定されている。だから、ただ486という結果だけが口をついて出てくるのである。それはすごいことではあるが、もはや「計算」という概念は不要のものとなっているだろう。27×18と問題を出されて486という答えを思いつく。どのようにしてその答えに行き着いたか、その過程は本人にも言うことはできない。とすれば、それはたんに「答えを思いつく」ということであって、計算ではない。

「暗算」は筆算や声に出して行なう計算に寄生的な概念なのである。「いま頭の中でこの計算をしていた」と人に伝えることができるから、心の中のその操作を「計算」と呼びうる。それゆえ、暗算しかしないのであれば、心の中で「計算」と呼びうる操作が為されていると認めることはできない。つまり、暗算しかしないという想定はそもそも「計算」という概念を壊してしまう。「計算」という概念が壊れてしまうのであれば、「暗算」という概念も破壊されるだろう。暗算しかしないという想定は、自己破壊的な想定なのである。

同様に内語もまた、公共言語を話すことができる者だけが可能となる。なるほどわれわれはときに内語をする。しかし、内語だけしかしないという想定は自己破壊的である。そのことをよりはっきりと見てとるために、口に出して話すことと内語との関係をさらに踏み込んで考えてみよう。

8-3-2　内と外

公共言語を学んでいるわれわれは、どのようにして「内語」という概念を学ぶのだろうか。どうやってわれわれは「心の中で語る」とか「頭の中で話す」といった言葉を学んできたのか。ウィトゲンシュタイン自身の所見は例によって手短である。

ある人が自分自身に向けて話しているということに対する規準は、その人がわれわれに語ること、およびその人のその他の行動である。（第三四四節）

私が案外だいじだと思うのは、いかにも何かを考えているように見える態度や表情があるということとである。もちろん、考え深そうに見えて何も考えていないといったこともふつうにある。しかしだいじなのは、何かを考えていると言いたくなる典型的な態度や表情があるということである。

そこで子どもは大人から、例えば「思っていることがあるなら、言ってごらん」と促されたりもするだろうし、思っていることを言い当てられるという経験をするかもしれない。あるいは、「そういうことは思っても口にしちゃいけないよ」とたしなめられるかもしれない。こうしたやりとりは、子どもの態度や表情、そして実際に口にしたこと等があってはじめて成り立つものである。

ここで、いまの引用中にあった「規準(Kriterium)」という用語について説明しておこう。[69] ここまでにも「規準」という用語は何回か出てきているが、とくに説明が必要とは思われなかったので、私は説明抜きでその用語を使っていた。しかし第三四四節において、内語の規準は発話およびその他の行動であると言われるとき、この「規準」はウィトゲンシュタイン独特の意味で用いられている。

態度や表情、そして実際に口に出して言ったことは、その人が内語していたことの証拠になりうる。だが、たんに証拠と言ってしまうと、ふるまいや発話と内語との関係が見落とされてしまうだろう。ウィトゲンシュタインは証拠と呼びうる関係を二種類に区別する。一つはわれわれが「証拠」ということでふつうに考える関係で、ウィトゲンシュタインはそれを「徴候」と呼ぶ。もう一つは、概念上のつながりを有するような関係で、それが「規準」である。

例えば、夕焼けは翌日が晴天になるだろうことを示している。夕焼けと翌日の晴天には経験上つながりがある。だがそれは概念上のつながりではない。前日の夕焼けを確認していなくとも、晴天かどうかはその日の空を見れば分かる。「晴天」という概念は前日の夕焼けということと独立に理解されうるのである。このような場合、両者の関係は「徴候」と呼ばれる。つまり、AがBの証拠であり、かつ、「B」という概念がAと独立に成立しているのであれば、AはBの徴候とされる。

それに対して、外を歩いていて上空から辺り一面に水滴が降ってきたとしよう。このことは雨が降ってきたことを示している。だが、夕焼けと晴天の関係とは異なり、上空から水滴が降ってくるということと独立に「雨」という概念が成立するわけではない。このような場合には、その関係は「規準」と呼ばれる。つまり、AがBを示しており、かつ、「B」という概念がAと独立には成立しえないのであれば、AはBの規準である。

別の言い方をしよう。夕焼けを見て明日の晴天を判断できなくとも、「晴天」という概念を理解していることはありうる。他方、外を歩いていて上空から辺り一面に水滴が降ってきたときに「雨が降ってきた」と判断できない人は、「雨」という概念を理解していないと言わざるをえない。AがBの規準である場合には、Aが成立しているにもかかわらずBと判断できないのであれば、それは「B」という概念を理解していないとされることになる。規準関係は概念上の関係なのである。

徴候と規準の違いは確実さの違いではないという点に注意してほしい。徴候の場合にはAはBの成立を不確かに示し、規準の場合には確実に示すというわけではない。徴候の場合であっても動かぬ証拠として確実な場合もあるだろうし、規準であっても不確実性がなくなるわけではない。上空から水滴が降ってきたとしても、映画の撮影のように何か人工的な原因であって、雨ではないかもしれない。

ポイントはあくまでもAとBの間の概念的な関係にある。概念「B」がAの成立に依存していないのであれば徴候であり、依存しているならば規準となる。

では、態度・表情・発話と内語の関係はどうだろうか。一見すると徴候に思われるかもしれない。考えているような態度や表情をしなくとも、何かを考えているということはふつうにあるだろう。また、「思っていることがあるなら、言ってごらん」と促されて実際に口に出して言ったとして、内語それ自体は口に出して言うこととは独立に成り立っているようにも思える。だが、ウィトゲンシュタインは態度・表情・発話と内語の関係は規準だと主張する。そして、この規準関係を徴候と考えてしまうところに哲学の混乱が生じる、と言うのである。

もう一度、「内語」という概念をどのようにして学んだか、「心の中で話す」あるいは「口に出さずに頭の中で考える」といった表現をわれわれが実際にどのようにして学んだかを振り返ろう。例えば、子どもが何か考えているような態度や表情をしている。それを目にした大人が「思っていることがあるなら、言ってごらん」と促す。するとその子どもはそのことを口に出して話す。大人は、「ああ、いい考えだね！」などと応じる。こんなやりとりの積み重ねの中で、子どもは「心の中で話す」や「頭の中で考える」といった言い方を使えるようになっていくだろう。そしてその言語ゲームの中で形成された概念によって、自分の心の中のある状態を「心の中で話す」とか「頭の中で考える」と呼ばれるものとして意味づけていくのである。それゆえ、考えているような態度や表情をしている相手に「何を考えているのか」と尋ね、「……と考えていた」と答えが返されるとき、そこにおける態度・

表情・発話はその人が内語していたことのたんなる徴候ではない。「内語」という概念はそうした態度・表情・発話のあり方に依存して形作られているのであり、その関係は規準なのである。

とはいえ、ひとたび内語に関する言語ゲームを習得すると、われわれがそうしているように、態度・表情に表わすことなく、また口に出して話したり書いたりすることもなく、心の中で話すことができる。このことがわれわれを惑わす。それゆえ態度・表情・発話は内語していることの徴候にすぎないと考えられてしまうのである。だが、言語ゲームを習得した後であっても、態度・表情・発話と内語との概念上の関係が失われるわけではない。なるほど、ある場面では他人に気づかれることなく内語することもあるだろう。しかし、それを「内語」として意味づけるには「内語」という概念がなければならない。そして「内語」という概念が成立するためには内語に関わる言語ゲームが成り立っていなければならず、かつ、内語に関わる言語ゲームが成り立つためには内語の存在を示す態度・表情・発話がなければならないのである。

態度・表情・発話を内語の規準とするこうした考察は、心の中の事柄一般へと拡張され、後の節で次のように主張される。

「内面的な過程」は外面的な規準を必要とする。（第五八〇節）

——でも、私が内語しているとき、そこには態度も表情も、そして口に出して話したり書いたりすることも、含まれてはいないじゃないか。例えば話が長い人の相手をしているとき、「早く終わらないかな」と内語する。もちろん口には出さないし、表情にも表わさないように気をつける。あなたにも経験があるだろう。ならば、そのとき自分がどういう経験をしているかを反省してみるべきだ。そうすれば「内語」がどういうものかが分かるだろう。——なおそう言われるだろうか。ここにはウィトゲンシュタインが戦い続けねばならない一般的な考え方がある。われわれは、心に関する諸概念を明らかにしようとして、自分の心の中を覗き込もうとする。探究しようとしている対象を——痛み、思考、内語、あるいは感情、意図、等々を——私は自分の心の中で経験している。だから、私の心の中にあるそれをつぶさに見てとればよい。それに勝るやり方はない。そう考えてしまう。だが、心の中のそれを「痛み」「思考」「内語」「感情」「意図」等々として意味づけるのは公共的な言語ゲームなのである。そこでウィトゲンシュタインはつぎのように断ずる。

本質は文法に表現されている。[70]

（第三七一節）

ものごとの本質は言葉をどう使うべきかという言語使用の規範＝文法において示されている。対象は言語使用によって意味を与えられる。それゆえ、言語使用を離れてただ対象だけを見つめたとしても、それは意味をもたない。意味をもたないのであれば、本質もありはしない。

第9章　私だけが〈これ〉をもっている

9-1　「これ」とは何か

9-1-1　視覚上の部屋

私が経験しているすべてが私の心の中——意識の世界、内面——であるように思えてくることがある。あるいは実際に哲学においてそう主張されることもある。例えばいま私は軽く頭痛がしている。いま頭痛を感じている人は世の中にいくらでもいるだろうが、この頭痛を感じているのは私だけである。この頭痛は他人から隠された私の心の中にある。私があれこれ物思いに耽っているときも、その思いは他人には知られない私の心の中にある。さらに、いま私は部屋の様子を眺めているが、それは私に見えている部屋の様子であり、この眺めは私だけに現われている。そしてこの眺めもまた、他人から隠されているように思われてくる。

「だが、私が何かを想像するとき、あるいは実際に対象を見ていたとしても、私がそのときもっているものは、私の隣人がもっていないものなのだ。」――君の言っていることは分かる。君は視線を自分の周囲に向け、「そうだ。私だけが〈これ〉をもっている」と言うのだろう。

（第三九八節）

私は軽く頭痛を感じながら、雑然とした部屋を眺め、少し片づけなくちゃと思ったりしている。これらのすべては私の心の中に、他人からは隠されて私だけが知りうるものとしてあるようにも思えるのである。私が経験し、思考しているのは、いわば私の意識のスクリーンに映し出された姿なのだ。そう考えてくると、私の生のいっさいは私の意識の中で展開しており、私は私の意識の外には出られないようにさえ思えてくるかもしれない。私の意識の外を、私は意識することはできない。哲学的なレッテルを貼るならば、「観念論」と呼びうる考え方である。

観念論をさらに純化させていくと、他人の心も私の意識の世界から退場することになる。私が意識できるのは私の意識だけであり、他人の意識を意識することはできない。かくして、存在するのはただ私の意識のみ――独我論――となる。

ここまで、私的言語、言語以前の思考、内語と、深みへと引き込もうとする力と戦ってきた。そしてここにおいてウィトゲンシュタインは、最も深いところへと連れて行こうとする力に向き合い、それをふりほどこうとしている。「私だけが〈これ〉をもっている。」このつぶやきと戦おうとするが、実のところそうつぶやいているのはウィトゲンシュタイン自身でもある。そして、かくいう私もまた、そうつぶやきたくなる気持ちをもっている。

その深みに引き込まれるにまかせ、いま私自身の周りを見てみよう。(私は独我論者ではないから、読者には意識があると信じている。どうか読者もまたそれぞれ自分の場合に置き換えて考えてみていただきたい。）私にはいま部屋の中が見えている。これは私に見えている眺めである。さて、私は何を「これ」として指示したのだろうか。それは例えば机や本という物体ではない。私に見えている机や本の視覚イメージである。私はいま周りを見回して、部屋の視覚イメージをもった。そしてこれは私だけがもっている。たとえ誰かがこの場にいて、私と同様に周りを見回しても、その人がもつのはその人が見た視覚イメージであり、それは私の視覚イメージではない。

観念論的傾向をもつ読者にはいま私が書いたことは即座に理解されるだろう。(そして、こんなことを即座に理解してしまうということこそが哲学的病いと言うべきなのだが。）他方、観念論的傾向をもたない読者にはまだ(健全にも)ピンとこないかもしれない。見えているもの、聞こえているもの、触れているもの、あるいは軽く頭痛がするといった感覚、さまざまに頭をよぎる思い、そうしたことはすべて私が意識していることである。このことを認めたならば、そこからあえて次の一歩を踏み出してみていただきたい。それら私が意識していることは、つまり、私の意識の世界に生じていることではないか。いや、そう考えることが正しいなどと言いたいのではない。その病いから回復しようとするウィトゲンシュタインの戦いを追体験するために、観念論的傾向をもたない読者にもしばしこの哲学的病いにかかってほしいのである。

私は自分自身の意識の世界を経験している。これは他人には経験しえない。私は私だけの世界をもっている。こうして私は深みへと引き込まれていく。だが、これはまだ最深部ではない。——私はここから部屋を眺めている。あなたもここに来て、私と同じ方向を見たとしよう。常識的に考えれば二人は同じものを見るだろう。しかし、私は私の意識の世界に映じた部屋を見るのであり、あなたはあなたの意識の世界に映じた部屋を見る。観念論的促しに従って私はそう言いたくなる。しかし、「私はここから部屋を眺めている」と言うときの「ここ」とはどこなのだろうか。「あなたもここに来て」と言うときの「ここ」とはどこなのだろうか。その場所は私の視覚イメージの中にあるのだろうか。そうではないだろう。あなたはあなたの視覚イメージの部屋をもっている。それは私の視覚イメージの部屋とは違うものである。だとすれば、あなたがあなたの視覚イメージを得ている場所が私の視覚イメージの中にあるはずがない。翻って、私がこの視覚イメージを得ている場所も、この視覚イメージの中ではないと思われる。ちょうど写真にはその写真を写したカメラは写っていないように、私に見られた視覚イメージの中にはそれを見ている私はいない。(夢の中にはその夢を見ている私はいない。湖畔を歩いている夢を見ている私は布団の中にいる。)なるほど私は自分の身体の一部を見ることができる。しかし、それもまた私の意識の世界に映じた「見られた私」である。比喩的に語ってみよう。私は私の観客席から私だけが見られる映画(例えば海底の映像)を見ている。あなたはあなたの観客席からあなただけが見られる映画を見ている。その観客席はどこにあるのか。映画の中ではない。

私のいる観客席は私が見ている映画の中にあるわけではなく、また、あなたがいる観客席も私が見ている映画の中にあるわけではない。私の見ている映画にはただ海底が広がっているばかりである。かくして、この視覚イメージの部屋の中には、他の視覚イメージをもっている他人も、そしてまたこの視覚イメージをもっている私自身も、存在しないと言わざるをえない。では、どこにいるのか。この視覚イメージの外だろう。だが、私はこの視覚イメージの外に出ることができないのだ。

> こんなふうに言うこともできよう。視覚上の部屋の持ち主は視覚上の部屋と同じような仕方で存在しているはずだ。しかし視覚上の部屋の中にはその持ち主を見出せない。しかも、その部屋には外部がない。（第三九九節）

私は視線を自分の周囲に向け、「そうだ。私だけが〈これ〉をもっている」と言う。だが、そこに私はいない。ただこれだけがある。

この「深み」からどうやって浮上すればよいのだろう。

9-1-2　新たな捉え方

ウィトゲンシュタインはいま引用した箇所に続けて、次のように述べる。

いわば「視覚上の部屋」が発見されたように思われる。だが、そこで見出されたものは、新たな語り方、新たな対比なのだ。あるいは、新たな知覚経験と言ってもよいかもしれない。

（第四〇〇節）

君は新たな捉え方を新たな対象を見ることと解している。

（第四〇一節）

読み解いていこう。まず「新たな対象」とは何か。

「私だけが〈これ〉をもっている」と主張する観念論者が言おうとしている「これ」は私の意識の世界である。いま私に見えているこの視覚上の部屋は、私の意識の世界に属している。他人も他人なりの視覚上の部屋をもっていると考える人であれば、その部屋にいて視覚を有する主体の数だけ複数個の視覚上の部屋があることになる。独我論者であれば、他の主体の視覚風景の存在は否定され、ただ私に現われているこの視覚風景だけが存在するとされる。いずれにせよ、「これ」は日常言語が語り出すような物理的な机や本がある世界ではなく、私だけに開かれた世界である。机という物体であれば、私とあなたがともに同じ机を見て、私とあなたがともに同じ机にさわることができる。だが、私の視覚上の部屋にあるこの机は私だけが見ているものであり、他人はそれを見ることができない。

それに対してウィトゲンシュタインは、けっしてそのような新たな対象——新たな世界——が見出されたのではないと論じる。つまり、私と他人がともにそこにいてともに同じ机を見ることができる物理的な部屋とは別に、私だけが経験できる私だけの視覚上の部屋が存在するわけではない。では何が見出されたのか。新たな語り方、新たな対比、新たな知覚経験、新たな捉え方、いくつもの言い方が並べ立てられているが、すべて同じことを言おうとしているのだと思われる。それは何だろうか。「視覚上の部屋」なるものは哲学的な捏造物だとウィトゲンシュタインは考えている。だが、「私だけが〈これ〉をもっている」という言葉には、捏造物とは言い切れない実感が確かにある。それゆえ必要なのはこの言葉を否定し抑えつけることではない。この言葉を健全な日の光の下に置くこと。視覚上の部屋などをもち出すことなく、この実感の正体を見定めねばならない。

ウィトゲンシュタインが「新たな捉え方」ということで何を意味しているのかを考えよう。例えば、机の上に一冊の本があり、私とあなたがともにその本を見ている。しかし、いまこのように見えているのは私だけである。これはまったく健全な言い方だろう。だが、あえて「なぜいまこのように見えているのは私だけなのか」と問うてみよう。ただし、われわれはいま健全な日の光の下に立とうとしている。それゆえ、哲学的な深みに引き込まれないよう注意しつつ、がんばって水面に顔を出そうとしなければならない。そこで、この問いに対しては、あっさりと「私がここにいて、あなたはそっちにいるから」と答えたい。同じ本であっても、見ている場所が違うから見え方が違う。あたりまえの話である。「私だけが〈これ〉をもっている」における「これ」とは、この見え方のことだろう。視覚上の部屋などという対象が人それぞれにあるのではなく、同じ部屋にいて、同じ本を違う位置から違うように見ている、そこで私に現われている「この見え方」が、私だけがもっているとされる「これ」

にほかならない。

いや、話はそれでは終わらない。そうささやく声がする。よろしい、私とあなたとが同じ位置に立ったとしよう。しかし、それでも私の見え方とあなたの見え方はまったく同じではないはずだ。そうかもしれない。例えば、私は視力がいいので本の表紙の小さな文字まで読めるが、あなたは近視なのでそれが読めないかもしれない。いや、それだけではない。私はその本をもうずいぶん前から繰り返し読んで、かなりぼろぼろになっている。私にはそんな愛着のあるだいじな本である。だが、あなたにはただの汚れた古本にしか見えないかもしれない。

ある対象がどう見えるかは、それを見る人のあり方(位置、身体状態、知識・価値観、等)に左右される。そして、誰ひとりとしてまったく同じあり方ではありえない。だとすれば、この見え方は私だけのものであり、私だけのものでしかないだろう。この視覚風景は他人には経験しえない。

なるほど、細かく見れば私と同じ見え方をする人はいないと言えるだろう。だが、そうであるとすれば、細かく言わなければ私と他人は同じ見え方を共有しうるのである。例えば二人で山歩きをしているとしよう。登っている途中でめざす頂上が見える。「頂上が見えた」と私が言い、「あそこまで登るんだね」とあなたが応じる。そのとき、二人は厳密に言えば同一の視点から見ているわけではない。また、視力も違うし、これまでの山歩きの経験も違う。しかし、この場面ではそんなことは問題にならない。私たちは同じ場所から同じ山頂を見ている。

だが、なおもこう言われるかもしれない。たとえその場面で厳密な位置の同一性や視力、そして知識・価値観の違いが問題にならないとしても、厳密には見ている位置が異なり、また視力や知識・価値観のあり方が違う以上、私とあなたの見ているものは同じではありえない、と。[71] この追及に対してウィトゲンシュタインはどう答えるだろうか。おそらく、厳密な位置の同一性や視力、知識・価値観のあり方が問題になっていない場面でそれらの違いをもち出すのは、知覚のあり方に対する不適切な記述だと言うのではないだろうか。５－３において引用したウィトゲンシュタインのアドバイスをここでも引用しよう。

ある対象が遠くからどう見えるかを記述しなければならないとき、さらに近づいてそこで見えてくることを述べたとしても、それによってより正確な記述が得られるわけではない。

（第一七一節）

関心のあり方に応じて知覚経験のあり方は変わる。例えば机の上にある本をあなたに取ってもらおうとするとき、その本が見えにくい場所にあるのでなければ、私は私とあなたにとってのその本の見え方の違いには関心がない。私はただ「机の上に本がある」ことを見ているし、あなたも「机の上に本がある」ことを見ている。それゆえ、私とあなたは同じものを見ていると言ってよい。このような場面で、二人の位置の違いや視力の違いを言い立てるのはむしろ不適切と言うべきである。

だがもちろん、二人の見え方の違いが問題になる場合もある。例えばある建物が、私のいる位置からの見え方とあなたのいる位置からの見え方が異なるといった場合に、お互いの見ている位置が問題になりもする。場面によっては目の位置をかなり厳密に同じにすることが求められたり、視力の違いに言及することが必要になることもあるだろう。だが、そうしたことはその場面で何に関心を向けているかに依存している。

日常の多くの場面において、われわれは「机の上に本がある」とか「信号が青に変わった」とか「虹が出ている」といったものごとのあり方に関心がある。そうしたものごとを知覚によって認識するとしても、その関心はあくまでも世界のあり方に向かっている。だが、ときに知覚経験に示される主体のあり方に関心が向かうことがある。例えば視力検査を考えてみていただきたい。ランドルト環と呼ばれる切れ目のある輪を見せられてその切れ目の方向を言う。その見え方は知覚主体の視力を示している。視力検査の場合には、まさに主体のあり方を調べるために何が見えているのかを報告することになる。同様のことは日常の場面でも起こるだろう。相手の視力に関心があり、離れたところにある看板の文字を読んでもらう。その場合、関心は見られた対象のあり方にではなく、それを見ている主体のあり方にある。そのように、知覚経験は対象のあり方を示すとともに主体のあり方をも示しうるのである。

だが、知覚経験はつねに主体のあり方を示しているわけではない。あくまでも主体のあり方に関心があるときのみ、それは主体のあり方を示すのである。いわば、ここでは図 - 地反転のようなことが起こっている。知覚経験は多くの場合に知覚主体のあり方が地となり、対象のあり方が図になっている。つまり、知覚主体が存在しなくなるわけではないが、そこには関心が向かわず、知覚主体のあり方は対象のあり方を浮かび上がらせるための背景に退いている。しかし、視力検査のような場合には、それが反転し、知覚主体のあり方を示すものとなる。そこでは知覚主体のあり方の方に関心が向かい、対象のあり方は背景に退くことになる。

関心をもたれる知覚主体のあり方は視力だけではない。その人がいる位置、見ている方向、視力以外の身体状態、あるいはその人の知識や価値観なども示されうるだろう。ウィトゲンシュタインが「新たな捉え方」と言っていたのは、このことだと私には思われる。すなわち、対象のあり方を示すものとしてのごくふつうの知覚経験が、知覚主体のあり方を示すものとしての経験へと「反転」する。これが知覚経験に対する「新たな捉え方」にほかならない。そしてそれはウィトゲンシュタインが「新たな知覚経験」と言っていたものでもあるだろう。

またウィトゲンシュタインは「新たな対比」とも言っていた。私はここにいて、あなたはそこにいる。私は視力がいいが、あなたは近視だ。そしてまた私とあなたの知識や価値観の違い。こうした対比のもとに、知覚経験からそれを見る主体のあり方を読みとろうとするのである。だが、繰り返すが、私と他人との見る位置の違いや、身体状態、知識・価値観の違いはつねに問題になるわけではない。実際の場面では、その違いが問題にならないときにことさらに自他の違いを言い立てることはむしろ不適切である。

しかし、哲学はそうした実際的な関心を離れて、哲学的想像力を放恣にはばたかせ異なる他者を想定しようとする。「同じ川には二度と入れない」と言ったのはヘラクレイトスであったが、まさにその潔癖さをもって、無制限に位置・身体状態・知識・価値観といった主体のあり方の厳密な同一性を要求する。だが、二人の人物がそうしたあり方を完璧に厳密に共有することはありえない。その結果、「二人の人が同じ知覚経験をもつことはありえない」とされることになる。そして、「私だけが〈これ〉をもっている」と言われる。

だとすれば、「私だけが〈これ〉をもっている」という言葉をその無制限な厳密さの要求から解放しなければならない。こうした言い方は、あくまでも知覚主体としての自他の違いに対する実際上の関心に基づいている。「これ」とは、特定の関心のもとで知覚主体のあり方を示している、その見え方である。けっして私だけがもっているとされる視覚上の部屋などではない。

9-2 「私」とは誰か

だが、われわれを深みへと引き入れようとする手はまだその力を弱めはしない。次に問題になるのは「私だけが〈これ〉をもっている」と言われるときの「私」である。机の上に本があり、私はそれをここから見ており、あなたはそれをそこから見ている。この平凡な、そしてまっとうな語り方をそのままに受け入れたい。しかしそれに対して、「私はここにはいない」という声が聞こえてくる。

先にも出したアナロジーだが、写真にはそれを写したカメラは写っていない。いま私の目の前に広がる光景はあくまでも「私に見られた眺め」であって、それを「見ている私」はその光景の外にいる。「見ている私は見られた光景の中にはいない」ということは、論理的に正しいようにさえ思われる。見られた光景の中にいるならば、それは「見られた私」であり、「見ている私」ではありえないだろう。かくして、「私」はここにはいないとされる。お好みなら、知覚主体たる私は視覚風景を超越していると言ってもよい。

もしこの光景が夢であるならば、その夢を見ている私はこの光景の中にはいない。これとは別のどこか布団の中で眠っている。同様に、この光景を見ている私はこの光景とは別のどこかにいるのだろうか。イエスという答えもありうるかもしれない。例えば、見ている私はどこかの実験室の培養槽の中に浮いている脳であり、この光景を見ているかのような電気刺激を与えられているにすぎないのだ、云々。だが、いまは問題を拡散させないために、そうした懐疑論的な道は閉じておこう。この光景こそが現実であり、私はこの光景を受け入れて生きている。私は見えているコーヒーカップを手に持ち、コーヒーの香りを嗅ぎ、味わう。あるいは見えている街に出て、見えている道を歩き、さまざまな物音を聞く。私はけっしてこの光景の外に敷かれた布団の中にいるのでも、この光景の外の実験室で培養されている脳でもない。常識に従ってそのことを認め、かつ、見ている私は見られたこの光景の中にはいないということも認めるとすれば、私は見られた光景の外にも中にもいないということになる。それでもなお私は存在するとしたならば、それは外でも中でもなく、まさにその光景そのものが私だということになるほかない。私が感じ、私が知覚し、私が考える、その全体が私の生の全体にほかならない。私はその世界を構成する一要素ではなく、その世界の全体なのだ。
日常的な感覚からは理解しにくいかもしれないが、哲学的にはさほど珍しい考え方ではない。ここで、『論理哲学論考』の次の言葉を引用することもできるだろう。[72]

私は私の世界である。

(『論理哲学論考』五・六三)

主体は世界に属さない。それは世界の限界である。

(同、五・六三二)

日常言語では、「私はいまここにいる」ということはア・プリオリに真である。それがいつであろうと、そこがどこであろうと、誰が発言しても、「私はいまここにいる」という発言は自動的に真となる。だが、「私は私の世界である」と哲学者が主張するとき、むしろ私はいまここにはい、な、い、と言いたくなるのである。私は私の世界そのものであり、その世界の中の特定の場所にいるわけではない。他方、言うまでもなく常識的には、私はいま世界の中の特定の場所(横浜市内)にいる。
それゆえ、「私は私の世界である」という主張を日常言語で表現することはできない。そこで新たな語り方が工夫されることになる。認識主体としての私を描写から抹消するのである。「私は部屋を見ている」という文は「部屋の視知覚が存在する」と言い換えられる。あるいは「私は頭痛を感じている」という文はたんに「頭痛が存在する」と言われる。(日本語は主語を省略しがちなのであまり言い換えられた気がしないかもしれない。英語で言うならば"I have a headache."を"There is a headache."に言い換えることになる。）そして他人に対しては、「彼女は部屋を見ている」や「彼女は頭痛を感じている」は「彼女はしかじかの仕方でふるまっている」と、その言動の描写に言い換える。つまりは私に見えたままを描写し、見ている主体や感じている主体としての私を描写から排除する、そして他人に対しては私が見ることのできるふるまいだけを描写するのである。このような語り方を「自己中心的語法」と呼ぶことにしよう。[73]

自己中心的語法は、見えている光景から見ている私を排除しようとする語り方であるが、「部屋の視知覚が存在する」という言い方は容易に視覚上の部屋の想定へとわれわれを誘うだろう。自己中心的語法において存在するとされる「部屋の視知覚」は、誰もが見ることのできる物理的な部屋ではない。私だけが見ている視覚上の部屋である。そして再び、「私だけが〈これ〉をもっている」という言葉が聞こえてくる。

いまたどった道筋は次のように整理できるだろう。

(1) 見ている私は見られた光景の中にはいない。
(2) そのことを表現するには自己中心的語法が適切である。
(3) 自己中心的語法に従えば、私だけがこの視覚上の部屋をもっていることになる。

さらに言えば、私は私が経験し思考する世界(私の世界)の中で生きている。私はその世界の外に出ることはできない。そして私の世界には、他の経験主体・思考主体たる他人は存在しない。そこにいる他者は私が見ることのできるふるまいをするだけの存在でしかない。かくして、私の世界だけが存在するとされることになる。

このように、日常言語の表現(それは為すべきことをきちんと果たしているのだが)に同意できないとき、われわれの念頭には一つの像が居座っていて、それが通常の表現法がもたらす像と衝突している。そしてそれとともに、通常の表現法では事実の本当のあり方が記述されていないと言いたくなる。

(第四〇二節)

ここで「像」という独特の用語が用いられているが、この言葉については次章で主題的に論じよう。視覚上の部屋を擁護する観念論者ないし独我論者の念頭にある「像」は「私だけが〈これ〉をもっている」という言葉で表わされるものである。それに対して、日常言語がもたらす像が何であるかは書かれてはいないが、「私と他人は同じものを見ることができる」といった言葉で表現できることと考えてよいだろう。すなわち、ここでは「私だけが〈これ〉をもっている」と「私と他人は同じものを見ることができる」という像が衝突しているのである。

では、いま整理した(1)から(3)へのステップにはどの程度説得力があるのだろうか。あらかじめ述べておくならば、(1)「見ている私は見られた光景の中にはいない」は否定される。そして(2)から(3)へのステップも批判される。つまり、仮に自己中心的語法を採用したとしても、そこから「私だけがこの視覚上の部屋をもっている」ということは導かれない。

まず(2)から(3)へのステップに対する批判から見ていこう。これに対するウィトゲンシュタインの議論は先に引用した第四〇〇節に示されている。

> いわば「視覚上の部屋」が発見されたように思われる。だが、そこで見出されたものは、新たな語り方、新たな対比なのだ。あるいは、新たな知覚経験と言ってもよいかもしれない。
>
> （第四〇〇節）

ここで「新たな語り方」と言われているものが、私が自己中心的語法と呼んだものであると思われる。観念論者たちが見出したものは視覚上の部屋の存在ではなく、自己中心的語法という新たな語り方だと言うのである。

「彼女は頭痛を感じている」を自己中心的語法に従って「彼女はしかじかの仕方でふるまっている」と言い換えたとしてみよう。だが、そのように言い換えたとしても、相手に対する態度を変えねばならないわけではない。「彼女はしかじかの仕方でふるまっている」と描写される場合にも、それが通常の描写法での「彼女は頭痛を感じている」に対応するのであれば、そのときに彼女に対して私がとる態度——慰める、休ませる、薬を持っていく、等——を自己中心的語法を用いながらでもとり続けることは可能である。そもそも日常言語を用いている場合であっても、私は相手の言動に基づいてその人にしかるべき態度をとるしかないのであるから、自己中心的語法になって他人に対してはふるまいの描写しかしなくなったとしても、その人に対する態度を通常の描写法におけるものと変える必要はない。実際、独我論者もそうした他人に対する接し方の変更を訴えているわけではない。

自分自身に関しても、「私は頭痛を感じている」と表現するところを「頭痛が存在する」と表現し、「私は部屋を見ている」を「部屋の視知覚が存在する」と言い換えたところで、何か実際上の変化があるわけではない。仮に観念論者でも独我論者でもない私がなんらかの理由で自己中心的語法を使うことになったとしよう。しかし、私がやることはいままでの通常の表現を自己中心的語法に言い換えるだけでしかない。それはたんに言い方が変わるだけであり、実質的にはなんの違いもない。

自己中心的語法は、日常言語が語っていたこの世界に対する別の語り方というにすぎない。それゆえ、自己中心的語法を採用したいというのであれば採用してもかまわない。だが、自己中心的語法を用いたとしても、そのことはけっして視覚上の部屋のような私だけがもてる「私の世界」の存在を帰結しはしないのである。[74]

観念論や独我論の誘惑を断ち切るため、日常言語における「私」という語の使用をもう少し踏み込んで見てみよう。ウィトゲンシュタインは次のように指摘する。

「私は痛い」と言うとき、私は痛みを感じている人物を指し示しているわけではない。（第四〇四節）

ここで私はむしろ日本語で考えたくなる。日本語ではそもそも「私は痛い」などという言い方はまずしないだろう。たんに「痛い！」「痛みがある」あるいは「歯が痛いんだ」「朝から頭痛がしている」のように言う。視知覚に関しても、「私はスカイツリーを見る」ということさらな言い方よりも「スカイツリーが見える」という言い方の方が自然だろう。日本語では、こうした言い方において「私」を言わない方がふつうなのである。他方、ドイツ語では“Ich habe Schmerzen.”（「私は痛みをもっている」）と言われる。しかし、これが日本語の「痛い！」あるいは「痛みがある」といった発話に対応するのであれば、このドイツ語における“ich”（「私」）は、なくてもいい言葉でしかないということになるだろう。

私の感覚や知覚を現在形で報告する文において「私」が不要であることは、日常言語における「私」という語の独特の使われ方であり、それ自体には何の問題もない。しかし、このことが自己中心的語法を誘い、さらに「見ている私は見られたこの世界にはいない」という像を呼び込むことになる。観念論や独我論を治療するためには、その最もきわどいところ、まさに彼らがその誘惑に屈する地点を見極めておかねばならない。いまわれわれはそのポイントにいる。

観念論者や独我論者は「私は痛みを感じている」という発言を「私の世界」の記述だと理解してい

る。私が感覚し知覚している意識の世界を記述する言葉において、「私」は特定の人物を指し示す言葉としては働いていない。つまり、その記述された世界の中に「私」という語が指示する対象は存在しないということになる。そうして、私は世界の一部ではなく、この世界を超越している、あるいはこの世界そのものであるという考えに引き込まれていくことになる。

どこで引き返せばよかったのか。

「私は痛みを感じている」という言葉を記述の表現だとみなすところ、そこで引き返すべきだった。「彼女は痛みを感じている」は彼女の状態についての記述である。あるいは、「私は先週から腰痛に悩まされている」も私の状態についての記述と言ってよいだろう。だが、私が棘を指に刺して「痛い！」と叫ぶとき、あるいは腹が痛くなって「イタタ……」と呻くとき、それは記述の言葉ではない。私はたんに「痛い！」と叫んだり、「イタタ……」と呻いているのである。叫びや呻き声に主語がないのは不思議なことではない。あるいはドイツ語のように“Ich habe Schmerzen.”と主語のある文であっても、それが叫びや呻き声であるならば、その“ich”は人物を指示する働きをもってはいないだろう。それゆえ、「見ている私は見られたこの世界にはいない」ということにもならない。「痛い！」と叫んだとき、叫んでいる私がそこにはいないというのは馬鹿げている。[75]

でも見出せるのは見られた私だけだ。——なおそう言われるだろうか。——「私はここにいる」と足下を指差したとしても、それは足の視知覚だろう。見られた私の足は確かにそこにあるが、問題はそれを見ている私なのだ。見ている私はこの見られた光景の中にはいない。

——いや、見られた私が見ている私であるとして、どうしておかしいのだろう。

先に私は「私だけがこの視覚上の部屋をもっている」という結論に至るステップを三つに分けて整理しておいた。その最初のステップが「見ている私は見られた光景の中にはいない」というものであった。『哲学探究』はこれに対してとくに論じていないが、ここでウィトゲンシュタインを補ってこの最初のステップも拒否しておこう。

例えば、自分の右手と左手を触れあわせるという哲学者にはおなじみの事例を考えてみてもよい。私の右手は私の左手をさわっていると同時に、私の左手にさわられてもいる。つまり、そこにはさわっている私とさわられている私がともにいるのである。「見ている私は見られた光景の中にはいない」というのは、「見る」ことを中心に知覚経験を考える哲学の弊害と言えるだろう。自分で自分にさわるという場面でなくともよい。机の表面にさわる。机の表面の触知覚がある。そして、それにさわっている私の指もまた、その机の表面にある。さわる私とさわられる対象は同一の空間の中に存在している。触覚の場合には、知覚された世界を超越した知覚主体を想定したくなる誘惑の力は視覚の場合よりもずっと小さいだろう。そこでむしろ視覚の場面を触覚に近づけて考えてみるべきである。見ている私と見られた私がともにここにいることに、なんの不思議があるだろう。私は机を見ている。そして見られた机の一メートル手前にそれを見ている私がいる。私は机に近づき、机の上にある本を手に取る。これは視覚上の部屋などではなく、私がそこを歩き回ることのできる物理的な部屋であり、私はその物理的な部屋の中にいて、その部屋を眺めている。

われわれはようやく、あたりまえのことをあたりまえに言えるところに来た。——私はいまここにいる。

第10章　像

10-1　像と使用

前章で見たように、「視覚上の部屋」の存在を認める観念論的考えと物理的な部屋の存在しか認めない常識的な考えとの対立を、ウィトゲンシュタインは観念論的な像と日常言語の表現法がもたらす像との衝突であると述べている(第四〇二節)。では「像」とは何だろうか。ここで『哲学探究』における像概念について見ておくことにしたい[76]。

「像」はまた『論理哲学論考』でも中心的概念となっている。一見したところ、『論理哲学論考』の像概念と『哲学探究』の像概念は同じ語を使いながら別のことを意味しているようにも思える。実際、そのように解釈されもする[77]。もちろん『論理哲学論考』と『哲学探究』で「像」という語がまったく同じように使われているわけではない。だが、両者を別ものと捉える解釈はまちがっている。

まず『論理哲学論考』における像概念を簡単に説明しておこう。『論理哲学論考』の言語観を導いたのは、模型による交通事故の再現というエピソードであった。模型が現実の建物や車や人物の代理物となり、それらの模型をさまざまに配置することにより、事故現場のさまざまな可能性が表現される。そして、言語はまさにそのような模型だというのである。語が対象を代理し、語が組み合わされた命題はそれらの対象によって成立する事態を表現している。このようになんらかの事態を表現したものが「像」と呼ばれる。

例えば「猫が寝ている」という文字列は、〈猫が寝ている〉という事態を表現した像である。そしてまた、「猫が寝ている」と文字に書いたり発話したりすることなく、ただそう考えたとしても、その考えはその事態を表現した像になっている。すなわち、命題と思考とが世界の像であるとされる。『論理哲学論考』のこの考え方は研究者たちによって「像理論」と呼ばれる。

それに対して、『哲学探究』は像理論を批判し、廃棄した。そしてしばしば後期の言語観は「言葉の意味はその使用である」というキャッチフレーズで捉えられ、「使用説」と呼ばれたりもする。だが、『論理哲学論考』から『哲学探究』への言語観の変化は、けっして像理論から使用説への転回にあるわけではない。というのも、『論理哲学論考』においても、言葉の意味の基盤は言語使用にあったからである。

使用されない記号は意味をもたない。

（『論理哲学論考』三・三二八）

他方、『哲学探究』ではこう述べられている。

あらゆる記号はそれだけでは死んでいるように見える。何が記号に生命を与えるのか？——使用においてそれは生きるのだ。

（第四三二節）

ほぼ同じ内容と言ってよいだろう。意味（記号の生命）と呼びうるものを言語使用に見ようとする言語観は、『論理哲学論考』から『哲学探究』まで一貫していたのである。

それゆえ、『哲学探究』が『論理哲学論考』を誤りと批判するのは、言語使用を無視したからではない。誤りは、意味の基盤を使用に見定めながらも、言葉を像として捉え、像として捉えることで言語使用を捉ええたとみなした点にあった。

像が特定の使用を強いると私は思っていた。私が犯した誤りをそのように言うこともできるだろう。ではその誤りはどういう誤りだったのか？

（第一四〇節[78]）

ただし、「像が特定の使用を強いる」ということはある意味では誤りではない。ここは慎重に考えていかねばならない。いま引用した箇所の直前に次のような挿入がある。

私は一枚の像を見る。そこには急な坂道を杖をついて上る老人が描かれている。——だが、どうしてそう見るのか？　老人がその姿勢で道を後ろ向きに滑り降りていたとしてもその像のように見えるのではないか？　火星人ならこの像を後ろ向きに滑り降りているところと記述するかもしれない。なぜわれわれはそう記述しないのか、その理由は説明不要である。

（第一三九節と第一四〇節の間の挿入[79]）

一枚の静止画像と動画の関係を考えよう。急な坂道で坂の上を見上げながら杖をついて歩くような姿勢をとっている老人の絵――静止画像――は、ふつうであれば坂道を上っていく過程――動画――の一場面とみなされるだろう。だが、どうしてわれわれはその静止画像をそのような動画の一場面と見るのか。それに対して理を尽くした説明はできない。その絵を後ろ向きに滑り降りていく動画の一場面と見る火星人がいたとして、火星人の方がまちがっていると一概に言うことはできない。われわれの共同体では坂道を上っていると見るのがふつうだろうが、火星人の共同体（あるとして）では滑り降りていると見るのがふつうかもしれない。けっきょくわれわれはふつうそんな坂道の下り方はしないというにすぎない。「像が特定の使用を強いる」というのは、われわれは老人の絵を見てほぼ誰もが一致して坂道を上る場面と見るだろうという程度には「強いる」のであって、火星人ならそうは見ないかもしれないという程度には「強いていない」のである。

「像が特定の使用を強いる」と言えるためには少なくともわれわれが火星人ではないことが要求される。このことは、実は『論理哲学論考』ではまったく無視されていたことであり、それに気づいたことが『論理哲学論考』と『哲学探究』の決定的な(私の考えでは最大の)違いなのである。

ここでわれわれは規則のパラドクスを巡る考察へと踏み込んでいる。数列の例を振り返ろう。「0から始めて2ずつ足していく」という規則の表現が与えられたとする。ウィトゲンシュタインが拒否するのは、この表現を通して観念やイデア的な規則が把握され、その規則に従えば正しい数列の展開が定まるという——私が「水源地幻想」と呼んだ——考え方である。規則に従うということは、あくまでも規則の表現に対するわれわれの反応として捉えられる。われわれの生まれつきの本性と訓練によって身についた第二の本性があるからこそ、この規則の表現に対してわれわれはほぼ一様に「0, 2, 4, 6, 8, ...」と続けていくのである。[80]

ウィトゲンシュタインは規則の表現を「像」と呼ぶことはしていない。しかし私としては、規則の表現は「像」と呼ばれてよいように思われる。「0から始めて2ずつ足していく」という規則の表現は静止画像に相当し、「像」と言ってよい。先の例で言うならば、老人の絵にあたる。そして実際に数列を展開していくことは動画に相当する。(この動画は終わることなく無限に続いていく。)老人の絵を見てわれわれはふつう坂道を上る動画へと促されるが、同様に、「0から始めて2ずつ足していく」という規則の表現に対してわれわれはふつう「0, 2, 4, 6, 8, ...」という数列の展開(動画)へと促されるだろう。だが、火星人は必ずしもそうではないかもしれない。火星人であれば、「1000に2を足せ」と言われて(日本語が通じるとして)「1004」と答えるかもしれない。「0から始めて2ずつ足していく」という像が「0, 2, 4, 6, 8, ...」という数列の展開を促すのは、けっして論理的・必然的なものではない。われわれがこのような本性と第二の本性に基づいた生活形式をもつことに依存した促しである。そしてわれわれがこのような生活形式をもっていることは、もはや説明する必要はないし、説明することはできない。

『論理哲学論考』はこうした本性や生活形式をまったく視野に入れていなかった。そして像と言語使用の関係を論理的なものとみなしていた。いわば火星人にも当てはまる完璧にア・プリオリな秩序を求めていたのである。それが、「像が特定の使用を強いると私は思っていた」とされる『論理哲学論考』の誤りだった。

では、「像」とは何だろうか。『論理哲学論考』の像概念には事実を写しとったものという意味合いがあり、それは確かに『哲学探究』の像概念には見られない特徴である。しかし、両者はけっして別ものではない。「像」と訳されているドイツ語は“Bild”(英訳は“picture”)であるが、つまるところそれは「絵」である。『論理哲学論考』の“Bild”も『哲学探究』の“Bild”も「絵」を意味している。(また、文字通りに絵画を意味する文脈でも“Bild”が用いられている。)そして、『論理哲学論考』は絵の種類を世界のあり方を写しとった写実に限定していた。だが、写実だけが絵ではない。ものごとはこんなふうになっているということを示すような絵もある。

文を像と比較するとき、肖像画(記録的描写)と比較するのか風俗画と比較するのかをよく考えてみなければいけない。どちらの比較にも意味がある。

(第五二二節)

『論理哲学論考』の像概念は事実を写しとったものであるから、肖像画[81](写実)しか考えていなかったということになる。だが、『哲学探究』は人々の暮らし方を表わすような風俗画[82]も視野に入れ、肖像画に限定されない仕方で像を捉えている。肖像画の場合には対象を正確に写しとろうとする。それに対して風俗画の場合には、ある情景を正確に写すことではなく、その情景を通してその時代・その地域の生活や活動のあり方を表現しようとしている。肖像画と比較されるとき、文はある事実を正確に写しとることをめざしたものとされ、風俗画と比較される場合には、その文を取り巻くより大きな脈絡が示唆されていると言えるだろう。とはいえ、率直に言って、文を風俗画と比較することのポイントをウィトゲンシュタインがどのように見ていたのかははっきりしない[83]。

ともあれ、「絵」と訳すか「像」と訳すかは文脈によるとしても、“Bild” は『哲学探究』において肖像画と風俗画を両方含むような概念として用いられているのである。それゆえ、『哲学探究』における「像」を肖像画的なものに限定し、『論理哲学論考』の像理論が批判されることとともに葬られようとしている概念であるとすることはできない。確かに、『哲学探究』において「像」という語は多くの場合に批判的脈絡で用いられている。しかし、像そのものが悪いのではない。像が特定の言語使用を論理的に導くとする「水源地幻想」が悪いのである。

私はあえて――ウィトゲンシュタインも同意してくれるだろうことを期待して――像の有用性を指摘しておきたい。直示的定義の可能性についての議論を思い出していただきたい（第2章「名指すとはどういうことか」)。ウィトゲンシュタインは「われわれは人名、色名、材質名、数詞、方位名、等々を直示的に定義することができる」(第二八節)と言う。例えば、何か赤いものを指して「これが赤だ」と定義することは可能である。ただし、その直示的定義が可能になるのは、われわれのような(火星人のようではない)本性をもち、さらに「この色は何ですか?」と尋ねられるようになっているといったことが必要となる。そのような準備が整っているならば、直示的定義は有効に働くだろう。この事例において、そこで示された赤いもの、つまり赤の見本は像と言ってよい。あるいは、その見本を記憶し、必要に応じて思い出すとすれば、思い出される色のイメージも像である。

『哲学探究』第三七節では「この[名と名指されるものとの]関係は、とりわけ名を聞くと名指されたものの像が心に思い浮かぶということの内にも成り立ちうる」と言われる。ウィトゲンシュタインは、だからひとは容易に一般観念説のような水源地幻想へと誘われてしまうのだと言いたいのだろう。それゆえ、ここでも像は批判的脈絡で登場している。しかし、像を思い浮かべることが名と名指されるものとの関係を成り立たせるという事実までもが否定されるわけではない。その事実は受け入れた上で、そのことから誤った哲学的考えへと導かれないように批判的議論を展開しているのである。

私は、第八七節で道標について言われていたことを、「道標」を「像」に代えてこう言いたくなる。「像は——通常の状況でその目的を果たすならば——何の問題もない。」像には(通常の状況で)われわれに特定の仕方で言葉を使用するよう促す力がある。像は言語使用において道標の働きをするのである。あるいは、道標もまた(ウィトゲンシュタインはそうは言っていないが)われわれの行動を促す像であると言ってよいだろう。そしてその意味では、先に述べたように「0から始めて2ずつ足していく」という規則の表現も像であり、それはわれわれに「0, 2, 4, 6, 8, ...」と数列を展開していくよう促す。言語使用もまた、しばしば規則の形で表現される(例えば、「走る」を命令形にするときには「走れ」と活用すべき、等々)。それもまた、像である。

言語使用は時間の内に、かつ無限に多様な場面で展開される。われわれはその全貌をある時点において一挙に把握することはできない。だからわれわれは像を描く。言語使用を示唆してくれるよすがとして、像に頼るのである。

だが、だからといって忘れてはならない。像はけっして使用を論理的に導くわけではない。なるほどわれわれは、坂道に立つ老人の絵に老人が坂を上っている動画の一場面を見る。だが、火星人であればそこに「坂を滑り降りている」という物語の一場面を見るかもしれない。それを「坂を上っている」ものと見るのは、われわれがそのような生活の仕方をしているからである。そして同様のことは赤の色見本を用いて「赤」という語の使用を示唆する場合や、規則の表現によって特定の行動を促す場合にも言える。確かに像は通常の状況では有用である。しかし像は使用を論理的に導く水源地ではありえない。像を手がかりとしつつも、けっきょくは物語を生きていくしかないのである。

像は物語にとっての挿絵のようなものにすぎない。ふつう挿絵だけからでは何も分からない。物語を知ってはじめてその像で何を言いたいのかが分かる。

(第六六三節)

でも、思考ならうまくやってくれるのではないか。なおもそう思われるかもしれない。知覚される像はなるほど静止画像にすぎない。静止画像はさまざまな動画の内に位置づけられる。それゆえ像から特定の言語使用や行動を論理的に導くことはできない。しかし思考ならば、一瞬の内に人生を走馬灯のように思い描くなどと言われもするように、いわば圧縮された形で動画を把握できるはずだ。音声や文字模様等の知覚可能な記号(静止画像)と言語使用(動画)を媒介するのが、思考ではないか。思考はその本性上、動的な性格をもっているように思われもする。例えば、「犬」という語とその語を用いた言語使用を媒介するものとして犬の一般観念が立てられたのも、思考ならなんとかしてくれるという思いからだったに違いない。

しかし、どうして思考ならなんとかしてくれるなどと思えるのだろう。困ったときに思考のような心的な何ものかに訴え、しかもそれがよく分からないものでしかないために、逆にその深みにこそ何かがあるのだと突き進んでいく。

ここにおいて哲学するというあの袋小路へと容易に入り込んでしまう。われわれが記述しなければならないものは、きわめて捉えがたい現象、すなわちつかもうとしてもすばやく逃げていく現在の経験といった何ものかであり、そこにわれわれの問題の難しさがあるのだ、と。

(第四三六節)

まさに思考という現象は捉えがたいものであるだろう。一瞬の内に考えが閃くこともある。無意識の内に考えているということもあるかもしれない。われわれは思考についてまだよく分かっていない。だから、思考という現象をもっとよく調べなければいけない。そう思われてくる。

だが、思考ならばなんとかしてくれるという漠然とした思いを払拭しなければならない。思考はある時点での心の状態である。ならば思考もまた静止画像を与えるだけでしかない。あるいは、せいぜい考えている間の断片的な動画を与えるだけである。それに対して言語使用は無限に多様な場面で為され、言語使用が為される時間もいつまでと限りがあるわけではない。数列のアナロジーを用いるならば、思考は $a_n = 2(n-1)$ という一般項か、「0, 2, 4, 6, 8」と数列の有限の部分を思うことができるだけであり、それに対して数列は果てしなく無限に続いていく。そして、あたりまえだが、無限数列を無限に続くままに有限の時間内で思考することはできない。

知覚された像にできないことを、思考された像ができるわけではない。

10-2　像はときにわれわれを翻弄する

使用こそが意味の基盤であることが忘れられ、像が意味を担う、あるいは像こそが意味であるとされるとき、像が哲学問題の発生源ともなる。

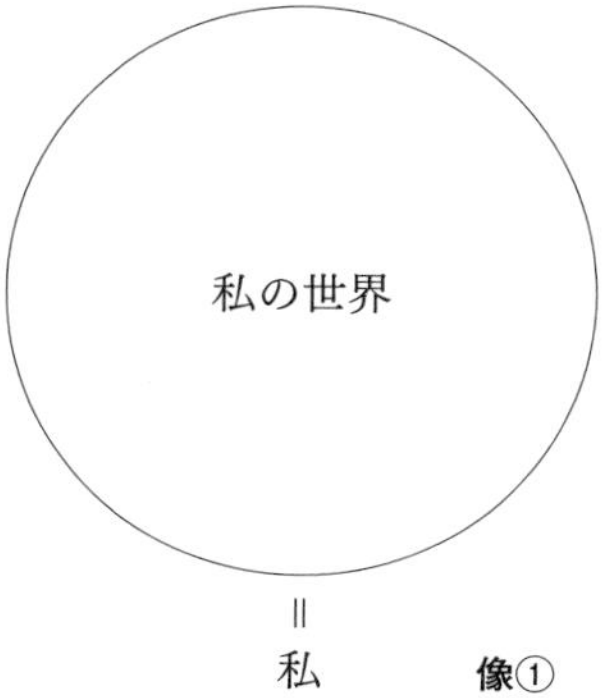

像①

像②

われわれの言語はまず最初に像を描く。その段階ではその像で何を為すか、その像をどう使用するかは、まだ暗闇の中にある。そこで、われわれが与えたその表現の意味を理解したいのなら、明らかに、その使用を探究する必要がある。ところが像はその仕事を免除してくれるように見える。もう決まった使用を示しているじゃないか、と。そうして像はわれわれを翻弄するのである。（『哲学探究』第二部、第五五節）

例えば、観念論が「私はここにいない」と言い、「私は私の世界である」として、像①のような絵を描くとしよう。

それに対して日常言語に従って「私は世界の中のある場所にいる」として、像②のような絵を描くとしよう。

ここには像の対立があるように見える。そして哲学においてどちらの像が正しいのかが争われる。だが真の問題は、どちらが正しいのかではなく、像①を主張する人が、その像でわれわれに何をさせたいのかが分からないというところにある。

私はただこの像の使用を理解させてほしいだけなのだ。（第四二三節）

像がここにある。私はその正しさに異議を唱えているわけではない。だが、その像の使用はどうなっているのか？（第四二四節）

ここで、『論理哲学論考』において「私は私の世界である」といった言葉がどう扱われていたかを見ておこう。というのも、それらは『論理哲学論考』が真正の命題として認めるような言葉ではないからである。先に述べたように、『論理哲学論考』は命題を事態を表現したものとして捉えた。言い換えれば、事実と照らし合わせて真偽が言えるようなものだけを命題と認めたのである。そして命題のみが「語りうるもの」とされる。その上で、哲学において論じられている事柄がそのような命題にはなりえていないことを示そうとした。かくして、『論理哲学論考』は「語りえぬものについては、沈黙せねばならない」(七)という言葉で閉じられる。だが、そうだとすると「私は私の世界である」は真正の命題ではないということになる。つまり、『論理哲学論考』はまさに「語りえぬもの」についてのお喋りで満たされているのである。

私を理解する人は、私の命題を通り抜け――その上に立ち――それを乗り越え、最後にそれがナンセンスであると気づく。そのようにして私の諸命題は解明を行なう。(いわば、梯子《はしご》をのぼりきった者は梯子を投げ棄てねばならない。)

私の諸命題を葬りさること。そのとき世界を正しく見るだろう。(『論理哲学論考』六・五四)

この言葉を受けて、『論理哲学論考』を満たす言葉たちは「梯子命題」と言われたりもする。梯子命題は事態を表現しておらず、真偽を問えるようなものではないから、『論理哲学論考』の観点からすれば擬似命題である。だが、『哲学探究』へとたどり着いたわれわれは、それもまた「像」なのだと認めることができる。『論理哲学論考』は事実と照合して真偽が言えるような肖像画的な像しか認めていなかった。それゆえ、「私は私の世界である」等々の梯子命題は像ではないとされた。しかし、『哲学探究』では、われわれを特定の言語使用や行動へと促すことを目的とした静止画像はすべて像である。だとすれば、梯子命題も像であったと言えよう。実際、『哲学探究』でも「名は実在の要素となるものだけを表わす」という『論理哲学論考』の考えに言及しつつ、それを「われわれが使用したいと思う特定の像」と呼んでいる(第五九節)。あるいは「一つの像がわれわれを捕らえて放さなかった」(第一一五節)とも述べられるが、ここで「一つの像」と言っているのは『論理哲学論考』の言語観にほかならない。

像を作ること自体が悪いわけではない。われわれは無限に多様な言語使用を生きなければならない。教えてもらわなければ言葉を話せるようにはならないし、ときに誤った使い方をして訂正されもする。

そうしたときに、言語使用の全体を一望することができない人間としては、いま手元で知覚ないし思考できる像が頼みの綱となる。迷いそうな道に道標を立てるように、われわれは像によって言語使用を示唆する。それは――通常の状況のもとでは――有効に機能するのである。だが、哲学が問題にする場面は必ずしも通常の状況ではない。そこで像が道標のように立てられたとして、それがいかなる道も指し示していないとしたら、どうだろうか。

例えば、哲学において「私は私の世界である」と言われる。日常言語の「私」の使用は複雑であり、容易に見通すことができない。そこで道標を立てようとしたならば、さまざまな曲がり角や分かれ道ごとにいくつも立てなければならないだろう。「私」という語と固有名の働きの違いは何か、身体状態を述べた「私には虫歯がある」と感覚のあり方を述べた「私は歯が痛い」における「私」の使用の関係は何か、自分自身を同定することによって「私」という語を用いているのか、等々。それに対して、「私は私の世界である」という言い方はいかにもきっぱりしている。「私」とは何か。「私の世界」である。以上、終わり。だが、その道標はいったい私たちをどこに導いてくれるのだろうか。

実際に表現を使用するとき、われわれはいわば回り道をして裏通りを行く。他方、なるほど目の前にはまっすぐな広い通りが見える。だが、実のところ、それは永久に閉鎖されていて進むことができないのだ。

（第四二六節）

哲学が開く洞察はしばしば日常言語ではうまく表現できない。そのため哲学は難解な用語と言い回しに満ちたものともなる。そのこと自体は悪いことではなく、むしろ当然とも言えるだろう。新たな思想は多くの場合に新たな言語を要求する。だが、「新たな言語」とは新たな言語使用のことにほかならない。つまり哲学はそこに新たな言語ゲームを開かねばならないのである。しかしわれわれは言語使用の全体を一挙に把握することはできない。そこでどうしても像に訴えることになる。像を示し、そこから新たな言語ゲームへとわれわれを導き入れようとするのである。観念論者は認識主体たる私を世界の中から放逐し、「私は私の世界である」と主張する。これは一つの像である。では、ここからどういう言語ゲームが開かれるのか。その道は閉鎖されているのではないか。ウィトゲンシュタインは、像の正しさに異議を唱えるというよりも、「ただこの像の使用を理解させてほしいだけなのだ」と言う。

ここに、『哲学探究』がめざした治療としての哲学の方法が見てとられる。ある哲学的思想は日常言語に不満を抱く。日常言語では自分の言いたいことが表現できない。そこで、新たな言語ゲームを開こうとする。そしてそのために像を提示する。だが、しばしばそうして提示された像はいかなる言語ゲームも開いてくれないのだ。

私が分からせたいと思っていること。明白ではないナンセンスから明白なナンセンスへと移行すること。（第四六四節）

これに対して『論理哲学論考』の立場からは、「だから、これは本来語りえぬことを表わしたナンセンスであり、のぼったならば投げ棄てるべき梯子なのだ」と言われるかもしれない。だが、『論理哲学論考』における「ナンセンス」とは真偽が言える命題ではないということであった。つまり、哲学に関わる言語活動の核心として、世界を記述する言語活動だけを考えていたのである。だが『哲学探究』ではもっと広く柔軟に言語活動を捉えるようになった。それゆえ『哲学探究』における「ナンセンス」は、たんに真偽が言える命題ではないというだけではなく、いかなる言語ゲームも開かないことを意味している。なるほど『論理哲学論考』の諸命題は梯子という役割を期待されていたものであろう。だが、『哲学探究』から振り返ってみるならば、それはわれわれをどこにものぼらせてくれない、梯子もどきにすぎなかったのである。

ウィトゲンシュタインにとって、哲学とはこうした梯子もどき——いかなる言語ゲームも開いてはくれない像——への囚われからの解放にほかならなかった。ある像が強い力で迫ってくる。そしてそれに囚われるが、その像は私をどこにも行かせてはくれない。どうすればその呪縛を解くことができるのか。像が伝えようとしている考えに反論するというのはふつうの哲学の議論の仕方である。もちろんウィトゲンシュタインも反論をしないわけではない。しかし、反論するということに対してウィトゲンシュタインはそれほど大きい治療効果を期待してはいなかったようにも思われる。その像はどのような言語ゲームを開くのか。その像はどのような実践を開くのか。そう相手に(あるいは自分自

いるに違いない。

身に)問いかけること。答えを聞いて反論するというよりも、問うことそのものが治療効果をもって

そしてもう一つの治療は、その像がどのようにして形成されたのか、その出自を明らかにすることである。例えば、9-2で論じたように、「私は痛みを感じている」という発言における「私」は特定の人物を指示する機能をもっていない。このことが、「私はここにいない」という像を生み出す原因の一つになっていると考えられる。そのように像が形成される原因を明らかにすることは、その像が自分を押しつけてくる力を弱めることにつながるだろう。

『哲学探究』は、ウィトゲンシュタインがなによりもまず『論理哲学論考』という強力な像への囚われから自分を解放すべく、その治療法を模索した記録なのである。

一つの像がわれわれを捕らえて放さなかった。そしてそこから抜け出せなかった。その像はわれわれの言語のもとに潜んでおり、払いのけようとしてもただひたすら繰り返し押しつけてくるように思えたのだ。

(第一一五節)

第11章　志向性の正体

11-1　言葉が心に志向性を与える

何ごとかを記述する文は、その何ごとかについての内容を表現している。「隣の部屋で猫が寝ている」という文は隣の部屋で猫が寝ているという事実についての内容をもち、「明日は晴れるだろう」という文は明日の晴天について述べている。いま、文も事実も日本語で書かれていたために、あたりまえに思われたかもしれない。しかし、一方は音声ないし文字模様であり、他方は事実である。両者はまったく似ていない。例えば、「リンゴ」という音や文字はそれが表わす果物そのものとはまったく似ていない。(「リンゴ」という文字は食べられない。) では、言語が「何かについての」というあり方をもちうるのはどうしてだろうか。「明日は晴れるだろう」という文字列や「アスワハレルダロウ」という音声が、明日の晴天という予想される事実についてのものとなるのはいかにしてなのだろうか。

これに対する一つの答え方は、思考が志向性をもつことに訴えるものである。ある心の状態が他の何ごとかについてのものであるとき、その「何かについての」というあり方は「志向性」と呼ばれる。そして思考はつねに何ごとかについての思考である。そこで、明日の晴天についてという志向性をもった思考が伴うことによって、ある音声ないし文字模様が明日の晴天についての言葉として意味をもつようになると考えるのは、ごく自然な道筋だろう。

だが『哲学探究』はこの考え方を百八十度ひっくり返そうとする。思考が言葉に意味を与えるという考えを拒否し、心の状態が志向性をもちうるのは、言語が「何かについての」という性格をもちうるからだと論じる。心が言葉に意味を与えるのではなく、言葉が心に志向性を与えるのである。

志向的性格が顕著に見てとれる心の状態として、願望や期待を取り上げよう。「明日晴れてほしい」という願望が明日の晴天についてのものとなるのはどうしてなのか。その願望はいま現在の心の状態である。それに対して、明日の晴天は明日にある、あるいは明日は雨で晴天にはならないかもしれない。では、いま心の中に何があるのか。いまの心の状態において、明日の晴天を志向するような何があるのだろうか。

ある対象について、その対象そのものではないが、それを表象している心の状態のことを、ウィトゲンシュタインはしばしば「影」という語で言い表わす。目下の例で言えば、いま心の中にあるのは明日の晴天の影である。「明日晴れてほしい」という願望は、その内に明日の晴天の影を含みもっている。明日の晴天がいまはまだ存在しない以上、いま心の中に存在するのは明日の晴天の影ということになるだろう。

だが、「明日の晴天の影」とは何だろうか？　明日の晴天を表象するとはどういうことか。心の中ではなく、紙の上に表わしてみよう。明日の晴天の絵をいま描けるだろうか。晴天の絵は描ける。だが、いま描いてほしいのは明日の晴天である。どのような絵を描けば、それは今日の晴天でもいつかある日の晴天でもなく、明日の晴天の絵になるのだろう。いまここにある静止画像が、いまここにないものを捉えられるのはいかにしてなのだろうか。

> 願望は、将来起こりうることでも、起こりそうにないことでも、何がその願望を満たしてくれるのかをすでに知っているように思われる！　命題や思考は、どんな事実がその命題や思考を真にするのかを、たとえその事実がいまは存在していなくとも、すでに知っているように思われる！　まだここに存在していないのに、それが特定の事実に定められているというのは、何によるのか？
> （第四三七節）

ウィトゲンシュタインはここで、哲学ではすでになじみとなっている「心の状態が志向性をもつ」という考えを問い直そうとしている。願望は何がその願望を満たすのかをどうやって知るのか。これは、まさに願望はいかにして志向性をもちうるのかという問いにほかならない。それゆえ、たんに「思考や願望は本質的に志向性をもつからだ」と答えて済ますわけにはいかない。

「願望は何がその願望を満たしてくれるのかをすでに知っている」と言われるとき、「願望を満たす」

とはどういうことなのだろうか。対比する意味で「空腹を満たす」ということを考えてみよう。私はいま自分が感じているこの感覚が食事をとることによって解消されることを知っている。私はその因果関係を経験に基づいて知ったのである。(これまでの経験から、この空腹はおにぎり一個では満たされないが、二個食べればなんとかしのげるだろうなどと考えもする。)では、「願望は何がその願望を満たしてくれるのかをすでに知っている」ということも、何によってその願望が解消されるのかを経験上知っているということなのだろうか。

だが、願望はさまざまな仕方で解消されうる。例えば、ひと眠りしたいという願望をコーヒーを飲むことによって解消する。温泉に入りたいという願望を入浴剤の使用で解消する。あるいは性的な願望をスポーツで解消する。こうした場合、なるほど願望はそれによって解消される。つまり、コーヒーを飲めば、ひと眠りしたいという願望は消え去ってくれるかもしれない。しかし、それは「ひと眠りしたい」という願望が満たされたということではない。願望が満たされるとは、そこで望まれていることが実現することである。

さらに付け加えれば、そうして願望が解消されたことに本人が満足していたとしても、それはなお「願望が満たされる」ことではない。満足しているなら、満たされているのではないかと言われるかもしれない。しかし、満足の内に願望を解消する仕方もさまざまである。例えば、冷やし中華を食べたいと思って中華料理店に入ったとしよう。しかし冷やし中華はやっていなかった。そこでジャージャー麺を食べた。それがとてもおいしく、腹も満たされたので私は満足し、冷やし中華を食べたいという気持ちも解消された。この事例において、「冷やし中華を食べたい」という私の望みは満たされていない。しかし、その願望は満足の内に解消されている。逆に、冷やし中華を食べることができて、その願望自体は満たされたとしても、おいしくなかったので満足できなかったということもあるかもしれない。あるいは、ある種の薬物を投与されて冷やし中華を食べたいという願望が満足の内に解消されることも考えられないことではない。修行に励み、ついに煩悩が消え去ったことに大きな満足を得る人もいるかもしれない。願望が満たされて実現することと、願望が満足の内に解消されることは別なのである。願望が満足の内に解消されても、その願望が満たされていないということはありうる。「冷やし中華を食べたい」という願望は、ただ冷やし中華を食べることによってのみ、満たされるのである。

では、「冷やし中華を食べたい」という願望が冷やし中華を食べることによって満たされるということを、私はこれまでの経験に基づいて知っているのだろうか。いや、確かに私はそのことを知っているが、それはけっして経験に基づくものではない。私はまだ自分が抱いたことがない願望についても同様のことを知っている。例えば、私は月面に降り立ったことはないし、月面に降り立ちたいと思ったこともないが、それでも、その願望が月面に降り立つことによって満たされることを知っている。願望(月面に降り立ちたい)とその願望を満たす対象(月面に降り立つこと)の関係は因果関係ではなく、私はそれを経験上知っているというわけでもない。

願望とそれを満たす対象の関係は何か――ウィトゲンシュタインの答えは、「文法的」だというものである。「冷やし中華を食べたい」と表現される私の願望は、「私は冷やし中華を食べた」と記述される事態によってのみ満たされる。「明日晴れてほしい」と表現される私の今日の願望は、明日「今日は晴れている」と記述される事態によってのみ満たされる。つまり、ある命題Pについてのものとして表現される願望は、同じ命題Pで記述される事態によってのみ満たされるのである。[84]

この答え自身はあっけないものであろうが、しかし重要なことは、心的な志向性が言語の志向性を支えると考える人にはこのシンプルな答えが受け入れられないという点にある。われわれはいま、願望という心の状態が何を志向しているのかは、願望の内容を表わす命題と実現する事態を表わす命題が同じ内容をもつことによる、と論じた。そして、今日の「明日は晴れる」という発話と明日の「今日は晴れている」という発話が同じことを意味しているというのは、われわれの言語使用に関わる規則である。すなわち、願望が何を志向しているのかは文法的な事柄にほかならない。それゆえ、心的な志向性が言語の意味を支えるのではなく、言語が心的な志向性を支えることになるのである。

「自分が何を求めているのか、手に入れる前から私は分かっているのか?」と問われたらどうか。言葉を話せるようになっているのであれば、私はそれを知っている。(第四四一節)

期待とその実現は言語において合致する。(第四四五節)

月面に降り立ちたいと望み、その願望が満たされる、そんな経験は私にはない。しかし、それでも、「月面に降り立ちたい」という日本語を理解しているのであれば、私はその願望が何によって満たされるのかを知っているのである。

このことは願望だけではなく、心の状態がもっている志向性一般に当てはまる。例えば「隣の部屋で猫が寝ている」と考える。この思考は隣の部屋で猫が寝ているという事実についてのものである。願望の場合と同様、思考においては「思考は何がその思考を真にするのかをすでに知っている」と言えるだろう。そして、思考とそれを真にする事実もまた、言語において合致する。「隣の部屋で猫が寝ている」と考えるとき、その心の状態そのものが事実と合致したりしなかったりするというのではない。「隣の部屋で猫が寝ている」と記述される内容をもつ思考が、「隣の部屋で猫が寝ている」と記述される事実によって真とされるのである。

11-2　影を追い払う

ウィトゲンシュタインが進もうとしている方向は、心的な志向性が言語の意味を支えるのではなく、言語が心的な志向性を支えるとする考え方である。だが、そうだとすれば、言語が「何かについてのもの」というあり方をもちうるのはどうしてかという問いがもち上がってくる。そしてこの問いに向かうと、再び「影」が忍び寄ってくるだろう。

言語は、未来のできごとや目の前にいない人物等、いまここに存在していないものごとについて語ろうとする。だが、そうしたいまここに存在しない対象について語るためには、何かがいまその言語使用とともに存在していなければならないのではないか。例えば、「明日友人が訪ねてくる」と言ったとしよう。その言葉が意味をもつためには、私は明日の友人の訪問を考えているのでなければならない。そして、その思考はいま現在私の心の中に存在するものである。明日の友人の訪問は明日にならないと存在しない(明日になっても実現しないかもしれない)。だが、明日の友人の訪問についての思考はいま存在している。それゆえ、いま存在しているこの思考が、「明日友人が訪ねてくる」という音声ないし文字模様等を有意味なものとする。こうして、未来についての語りが有意味であるためには、「未来の影」がいま存在していなければならないように思えてくるのである。

だが、いま私の心の内にある「未来の影」とは何だろうか。「未来の影」という言葉で何かが理解できたように思ってはならない。願望のところでも述べたが、「明日の晴天」の絵など描けはしない。まったく同様に、われわれは明日の晴天をイメージすることもできない。たんなる晴天のイメージにさらに何をプラスすれば、それは明日の晴天になるのか。それを「未来」とするのは、絵やイメージに描かれたなんらかの特性ではありえない。

しかしそれでも、明日の晴天について語るとき、それを意味づけるような何かがいま存在していなくてはならない。なおもそう思われるとき、われわれは「明日の晴天の影がいま私の心の内に存在している」という言い方にすがろうとし、同時に「明日の晴天の影」が何であるのかが分からずに、当惑してしまうのである。

われわれは――いわば――ひとが未来を知ることに対してではなく、(当たるか否かにかかわらず)そもそも未来を予言できることに当惑している。

あたかも、当たろうが当たるまいが、ただ予言しさえすればひとはそれで未来の影を先取りするかのようだ。(第四六一節)

あるいは、「この部屋にパンダはいない」という発話を考えよう。これは成立していない事態についての記述である。そうだとすると、否定文の発話にはせめてそこで否定される肯定的事実の影がなければならないようにも思えてくる。否定するのであれば、そこで否定されるものはなんらかの意味で存在していなければならない。いかなる意味でも存在していないもの、世界の内にはもちろん心の内にも存在していないような空無を否定することはできない。だから、「この部屋にパンダはいない」と否定文を発話するとき、その否定が有意味であるためには、思考の内に「この部屋にパンダがいる」という事実が影のように存在しているのでなければならない。[85]

これに対してウィトゲンシュタインは、否定文の使用につねに事実の影のようなものの表象が伴っているというのは事実誤認だと指摘するにとどまっているように思われる。あるいは、もう少し何か指摘しているのかもしれないが、私にはうまく読みとれなかった。[86] そこでわれわれなりにもう少し考えてみよう。確かに、この部屋にパンダがいるなどということがまったく念頭にない人は「この部屋にパンダはいない」などと発話することもないだろう。例えばハサミを探して引き出しを開けたのに見当たらないとき、「この引き出しにはハサミはない」と言いもする。この場合には、否定形の判断に先立って「この引き出しにハサミがあるだろう」という肯定形の思いがある。だが、否定形の発話のさいにはつねに肯定形の事態を考えているというのは、本当にそうだろうか。例えば、駅に向かう通い慣れた道の途中に公衆電話の電話ボックスがあったとしよう。最初に見たときにはまだここには電話ボックスがあるんだなと思ったが、それ以後はとくに気にもとめていなかった。その日も駅に向かって歩いており、別に「あそこに電話ボックスがある」などと考えながら歩いていたわけではない。しかし、そこを通りかかったときに、いつのまにか撤去されていることに気づき、「おや、電話ボックスがなくなってる」とつぶやく。このとき、私はけっして「電話ボックスがある」という肯定形の思考をまず抱いて、それからそれを否定するというようなことはしていない。あるいは、あるとき空を見上げ、「雲ひとつない空だね」と言う。そのとき私はまず雲のある空を思い浮かべてからそれを否定したのだろうか。数学に例をとるとそのおかしさはさらに増すだろう。「7×8は54ではない」と言うとき、まず「7×8は54である」と考えてからそれを否定するのだろうか。「台形は五角形ではない」と言うとき、まず五角形の台形を思い描かねばならないとでもいうのだろうか。

ウィトゲンシュタインは命令にも影の誘惑を見る。命令が出された時点ではまだそれは実行されていない。しかし願望と同様に、命令にもまた、どうすればその命令が果たされたことになるのかについての了解が織り込まれている。そこで、命令が出された時点で、その実行の影が心の中に存在していなければならないと考えるのである。「おすわり」と言われて条件反射的におすわりをする犬と異なり、われわれの場合には命令を理解した上で自覚的にその命令に従わないということもありうる。つまり、命令とその実行の間には命令の理解というワンクッションがあると思われる。例えば「黄色い花を持ってきて」と命じられたとしよう。この命令を理解するには、黄色い花を持ってくるということがどういうことなのかを理解していなければならない。もちろん黄色い花を持ってくるという行為はまだ実行されていない。それゆえ、その影がなければならない。こうして命令と実行の間に、それを媒介する何ものかを想定しようとするのである。

確かに、命令と実行の間に実行の影と呼べるような何かが思い描かれることもないわけではないだろう。だが、それはなければならないというようなものではない。そのことを、ウィトゲンシュタインは次のように論じる。

「ここのところに赤い円を想像してみなさい」と命令するとしたら、どうか。——そしてそれに対して、命令を理解するとは、どうなればそれが実行されたことになるのかを知っていることだと言うとしたら——いや、それどころか、それがどのようなことかを想像できることなのだ、と言ったとしたら？

（第四五一節）

命じられていることを理解するために、その命令の実行がどのようなものであるかを想像することが必要だとするならば、「赤い円を想像せよ」という命令はどうなるのか。実行に先立ってその命令を理解しようとすると、その時点で私は赤い円を想像していることになり、それはすなわちその命令を実行したことにほかならない。この場合には、命令と実行の間に実行の影を想像するというステップを媒介させることはあからさまにナンセンスなこととなる。実に、「技あり」という感じの議論ではないだろうか。蛇足を承知でもう一例付け加えておくならば、「声に出さずに念仏を唱えなさい」という命令はどうか。この命令の理解が「声に出さないで「ナムアミダブツ」と唱えるのだな」と思うことに存するのであれば、そう思ったときにはその人はもう声に出さずに念仏を唱えてしまっているだろう。

もちろん命令は実行に先立って理解されねばならない。だが、それはけっして「理解」と呼びうる心の状態が命令と実行を媒介していることを意味してはいない。「黄色い花を持ってきて」という音声が発せられ、それに応じて黄色い花を持っていく。それですべてであってよい。

あるいはその命令は拒否されるかもしれない。その場合にも、それを「理解した上で命令に従わない」ものとするのは、けっして「理解」なる心の状態ではない。そこで起こっていることは、命令が与えられ、聞き手がそれを拒否した、それですべてであってよい。聞き手の反応が「理解した上での拒否」とされるのは、たんなる聞き逃しや誤解によって適切に反応しそこねた場合との対比においてである。もしたんなる聞き逃しによるのであれば繰り返し伝えることが有効だろうし、誤解によるのであれば説明し直すことが有効だろう。それに対して「理解した上での拒否」の場合にはそうしたことは有効ではなく、さらに強く命じるとか、その命令に従わないとどうなるかを伝えるといったことが有効になる。「理解した上での拒否」とは、そうした事情を表わしたものであり、けっして「理解」という心的状態が伴っていることを述べているわけではない。命令に従う場合であれ、従わない場合であれ、命令が発せられそれに応じた反応がある、それですべてなのであり、命令と反応の間にそれを媒介する心の状態を立てる必要はない。

そしてウィトゲンシュタインは、願望と実現の場合と同様に、命令と実行の関係は文法的なものだと論じる。「黄色い花を持ってきて」という命令は「黄色い花を持ってくる」と記述される行為によって実行される。命令と実行をつなぐのは両者における記述の同一性である。一般に「Pを命じる」という言語行為に対して、Pと記述される行為がその命令を実行したものとみなされる。それはわれわれの言語の文法にほかならない。

「命令はその命令に従うことを命じている。」そうだとすれば、命令はそれが実行される前にすでにその実行の何たるかを知っているのか？——だが、それは文法命題であり、言わんとするところは、命令が「これこれのことをせよ」という内容であるならば、「これこれのことをする」がその命令の実行と呼ばれる、ということだったのである。

（第四五八節）

ここでウィトゲンシュタインが行なっていることは「憑き物落とし」だと言うこともできるだろう。いまここに存在していないものごとについて語ろうとするためには、何かが――いまここにないものの影が、その思考が――いまその言語使用とともに存在していなければならない。そうして願望はその実現の影を求め、命令は実行の影を求め、否定は否定されるべき事態の影を求め、未来について語ることは未来の影を、いまここに求めるのである。言葉の意味を思考が支えているはずだ、だから、哲学は思考の秘密を解明しなければならない――この考え方から離れること。

「文はどうやって何かを表現するのか?」 そう問われたならば、「知らないとでも? だって、文を使っているときに目の当たりにしているのに」と応じることもできるだろう。そう、何も秘められてはいない。

文はどうやって表現するのか?――知らないとでも? そうだ、隠されたものなど何もない。

(第四三五節)

憑き物を落とすことに成功したならば、そこに現われるのはなんの変哲もない平板な事実でしかない。「Pをせよ」という命令はPと記述される行為をその実行と呼ぶ。同様に、「この部屋にパンダはいない」という否定文の発話は「この部屋にパンダがいる」と記述される事態の不成立を主張し、「明日は晴れるだろう」という発話は明日になって「今日は晴れている」と記述される天気によって真とされる。それはわれわれの言語の文法なのである。

とはいえ、憑き物というのはそう簡単に落とせるものではない。また、哲学における憑き物は一度落としたつもりになっても熾火《おきび》のようにくすぶり続け、再燃する。

記号が――と言われるかもしれない――、音声や文字模様ないし身振りそれ自体がいまここにないものを指示するとは思えない。「アスノセイテン」という言葉で未来の天気のことが意味できるのは、その音声、文字模様、身振りにしかるべき思考が伴っているからではないのか。それを否定するのであれば、音声や文字模様や身振りそれ自体に不思議な力を認めることになるのではないか。

もちろん音声や文字模様や身振りに不思議な力が宿っているわけではない。ではやはり思考が伴っていなければならないのではないか。いや、そういうことでもない。ここで、『哲学探究』が表立って論じているわけではないが、その考察を補うものとして、肖像画を肖像画たらしめているものは何かを考えてみよう。その絵を実在の人物についての絵としているものは何か。そこには一人の人物が描かれており、しかもそれと瓜二つの人物が実際に存在するとしよう。だが、そのことはその絵を肖像画たらしめるものではない。絵そのものはまったくの空想で描かれ、たまたまそっくりな人がいたというにすぎないかもしれない。逆に、その絵に描かれた容姿が、実在のどの人物とも似ていないとしよう。だが、だからといってその絵が肖像画でなくなるわけではない。肖像画を描いたのだが、へたすぎて、まったく似ていないということもありうるだろう。つまり、その絵それ自体をいくら調べても、そこにはそれを肖像画たらしめる特徴などないということである。では、何がそれを肖像画とするのか。
肖像画の場合には、「似ている」とか「似ていない」という評価が為されうる。そして似ていないときには、画家はモデルをもっとよく見て似せるように修正したりもする。評価と修正のこうした活動こそが、肖像画を肖像画たらしめているのである。それに対して、空想画の場合には似ているかどうかはポイントではない。それがたまたま誰かに似ているということもないわけではないが、しかしそれはその絵の評価につながるものではない。それゆえ誰かある人に似ていないからといって、絵を修正すべきことにもならない。その絵をある人物についてのものとするのは――その絵に志向性を与えるのは――、その絵それ自体の特性でも、その絵に伴う画家の思考でもなく、モデルと似ていなければ手直しをするという画家の活動が、それを肖像画たらしめるのである。

「何かを意味するとき、人自身がそれを意味する。」 (第四五六節)

そうだ。意味するとは人が誰かに向かって行くようなことなのだ。 (第四五七節)

この難解な言葉も、「意味するとは画家がモデルに向かって行くようなことなのだ」と言い換えれば、もう少し理解が進むだろう。あるいは、ノコギリのアナロジーで述べてみよう。ノコギリそれ自体に木を切る力があるわけではない。だからといってノコギリに宿った魂(?)が木を切る力をもっているわけでもない。ノコギリが木を切るのではなく、ノコギリを使って人が木を切るのである。「明日は晴れるだろう」という記号自体が明日の晴天を意味するわけではない。だからといって、その文に伴う思考ないし思考された明日の晴天の影が明日の晴天を意味するのでもない。「明日は晴れるだろう」という音声ないし文字模様等とともに、それを使用した人自身が未来へと——いまここには存在していない未来へと——向かって行くのである。志向性は言語の文法の内に存している。そして文法とは、記号を用いた人間の活動を律する規則にほかならない。

第12章　言葉は生の流れの中で意味をもつ

ウィトゲンシュタインはノーマン・マルコムとの会話において、「表現は生の流れの中でのみ意味をもつ」という趣旨の意見を述べたという。マルコムはその発言をウィトゲンシュタインの哲学を凝縮したものと受け止め、感銘とともに思い出している。[87] マルコムはその意見を口頭で聞いたのだが、われわれはそれを『ラスト・ライティングス[88]』に見出す。

言葉はただ生の流れの中でのみ意味をもつ。

（『ラスト・ライティングス』第九一三節）

『哲学探究』にはこのような考えは表立って述べられていない。しかし、本章で見ていく『哲学探究』の論述は、この言葉をめざしたものとして読まれるべきだと私には思われる。そこで、新たな言語観をつかもうとしているウィトゲンシュタインの姿を見るために、『哲学探究』以前――『論理哲学論考』および過渡期――のウィトゲンシュタインの言語観を振り返っておこう。

12－1　意味と空間

『哲学探究』以前の言語観と『哲学探究』以後の言語観の違いをあらかじめひとことでまとめるならば、それは「空間から時間へ」と言い表わすことができる。詳しい説明はすぐ後に行なうが、あらかじめ簡単にそのイメージを述べておこう。ウィトゲンシュタインは可能性の総体を「空間」と呼ぶ。日常的に「空間」と呼ばれる三次元空間は、物が位置する可能性の総体であり、それゆえ、より一般的な空間概念の一例となっている。そして『論理哲学論考』は「論理空間」という概念を中心に据え、『哲学探究』へと移行する過渡期においては「色空間」等の概念が重要なものとして登場した。だが、言葉は本来時間の流れの中で使用されるものである。それを可能なかぎりそのままに捉えること。空間的に捉えられていた言語を時間の流れへと解き放つことが、『哲学探究』以後の言語観の核心であった。

12－1－1　論理空間

では、まず『論理哲学論考』の言語観を見ることにしよう。ウィトゲンシュタインは可能な世界の総体を「論理空間」と呼ぶ。[89] われわれはこの現実の世界を生きているが、そこにはさまざまな可能性が考えられる。例えば、私は今日の昼に近所の中華料理店でジャージャー麺を食べた。しかし、他のものを食べた可能性もあるし、別の場所で食べた可能性もある。歴史に例をとるならば、われわれは十八世紀にフランス革命が起こった世界に生きているが、フランス革命が起こらなかった可能性もある。そうした可能な世界をW_1, W_2,… と表わし、すべての可能な世界の集合 $\{W_1, W_2, \ldots W_n\}$ を作る。それが論理空間である。そこではありとあらゆる可能性が考えられ、「私がジャージャー麺を食べ、かつ、フランス革命が起こった世界」(この現実世界がそうである)もあれば、「私がジャージャー麺を食べ、かつ、フランス革命が起こっていない世界」「私がジャージャー麺を食べず、かつ、フランス革命が起こった世界」「私がジャージャー麺を食べず、かつ、フランス革命も起こらなかった世界」もある。さらには、今朝私が玄関を右足から出た世界と左足から出た世界も区別されるため、可能な世界W_nの数nは天文学的という言い方でも不十分なほど巨大なものとなる。しかし、別に実用的な概念をめざしているわけではなく、『論理哲学論考』の目標は哲学問題が「語りえぬ」ことを示すために言語の本質を捉えることであったから、論理空間がどれほど巨大なものであってもかまわない。

このように論理空間という概念を導入した上で、命題の意味は「論理空間の限定」として捉えられる。論理空間は、私が今日の昼にジャージャー麺を食べたかどうかに関して、私がジャージャー麺を食べた諸世界からなる部分空間Aと食べていない諸世界からなる部分空間Bに分かれる。そこで私が「今日の昼に私はジャージャー麺を食べた」と主張すれば、その命題はこの現実世界が論理空間中の部分空間Aに属していることを意味するのである。

命題は論理空間の中に一つの領域を規定する。（『論理哲学論考』三・四）

命題Pが規定する領域とは、命題Pがそこで真になるような世界からなる部分空間である。そこで、『論理哲学論考』の用語ではないが、それを「命題Pの真理領域」と呼ぶことにしよう。これは「命題」の定義でもある。つまり、論理空間の中に真理領域を規定するものが(真であれ偽であれ)「命題」と呼ばれ、真理領域を規定しないものは真偽を問うことができないため、命題のような見かけをしていても擬似命題である。『論理哲学論考』の目的は、哲学の言説に見られる言葉が、実は論理空間内に真理領域を規定しない擬似命題でしかないと示すことであった。

過渡期の言語観と対比するため、もう少し詳しく論理空間の成り立ちを見ておこう。論理空間は可能な世界の集合 $\{W_1, W_2, \ldots W_n\}$ であり、それぞれの世界はそこで成立しているとされる要素的な事態[90]の集合として捉えられる。そしてその要素的な事態を表現した命題は「要素命題」と呼ばれる。ただし、世界を構成する最小単位の要素となる事態がどのようなものであるか、それゆえ、それを表現した要素命題がどのようなものであるのか、『論理哲学論考』は具体例を挙げていないし、また、具体例を挙げることができないような議論の構造になっている。

単純に考えるために、論理空間を構成する要素的な事態がPとQだけであるとしよう。構成要素が決まったならば、それによって論理空間は次のような $\{W_1, W_2, W_3, W_4\}$ に自動的に定まる。

W_1……Pが成立し、かつ、Qも成立している世界
W_2……Pが成立し、かつ、Qが成立していない世界
W_3……Pが成立しておらず、かつ、Qが成立している世界
W_4……Pが成立しておらず、かつ、Qも成立していない世界

要素的な事態PとQが与えられたならば、Pが成立しているかどうかとQが成立しているかどうか、四通りの組合せが考えられる。そしてW_1、W_2、W_3、W_4という四通りの世界を集めたものが論理空間である。このように論理空間を作るためには、Pの成立・不成立とQの成立・不成立が互いに干渉しあわないことが必要となる。つまり、Pが成立していようがいまいが、それとは関係なくQは成立することも成立しないこともありうるのでなければならない。こうして、すべての要素的な事態が与えられたならば、その成立・不成立の組合せによって論理空間は自動的に形成されることになる。論理空間を形成するときのこの要請を「要素的事態の相互独立性」と呼ぼう。あるいは、要素的事態を表現した命題は要素命題であるから、この要請は「要素命題の相互独立性」と呼ぶこともできる。ある要素命題の真偽は、他の要素命題の真偽と独立に与えられねばならない。言い方を変えれば、要素命題は互いに論理的な推論関係にあってはならない。要素命題Pから要素命題Qが演繹されてはならないし、あるいは要素命題Pと要素命題Qが両立不可能な関係にあってもいけない。

だが、そのような要素的事態ないし要素命題の具体例を挙げることは、不可能であるか、控えめに

言っても困難である。日常言語から例をとろうとすると、どうしても他の命題と演繹関係にあったり、両立不可能だったりするだろう。例えば「ポチは犬だ」という命題を考えよう。この命題は「ポチは猫だ」と両立しえない。それゆえ、これは要素命題の例にはならない。『論理哲学論考』はそれゆえ、「ポチは犬だ」はより単純な命題の組合せとして分析できると主張する。究極まで分析を進めて、最も単純な命題を取り出したときに、それが要素命題となる。そして要素命題まで分析が進めば、そこでは要素命題は相互独立なものとなるに違いない。ウィトゲンシュタインはこのような分析がただ一つ存在すると主張する。

命題の完全な分析が一つ、そしてただ一つ存在する。（『論理哲学論考』三・二五）

この「唯一性」こそ、まさに過渡期において撤回されるポイントにほかならない。ではどうして『論理哲学論考』は、完全な分析がただ一つ存在すると考えたのだろうか。おそらくそれは論理空間の唯一性が関係している。

論理空間は可能な世界の総体である。それはあらゆる可能性を尽くしている。それゆえ、この論理空間の外部は端的に「不可能」でしかない。あらゆる可能性を尽くしたものは、定義上、他の可能性を排除している。それゆえ、論理空間は唯一のものとなる。だとすれば、論理空間の構成要素たる事態も唯一に定まらねばならないだろう。そして、要素的な事態を表現した要素命題も唯一に定まらねばならない。かくして、あらゆる命題はその構成要素である要素命題へと分析され、その分析は唯一のものとされる。

この分析がどのように進められるのか、要素命題はどのようなものなのか、そうしたことに『論理哲学論考』は関心をもっていなかった。先に述べたように、『論理哲学論考』は哲学が論じようとしていることが語りえぬものであることを示そうとした。すなわち、論理空間がどのようなものであれ、論理空間によって意味づけられる言葉では哲学は語ることができない。それゆえ、論理空間が具体的にどのようなものであるのかには関心がなかったのである。

12-1-2 色空間

一九一八年に『論理哲学論考』を完成し、ウィトゲンシュタインは哲学を離れる。その後、一九二九年にケンブリッジに戻り哲学を再開する。そうして『論理哲学論考』における議論を批判的に振り返りつつ新たな考察を進め、立ち上がってきたのが「色の両立不可能性問題」であった。

「語りえぬものについては、沈黙せねばならない」として哲学を沈黙させようとしたウィトゲンシュタインは、哲学を再開することで、いわば沈黙を破る。だとすれば、哲学をどういう言語で語るべきかが問題となるだろう。日常言語はすべてを産みすべてを育む大地である。その点は『論理哲学論考』以来、ウィトゲンシュタインの哲学に一貫している。だが、日常言語はあまりに複雑であるため、われわれの思考の基盤であると同時に、哲学問題の発生源でもある。それゆえ、『論理哲学論考』のように具体例を挙げることのできない分析によって哲学問題を解消するのではなく、われわれが実際に使用している言語を明晰に見通すことによって、哲学問題を解きほぐしていく必要がある。その一つの場面が、色を語る言葉であり、色の両立不可能性問題だった。

赤い玉を指差して「これは赤い」と言うとしよう。これは日常言語の中でも最も単純な文の候補と言えるだろう。だが、これでも要素命題とは言えないのである。「これは赤い」が真であれば、その同じものに対して同時に「これは青い」と言うことは偽となる。つまり、同じものに対して同時に発話された「これは赤い」と「これは青い」は両立不可能である。ということは、要素命題の相互独立性の要請に従い、「これは赤い」は要素命題ではないとされねばならない。

では、どうして「これは赤い」と「これは青い」は両立不可能なのだろうか。あまりにもあたりまえのことを尋ねられているようで、ピンとこないかもしれない。だが例えばある果物について、「これは甘い」と「これは酸っぱい」は両立する。「甘い」と「酸っぱい」は両立するのに、「赤い」と「青い」が両立しないのはなぜか。さしあたり答えは単純だろう。われわれがそれらの語をそのように使っているからである。例えば、もしわれわれが「甘くて酸っぱくない」味のことを「アマイ」と呼び、「甘くなくて酸っぱい」味のことを「スッパイ」と呼んで、さらに「甘くて酸っぱい」味のことを「アッパイ」と呼んでいたとすると、「アマイ」と「スッパイ」と「アッパイ」はそれぞれ両立しないものとなる。あるいは逆に、「紫」という語をもたず、その色を「赤くて青い」と呼んでいたとすると、「赤い」と「青い」は両立可能ということにもなるだろう。しかし、いまの日本語はそうなっていない。

われわれは味覚を「甘味・塩味・酸味・苦味・うま味」という五つの要素の組合せで捉える。いわば五次元の空間を作り、そこに味覚を位置づけるのである。他方、色の場合は、「赤↓橙↓黄↓緑↓青↓藍↓紫」と一次元的なスペクトルを作っている。味覚と色彩の捉え方のこの違いが、五つの味覚概念は両立可能であり、色彩概念は両立不可能であるという事情を示している。

「同じものは同時に赤くかつ青いことはない」、これはわれわれの「赤」と「青」という語の使用規則、すなわち文法である。そして、『哲学探究』においてもたびたび「文法」という語が用いられていたように、過渡期および後期のウィトゲンシュタインにとって「文法」は中心的な概念となる。

ここで重要なことは、「同じものは同時に赤くかつ青いことはない」というのはわれわれの言語が従っている文法であるが、これとは異なる文法も可能だという点である。例えば、味覚を五つの基本要素の組合せとして捉えるように、色を「赤・緑・青」の三つの要素の組合せとして三次元的に捉え、それゆえ「赤い」と「青い」が両立可能になるような文法を採用することもできただろう。

このように色彩語は、一定の文法のもとに一つの体系を成している。色彩語が形成するこの概念体系を、ウィトゲンシュタインは「色空間」と呼ぶ。もちろんそのように呼ばれるのは色概念だけではない。味覚概念も「味空間」を形成する。どんな概念もその概念だけで孤立して成り立つわけではなく、他の概念と関係しあって成り立つであろうから、すべての概念はなんらかの「空間」を形成すると言えるだろう。例えば、「父または母の姉は伯母である」は親族語に関する文法であり、親族語全体はそうして一つの「親族関係空間」を形成する。

こうした概念体系を認めることによって、要素命題の相互独立性の要請は撤回される。それゆえ「論理空間」のあり方も『論理哲学論考』とは異なったものとして考えられることになる。とはいえ、可能性の総体としての論理空間という考えそのものが否定されるわけではない。なるほど、色空間が設定されることによって、同じものが同時に赤くかつ青いとされるような事態は不可能になり、論理空間が示す可能性の総体も制限されたものになる。しかし、それは『論理哲学論考』の無制限な論理空間から、実際の概念体系に合わせた形でその論理空間の部分を取り出したものと言える。したがって、色空間や味空間等々を導入したとしても、論理空間という道具立てがまったく使えなくなるわけではない[91]。

興味深いことに、『論理哲学論考』にも「色空間」に対する言及が見られる(二・〇一三一)。だが、色空間が「赤→橙→黄→緑→青→藍→紫」と一次元的なスペクトルを形成していることは考慮されておらず、それゆえ、「同じものは同時に赤くかつ青いことはない」という文法が存在することもまったく重要視されてはいなかった。

要素命題についての私のかつての考え方には、座標の値という規定[92]は含まれていなかった。色をもつ物体は色空間の中にあるといったことをその頃すでに言っていたのだから、そこからただちにその考えに至ってもよかったはずなのだが。

(『哲学的考察』第八三節)

『論理哲学論考』は論理空間という道具立てを用いて哲学を一刀両断にしようとするものだった。それゆえ論理空間という最大の思考可能性の空間を考えればよかった。それに対して、過渡期では色空間等のさまざまな空間を重要視し始めた。これは、ウィトゲンシュタインがより細やかに諸概念のあり方を見ていこうとしていることを意味している。

最初の一歩は、諸概念が色空間等の体系を成すことを見てとるというものだったが、ウィトゲンシュタインの強靱な脚力は、こうして見定めた方向をとことん突き進んでいくことになる。先に述べたように、色空間や味空間等、諸概念の体系にはさまざまなものがある。さらに、その多様性だけではなく、例えば色空間だけを取り上げたとしても可能な色空間はただ一つに定まりはしない。われわれの色概念は赤と青を両立不可能なものとして扱う。しかし、すべての色を「赤・緑・青」の三原色の組合せとして捉えるような色概念の体系があってもよい。あるいは親族語などは、現在でも、日本語と異なる親族語体系をもつ文化が存在しているだろう。論理空間は思考可能性の総体であるから、唯一のものとして定まる。他方、色空間等々は唯一のものに定まるわけではなく、色空間だけに限ってみても、複数のあり方が可能となるのである。こうして、ウィトゲンシュタインは唯一性から多様性へと歩み出ていく。

さらにそのことは文法の恣意性を意味している。われわれの色概念の体系と、色を三原色の組合せとして捉えるような体系では、どちらの概念体系が正しいのだろうか。どちらの体系の方がよりよいのだろうか。それはわれわれの生き方による。その意味ではどちらを採用してもよく、いまわれわれがこの概念体系を採用しているのは恣意的なことなのである。恣意的といっても、さすがにすべての色を「赤」と「青」の組合せで捉える概念体系は無理だろうという気はするが、しかし、生活や仕事に必要ないのであれば、そのような概念体系でも十分である可能性はある。そして概念体系が異なれば言語使用に関する文法も異なるから、このことは文法が恣意的であることを意味している。

このような考えから、過渡期のウィトゲンシュタインは言語をしばしばチェスに喩えた。

「語とは何か」という問いは「チェスの駒とは何か」という問いと完全に類比的である。

（『哲学的考察』第一八節）

現行のチェスのルールは唯一のものではない。例えば、ポーンは前に一マス進み、最初だけ二マス進んでもよいことになっているが、そのルールを変えてつねに一マスないし二マス進めるとすることもできる。そうしていくつものチェスの変種を考えることができる。さらに、そうした変種のどれが正しいということもない。ポーンがつねに一マスないし二マス進めるようになるとゲームの様相も変化するだろうが、それはそれで一つのゲームとして成立するだろう。つまり、チェスのルールもまた、多様性に開かれ、そのどれを採用するかには恣意性がある。

ポーンとはどういう駒なのかを明らかにするには、ポーンの動きに関する諸規則を説明することになる。同様に、語の意味を説明するときには、その語の使用規則、すなわち文法を説明することになる。ここにおいて、チェスのルールと語の文法が類比的なものとして捉えられるのである。

そしてチェスとのアナロジーで言語を捉えるようになったということは、ウィトゲンシュタインが『論理哲学論考』の言語観から大きく離れていったことを意味している。『論理哲学論考』では語は対象を指示していた。だが、ポーンとはどういう駒なのかを説明するには「ポーンの指示対象」などを言い立てようとしてもなんのことやら分かりはしない。「この駒がポーンだ」と丸い頭をしたシンプルな形状の駒を示しても、なんの説明にもなっていない。求められるのはポーンが従うべき規則である。語においても同様であり、ここにおいて「指示」という意味論の中心概念は姿を消し、語の意味はその使用規則＝文法によって説明されることになる。

また、意味論のもう一つの中心概念である「真偽」も、意味を捉えることにおける重要性を失うことになる。ポーンのなんたるかを説明するのに真理概念は役に立たない。そこで必要なのはポーンの動きを定めた規則である。同様に言葉の意味も、文の真偽ではなく文法によって捉えられる。かくして、『論理哲学論考』では真偽が言える記述文を中心に考察が進められていたが、いまや記述文以外の文の使用——質問、依頼、命令、等々——の方がむしろ中心的に扱われることになる。

12-2　空間から時間へ

『論理哲学論考』では、語の意味はそれが指示する対象であるとされ、文の意味は論理空間においてその文を真にするような領域を規定するものとして捉えられていた。それに対して、過渡期においては語の意味も文の意味も、その使用規則によって捉えられる。言語とチェスのアナロジーが、『哲学探究』における言語ゲームという着想につながったことはまちがいないだろう。だが、『哲学探究』の言語観は『論理哲学論考』の言語観だけでなく、過渡期の言語観からも大きく離れていくことになる。ここで、先にも引用しておいた『哲学探究』の次の所見を思い出してほしい。

ある語を聞いたり話したりするとき、われわれはその意味を理解する。意味を一瞬で把握する。そして、そこで把握されたものは時間をかけて為される「使用」とは別ものではないか！

（第一三八節）

像が特定の使用を強いると私は思っていた。私が犯した誤りをそのように言うこともできるだろう。

（第一四〇節）

『論理哲学論考』は意味を捉えるのに論理空間を用いた。過渡期は色空間等々を用い、語の使用規則によって意味を捉えようとした。論理空間は唯一であり、ア・プリオリに定まる。他方、色空間等は多様であり、文法は恣意的であるとされる。だが、そうした違いこそあれ、両者ともに言語を「空間的に」捉えている。『哲学探究』はまさにそこを批判するのである。

言語使用は時間をかけて為される。一つの文も、それがどのような文脈に置かれるかによって、その意味を変化させる。

「彼はそう言い終えると前の日のように彼女のもとを立ち去った。」――私はこの文を理解するのか。一連の報告の中の一つとして聞いたのであれば理解することもできるだろう。だが、ただこの文だけを示されて、私はそれを理解するだろうか。この文だけが孤立しているのであれば、その文がどういう状況を述べているのか分からないと私は言うだろう。だがそれでも私はこの文がどのように使われうるかは分かっている。だから、その文の置かれる文脈を考え出すことさえできよう。

（これらの言葉からは数多くの行き慣れた小道があらゆる方向へと通じている。）

（第五二五節）

「彼はそう言い終えると前の日のように彼女のもとを立ち去った」という文は、どういう物語の中に置かれるかによって、異なった意味をもつだろう。（男性は入院中の女性を見舞いに来たのかもしれない、あるいは女性は卒業制作中の美大の学生で、男性は指導教員かもしれない、等々。）

ここにおいて、過渡期のウィトゲンシュタインが愛用していたチェスとのアナロジーはそのままの形では維持できなくなっている。過渡期の考え方に従うならば、「ポーンの意味」はポーンの動きに関する規則によって与えられた。だが、チェスの規則だけで「ポーンの意味」が尽くされるわけではない。いわば「ポーンが置かれる物語」がそこには関わってくるだろう。もはやチェスのアナロジーを続ける動機も弱いのだが、あえてそのアナロジーを続けてみるならば、チェスにおける「物語」とはチェスの実戦である。ポーンが実際にどのような戦法において使われるのか、それもまたポーンの意味に関わる。それゆえ、規則を覚えて間もない初心者と経験を積んだ熟達者とでは、規則を学んでいるという点では同じであっても、ポーンをどのような局面でどう活用するかに関しては大きな違いがあり、それゆえ初心者と熟達者とではポーンの意味も異なると言うべきである。

だが、そうだとすれば、ポーンの意味は確定しないということになる。どれほど多くの実戦が為されようとも、なお新たな戦い方は出てくるかもしれない。そしてそれがポーンの意味をわずかに、あるいは大きく、変えるかもしれない。

> 規則に従う、報告する、命令する、チェスをする、これらは慣習(継続的な使用、制度)である。
> ある文を理解するとは、ある言語を理解することである。ある言語を理解するとは、ある技術に習熟することである。　(第一九九節)

一つの語、一つの文からは「数多くの行き慣れた小道があらゆる方向へと通じている」。それらの言葉が使われる典型的な文脈を私は分かっている。そして多くの場合にその典型的な文脈に沿うようにして言葉を使用するだろう。だが、ある語、ある文が使われうる文脈は無数にある。そしてつねに新しい文脈が生まれうる。「慣習」とは、これまで実際に為されてきた使用例であると同時に、新たな展開に開かれたものにほかならない。「技術に習熟する」とは、たんに決められたマニュアルに従うことではない。マニュアルにない新たな局面に対処していく能力が求められる。「言語を理解する」とは、典型的な文脈における使用をマスターしているだけでなく、そのような新たな局面に対処していく能力をも要求するものなのである。実際、言語もけっして固定されたマニュアル通りに使用されるわけではない。言葉遣いは変化し、新たな言葉や使い方が生まれる。そしてわれわれはそれにたやすく——ときに戸惑いながら——対処していくだろう。

このことをきわめて鋭利に示したのが「規則のパラドクス」だった。文の意味をその使用規則(文法)として捉えたとしても、その文はつねに新たな使用に開かれている。論理空間も色空間も無時間的に意味を捉えようとしていた。だが、言語使用は時間の内にある。新たな言語使用は新たな論理空間をもたらすかもしれない。論理空間とは思考可能性の全体であったから、新たな論理空間とは新たな思考可能性にほかならない。どのような思考可能性が新たに開かれるかをいまの私は思考することはできない。(「思考しえぬことをわれわれは思考することはできない。」(『論理哲学論考』五・六一))

しかしわれわれは予見しえない未来へと生きていくのである。言語使用もまた、予見しえない。それゆえ、意味はその全貌を明らかにすることはない。いや、より正確に言うならば、意味は全貌をもたないのである。

12-3 言葉を道具として使う

12-3-1 言葉が直接に相手を動かす

生活の中で言葉が果たす(すべてではないが)一つの大きな役割は、聞き手にしかるべき反応を引き起こすことにある。私は聞き手に窓を開けてもらいたいと思い、「窓を開けてください」と発話する。もちろん拒否されることもあるだろうが、ともかく私の発話の意図は、私の発話によって聞き手に窓を開ける行動を促すことにある。「会議は何時からでしたっけ?」と尋ねるのは、会議の開始時刻を教えてもらいたいからであり、「ツキヨタケは毒キノコだ」と伝えるのは、そのことを相手に知ってもらいたいからである。

だが、言葉が聞き手にどういう反応を引き起こすかは言葉の意味にとって重要なことではないと考えられてしまうかもしれない。聞き手は「窓を開けてください」という言葉の意味を理解する。そしてその理解した内容に応じて、依頼されたことに従うか拒否するかを決定し、行動する。そのように考えるならば、発話が聞き手にどのような反応を引き起こすかは言葉の意味にとっては二次的なこととなるだろう。聞き手は、その発話に反応する前に、その意味を理解しなければならない。だとすれば、どう反応するかとは独立に発話の意味は理解されるはずである。そして実際、『論理哲学論考』および過渡期のウィトゲンシュタインは、言葉の意味を捉えるときに「聞き手に反応を引き起こす」という言語の役割をまったく視野に入れていなかったのである。まさに第5章で論じた「「理解」の罠」にかかっていたと言うべきだろう。——時間の内にある使用を一時点における意味理解において把握する。では、そこで理解されている意味とは何か。そうしてわれわれは誤った問いを立て、答えようとする。

他方、『哲学探究』はこの罠から逃れるようわれわれを促す。第二節の建築現場の言語ゲームを思い出していただきたい。親方が「ブロック」「円柱」「プレート」「角柱」という語を発すると、助手はそれに応じた石材を持っていく。このやりとりは「ブロック」という声に対して助手が適切に反応することによって成り立っている。ウィトゲンシュタインがこの例を提示するのは、このやりとりがけっして「意味」とか「意味理解」といったものに媒介されていないことを見てとるためであった。発せられた声に直接に反応するのであり、まずその発話の意味を理解してからその理解に基づいて行動するというわけではない。

> 誰かに命令するとき、その人に記号を与えるだけでまったく十分である。「これはたんなる言葉にすぎないのだから、私はこの言葉の背後に到達しなければならない」などと言いはしない。
> （第五〇三節）

ノコギリを使って木を切るように、音声や文字模様や身振りを用いて相手にしかるべき反応を引き起こそうとする。まさにその意味において、その音声や文字模様や身振りそのものが「言語」と呼ばれうる道具なのである。[93]

12-3-2　「意味」という語の役目

では、言語にとって「意味」という概念は無用のものなのだろうか？　いや、必ずしもそうではない。もちろん、私が「水源地幻想」と呼んだ考え方——まず意味を捉え、使用はそこで捉えられた言葉の意味から導かれる、とする考え方——は拒否される。音声や文字模様等が直接に相手の反応を促すのであり、意味なる何ものかや意味理解なる心の状態がその間を媒介する必要はない。

だが、われわれは「意味」についても語る。それがおそらく他の道具使用と異なり、言語を「言語」たらしめる大きな特徴の一つだろう。言葉を教えたりまちがいを訂正したりするとき、われわれはしばしば「意味」という語を使う。「この言葉は……という意味だ」、「いや、それはそういう意味じゃない」、等々。ここでは「意味」という語(「イミ」という音声や「意味」という文字模様)が、言語学習を促したりまちがいを正すための道具として使われるのである。

「言葉の意味とは、意味の説明が説明するものである。」すなわち、「意味」という語の使用を

理解したいならば、ひとが「意味の説明」と呼ぶものを調べてみることだ。（第五六〇節）

とはいえ、ウィトゲンシュタインは「調べてみることだ」と言うだけで、調べてみたらどうだったということは述べていない。実際に「意味」という語がいかに使用されているのかを見てとることはわれわれに委ねられている。ここでもその詳細に踏み込むことはしないでおこう。だが、「「意味」とは何か」という問いに対して、「意味の説明における「意味」という語の使用を調べよ」というアドバイスは、それだけでも重要な示唆を含んでいる。言語哲学は、ふつう、「意味とは何か」という問いに答えようとして有意味な言語使用を分析する。「窓を開けてください」、「会議は何時からでしたっけ？」、「ツキヨタケは毒キノコだ」、こういった有意味な発話においてこそ「意味」が機能しているはずだ。では、それは何か。そうして指示や真理といった意味論的道具立てに訴えたり、言語使用の規則を取り上げたり、あるいは発話の意図によって分析したりするだろう。そうした試みは、言語のあり方を理論化するときには有効なものともなる。しかし、「意味とは何か」という哲学的な問いに対する応答の仕方としては、それは基本的に的を外しているのである。ここでわれわれは日常において為されるなめらかな言語使用に目を向けるのではなく、「意味」という語が(言語学者や哲学者によってではなく)日常生活においてどう使われているのかを見なければならない。

「意味」という語は基本的に言葉を教えるとき、および、言語使用の誤りを訂正するときに使われる。あるいは「規則」という語も同様だろう。「規則」という語は基本的に規則を教えるとき、および、規則違反を咎めるときに使われる。何の問題もなく為されているなめらかな言語使用は、意味や規則に導かれているわけではない。意味や規則に言及しなければならないのは、言語使用が滞ったときである。その点において、「意味」や「規則」を道標に喩えることができるだろう。迷いそうなところにこそ道標が必要になる。慣れた道を行くのに道標は不要である。

12-3-3 言葉という道具

言葉を道具として見るという観点をもう少し追っておこう。「道具として見る」とはつまりどういうことだろうか。そこで、例えばノコギリと言語を対比しつつ考えてみよう。ノコギリのなんたるかが分かっているとはどういうことなのか。

第一に指摘されるべきは、ノコギリが何を表象しているかは問題にならないということである。ノコギリが何かの象徴として使われることはあるかもしれない。だが、それはノコギリにとって変則的な使用と言うべきだろう。言葉を道具として見る第一のポイントは、言葉を何かを表象しているものと見る言語観から自由になることである。

「ノコギリとは何か」という問いに対して「木を切る道具だ」と答えれば、最低限の理解は示せたと言える。しかし、実際に切ってごらんと言われて、そのギザギザのところを当てて前後に動かすということも分からないのであれば、まだノコギリをきちんと理解しているとは言えない。さらに、押すときに切るのか引くときに切るのかも知っていなければいけない。また、木の繊維に沿って切るか繊維に垂直に切るかによって、刃を使い分けもする。こうしてノコギリの標準的な使い方を一通り知ったならば、ノコギリのなんたるかが分かっていると言えるだろう。しかし、注意すべきは、なんとかノコギリを使って木を切ることができるという段階から、木の種類や状態に合わせて最善の切り方ができる熟練の技まで、程度差があるということである。言葉もまた、「意味を理解している／理解していない」というどちらかではなく、なんとか使えている段階から使いこなしている段階まで、その理解には程度差がある。

さらに、使いこなすに従って、道具は体になじんでくる。体の一部のようになる場合もあるだろう。同じことが言葉にも言える。言語をマスターするということは、道具に慣れるのと同様に、言葉の扱いに慣れるということにほかならない。

試みてほしい。「ここは冷えるね」と言い、「ここはあったかいね」を意味する。できるだろうか？

（第五一〇節）

もちろん、「今日一日はあたたかいことを「冷える」という言葉で表現することにしよう」と決めてそれに従うことはできる。その規則を理解し、それに従って「この部屋はとても冷えていいてほっとするね」などと言いもするだろう。だが、その言葉はひどくよそよそしく感じられる。あるいは、『哲学探究』第二部には次のようなちょっと楽しい所見も見られる。

「「シューベルト」という名前はシューベルトの作品と彼の顔にぴったり合っているかのように、私には感じられる。」

（『哲学探究』第二部、第二七〇節）

例えば、猫を日本語で「ネコ」と呼ぶのはたまたまのことである。別の呼称でもかまわなかった。だが、なんらかの事情で明日から猫は「カバ」と呼び、カバを「ネコ」と呼ぶことにしたとする。二つの語の指示対象を取り換えただけであるから、意味論的にはたいした変更ではないと言うべきなのだろうが、実際問題としてはものすごく抵抗があるのではないだろうか。少なくとも私はいままで「ネコ」と呼んでいたそれを「カバ」と呼ぶことに大きな違和感を禁じえない。（たぶん何年も「カバ」と呼び続けていればそれに慣れ、ニャーとか鳴くあの動物はいかにも「カバ」という呼び名がぴったりしていると感じられるようになるのかもしれないが。）

人はそれぞれ自分になじんだ言葉をもっている。逆に、使えはするがどこかよそよそしい言葉というものもある。猫を「ネコ」と呼ぶことに私はすっかり慣れている。それは身につき、なじんだ道具がそうであるように、私の体の一部と化していると言ってもよいだろう。それを身から引き剝がし、新たに「カバ」と呼ぶことにするとき、言語にとってきわめて大きなものが失われる。ウィトゲンシュタインはそれを「言葉の「魂」」と呼んでいる[94]（第五三〇節）。

12-4 言語の理解と音楽の理解は似ている

こうした考察が述べられる中に、次のような節がある。

言語の文の理解は、ひとが思っているよりもはるかに音楽におけるテーマの理解に似ている。

（第五二七節）

ここで「音楽におけるテーマの理解」ということでウィトゲンシュタインが考えているのは、「なぜ強弱とテンポがこのパターンで進行するのか」といったことであり、あるいは曲の中のあるフレーズに対して、「結論が導き出されているかのようだ」とか「ここはいわば挿入句だね」といった言い方に示されるような理解である（第五二七節）。『哲学探究』はこれについてこれ以上ほとんど述べていない。しかし、言語理解を音楽の理解に似たものとする考えがウィトゲンシュタインから出されてきたことは、私にはひじょうに重要なことに思われる。そこで、同じ時期に書かれていたものである『断片』を参照しつつ、[95]ウィトゲンシュタインがこの所見で何を考えていたのかを探ってみたい。

第一に、音楽は基本的に何かを表象したものではない。もちろん、鳥の声や市場の様子などを表現した音楽もある。しかし、ここでウィトゲンシュタインが言いたいのは「このクラリネットはカッコウだ」といった理解のことではない。音楽を、他の何かを表わしたものとして理解するのではなく、音楽それ自体として理解する、そのような理解を考えている。そして、言語理解もそれに似ているというのである。つまり、言語は言語外の対象ないし事態を表わしたものとして理解されるというのではなく、言語それ自体において理解される。音楽が、それが描写している何かを介してではなく、直接になんらかの反応を聞き手に引き起こすように、言葉もまた、それが表わしている何かを介してではなく、直接に聞き手に反応を引き起こすのである。

第二に、そうして音楽によって引き起こされた反応を「結論のよう」とか「挿入句のよう」という相貌で捉えるには、言うまでもないが、「結論」や「挿入句」といったことを理解していなければならない。そして、あるフレーズが一つの曲において結論や挿入句として聞こえるには、相応の文化的背景が必要だろう。（ウィトゲンシュタインは「表情豊かな演奏」とは何かを説明するためには、一つの文化が必要であると述べている（『断片』第一六四節）。）そして、言語もまた。言葉を理解するには、その言葉を用いて人々が何をするかを理解しなければならない。それは『論理哲学論考』や過渡期のような人間不在の言語体系ではなく、われわれの生き方の理解を背景にもつのである。

そして第三に、私はなによりも音楽が時間の内に展開するものであることを強調したい。本章においてて述べてきたように、『論理哲学論考』や過渡期においてはウィトゲンシュタインは言語を空間的に捉えていた。しかし、言語使用は時間の内にある。言語使用を現在の静止画像で捉えきることはできない。われわれは言葉とともに生きることによってしか、言語を捉えられない。『論理哲学論考』

では言語は像(Bild＝絵)として捉えられていた。そのことを考えるならば、『哲学探究』が「言語の文の理解は、ひとが思っているよりもはるかに音楽におけるテーマの理解に似ている」と述べていることは、きわめて示唆的であると言うべきだろう。

第13章　心的概念の道具箱

言語は道具である。言語における概念[96]は道具である。（第五六九節）

概念はわれわれを探究に向かわせる。概念はわれわれの関心の表現であり、われわれの関心を導く。（第五七〇節）

これに関連して、『哲学探究』冒頭近くの節を引用しよう。

道具箱にある道具について考えてみよ。そこには、ハンマー、ペンチ、ノコギリ、ドライバー、物差し、にかわ鍋、にかわ、釘、ねじがある。——こうしたものの働きが異なっているように、語の働きも異なっている。（そして類似点もさまざまにある。）

言うまでもなく、われわれを困惑させるのは、語が話されるのを耳にしたり、書かれたり印刷された形で目に入ってくるときに、その見かけがどれも同じようだということにある。[97]というのも、そうした語の使用がわれわれにはあまり明確ではないからである。とくに哲学するときがそうだ！

（第一一節）

「心」というラベルの貼られた道具箱を見てみよう。「痛む」「見る」「聞く」「味わう」「悲しむ」「思い出す」「予期する」「心配する」「不安になる」「望む」「考える」「信じる」「意志する」「意図する」等々。あるいはそこに「意味する」を入れるかどうか、迷うかもしれない。これらの概念は心理学が関心をもつだけではない。哲学もまた、感覚、知覚、感情、記憶、意志・意図といったことについて、それがいかなるものなのかを問題にする。さらに、哲学の場合には、答えに窮すると心の中に逃げ込むという傾向も見られる。そこでウィトゲンシュタインはこの道具箱を点検する。

だが、『哲学探究』は心的概念を網羅的、体系的に点検することをもくろむものではない。まずウィトゲンシュタインは信念、予期、「なじみの感じ」、再認、雰囲気といった概念を取り上げる。本章ではそうした話題を追っていこう。そしてウィトゲンシュタインは続けて「意志する」および「意図する」を取り上げ、最後に「意味する」という概念を取り上げる。われわれは次章でその議論を見ていくことにする。こうした考察は、一見手当たり次第にも見えるかもしれない。しかし、私にはそれらの考察はすべて最後の「意味する」という概念の分析をにらんだものであるように思われる。「意味する」こそ、まさに『哲学探究』が中心的に問題にした概念であった。本章で見ていく信念や予期等の議論においても、われわれはそこに「意味する」ことの解明へと向かうウィトゲンシュタインのまなざしを見てとるべきだろう。

13-1　心的概念は必ずしも心の状態を表わしていない

心的概念の一つに「痛み」がある。しかし「痛み」を心の状態とすることに違和感をもつ人もいるかもしれない。なるほど失恋の痛みは心の状態でもあるだろうが、腰痛や尿管結石の痛みはむしろ体の状態だと言いたくなるだろう。では、哲学においてどうして痛みが心に属することとされるのだろうか。この問いに対してウィトゲンシュタインがどう答えるかは分からないが、私としては、とりあえず「隠すことができるから」と答えておきたい。ポケットに隠し持ったものであれば、身体検査すれば見つけることができる。あるいは隠すために呑み込んでしまったとしても、内視鏡やX線で見出すことはできるだろう。しかし痛みを感じていることは、私がそれを表情や態度に表わさず、言葉にもしないならば、他人には分からない。そして痛みを外に表わさないことは、少なくとも軽微な痛みならば可能である。逆に私は、他人が痛みをがまんして平静を装っているかぎり、その人が痛みを感じていることを知ることができない。痛みは身体検査をしても内視鏡やX線でも発見することはできない。それは「内面的な」こととされる。

内面に秘められているということになると、不可能とは知りつつも「他人の心の中を覗き見る」という像を描きたくなるかもしれない。あの人が何を感じているのか、何を考えているのか、何をしようとしているのか、それを知りたくて、「心の中を覗き見ることができたなら」と思ったりもする。そして、他人の心の中を覗き見ることができないことを残念に思い、他人の心のあり方を知ることを諦めるのである。では、「心の中を覗き見る」とはどういうことだろう。――私は自分の心の中を目の当たりにしている。これと同じように、あの人の心の中を目の当たりにしたいのだ。そうすれば、あの人の痛みがどのようなものなのかを私も感じることができるだろうし、あの人の悲しみも分かるだろう。

だが、仮に他人の心の中を覗き見ることができたとして、そして仮にそうして他人の感じている痛みをリアルに経験することができたとして、例えば信念の場合にはそうはいかない。「すべての食品の中でレモンが最もビタミンCを多く含んでいる」と彼女が信じているかどうかを知るために、彼女の心の中を覗いたとしよう。だが、たとえ彼女がそのことを信じていたとしても、おそらく彼女の心の中にその信念に相当するものは見出せないだろう。生活のほとんどの場面で彼女はレモンのことなど考えていないだろうし、レモンを買おうとしているときであっても、値段や産地を気にしており、ビタミンCのことは考えていないかもしれない。それゆえ、この信念は心の状態ではないと言うべきである。

ウィトゲンシュタインはもっとあからさまな例を出している(第五七五節)。何気なく椅子に腰かけるとき、特段の事情がないかぎり、私はその椅子が壊れてしまうのではないかなどと考えはしない。そんなことはまったく念頭になく、私の心にあったのはこれから始める仕事のことだった。つまり、私の心の状態は、仕事に関することで占められていた。しかし、それでも私は「この椅子は私が腰かけても壊れはしない」と信じていた。だとすれば、この信念は心の状態ではない。

では、彼女の信念を知るにはどうすればよいのだろうか。一つのふつうの方法は尋ねることである。「一番ビタミンCが多い食品は何だと思う?」と尋ねて、「レモン」と自信ありげに答えたならば、われわれは彼女がその信念をもっていると判断する。ある人が何を信じているのかは、尋ねられたときのその人の答え方に表われる。あるいは、その信念を踏まえた行動の仕方に表われもするだろう。(私はいささかもためらうことなく椅子に腰かけた。)いずれにせよ、ある人の信念を知ろうと思ったならば、われわれはその人の心を覗き見ようとするのではなく、その人の言動をつぶさに見ようとする。

心を覗き見ても分からないということは、他人の信念のあり方が「心の状態」ではないということを意味している。信念のあり方を知ろうとするならば、心を観察するのではなく、その人を観察する。だから、信念を状態として捉えるならば、それはむしろ人物の状態と言うべきなのである。


ある意見をもっているということは一つの状態である。——何の状態なのか? 心の? 精神の? では、ひとは何についてそれが意見をもっていると言うのか? 例えば、N・N氏について。そう、それが正しい答えだ。（第五七三節）

ウィトゲンシュタインはまた、「予期する」という概念に対しても同様に論じる。導火線が燃えて火薬に近づくのを見ている。もうすぐ爆発すると予期するが、そのときの心の中はさまざまでありうる。そこで爆破しようとしているものに対する思いかもしれない。たんに固唾《かたず》を呑んでそれに見入っており、何も考えてはいないかもしれない。しかし私は爆破を予期している(第五七六節)。

あるいは、今日友人が来ることになっている。私はそのことを期待している。しかし、私が考えているのは彼に出す飲み物や食べ物のことであったり、私の部屋の様子(もう少し片づけておかないと恥ずかしい)であったりする。必ずしも彼が来ることを表立って考えているわけではない。それでももちろん私は友人が来ることを期待している。迎える準備も整い、まだ友人が来る時間には早いので私は本を読み始めたとしよう。私の意識は本の内容に向かう。それでも、私は彼が来ることを期待している。

> この場合、「彼が来ることを期待している」とは「もし彼が来なかったら私は驚くだろう」ということだ。——そしてひとはそれを心の状態の記述とは呼ばないだろう。(第五七七節)

仮に私の心だけを取り出して、そのありようをまじまじと観察したとしても、私が何を予期しているのか、あるいはそもそも何かを予期しているのかどうか、分からない。心だけを取り出すという無理な想定ではなく、その心をもった私だけを孤立させて考えてもよい。爆破直前の状況から切り離して、そのときの私だけを取り出して考える。あるいはそのときの私の状態のままに、状況だけを別のものに置き換えてもよい。導火線を見つめている私を、そのままの状態で例えば競馬場でレースを見ているという状況に置いてみる。私が何を予期しているのか、まったく違った答えになるだろう。

予期はそれが生じる状況の中に埋め込まれている。（第五八一節）

信念や予期は心の状態ではない。信念や予期のあり方を知るには、その人の発言、行動、そして置かれた状況を観察するしかない。そしてそれはけっして心の中を覗けないための次善の策などではなく、まさに本来のやり方なのである。

では、信念や予期に関して、ウィトゲンシュタインは行動主義なのだろうか。すなわち、信念や予期は実は内面的なことを表わす概念ではなく、外面的なことだけを表わす概念だとするのだろうか。次の節は内語について論じた第8章でも引用しておいたが、目下の脈絡でどう読めばよいのだろう。

「内面的な過程」は外面的な規準[98]を必要とする。（第五八〇節）

第7章において、ウィトゲンシュタインが自分自身に向けた「君は仮面をつけた行動主義者じゃないのか？」という糾弾の声を取り上げたが、信念や予期を論じる目下の箇所ではウィトゲンシュタインは行動主義についてとくに何も述べてはいない。感覚の場合には、感覚概念の成立に外面的なことが不可欠であることを論じつつも、内面的な感覚の存在を否定しようとはしていなかった。だが、信念や予期の場合には、それに対応する心の状態の存在は否定される。かなり行動主義に近いところにいると言ってよいだろう。

しかし、行動主義と決定的に異なるのは、人物への言及があることである。ある人の信念のあり方を知りたければ、その人の心の中を覗き見ようなどと妄想するのではなく、その人を観察することだ。その意味で、信念は心の状態ではなく、人物の状態なのである。

「望む」という言葉は人間の生活における現象に関わっている。(ほほえんでいる口は、ただ人間の顔においてのみほほえみとなる。)
(第五八三節)

「信念」や「予期」も同じである。人と人とが言葉を用いて生活する環境の中でのみ、「信念」や「予期」という概念も使い道のある道具となる。そして「信念」や「予期」という語を使用するためには、その人物の置かれた状況や言動を手がかり(規準)にしなければならない。

これに対応して、感覚についての議論において引用した次の節が思い出される。

人は痛んでいる手を慰めるのではなく、痛がっている人を慰める。われわれはその人の目を見る

のである。（第二八六節）

「その人の目を見る」とは、行動主義者の口からは絶対に出てこない言葉だろう。

13-2　説明のために心を捏造する

次にウィトゲンシュタインは心的概念の道具箱から「意図」概念を取り出す。例えば、議論の途中で反論しようと思い、しかしやめておく。反論はしなかったが、反論しようとする意図はあった。では、そのとき何があったのだろうか。心の中に「意図」と呼ばれうる状態が生じ、それが私を反論へと突き動かそうとしたが、私はそれに従わなかったということなのか。いや、ウィトゲンシュタインとしてはその描像を否定したい。しかし、それはもう少し後でゆっくりと考察しよう。そしてウィトゲンシュタインはいったん「意図」を道具箱に戻す。

続けて道具箱から「意味する」という概念を取り出す。これは、まさに『哲学探究』が中心的に問題にしてきた概念である。

「だが、「出発するつもりだ」と言うとき、君は確かにそれを意味しているじゃないか！　まさにここにおいても、その文に生命を与えているのは心の中で意味するということなのだ。それに対して、誰かの口調をからかおうとしてオウム返しに言うときには、意味するという心の働きは存在しない。」――哲学するときには、ときにそのように思われもするだろう。（第五九二節）

同じ音列を口にする場合でも、たんに音だけを発音して何も意味しない場合と、有意味にそれを発話する場合では、確かに何かが違う。――例えば、有意味な発話の場合にはたんに発音するという表面的なことだけではなく、その基底に発話の有意味性を支えるなんらかの「深さの次元」があると言われるかもしれない。あるいは、有意味な発話の場合には心の中で何かが起こっていると言われるかもしれない。あるいは、有意味な発話には特有の「雰囲気」がある、表われきれていない内面的な何かが外側に滲み出ていると言われるかもしれない。こうした言い方はなお明確化を求めているだろうが、だが、どのように明確化されようとも、こうした方向の考えをウィトゲンシュタインは否定する。私は前にも引用した次の言葉をここでもつぶやきたくなる。

そうだ、隠されたものなど何もない。（第四三五節）

しかし、ここでもウィトゲンシュタインは「意味する」ということについてただちに考察を展開せず、迂回する。「意味する」もいったん道具箱に戻しておこう。ただし、目立つ場所に。

次に手に取るのは「なじみの感じ」である。ラッセルの名前は挙げられていないが、これはもともとラッセルが提唱していた考えに由来している。ラッセルは『心の分析』[99]において、想起を特徴づけるものとして「なじみの感じ(feeling of familiarity)」を指摘する。例えばある風景を思い浮かべるとしよう。心に浮かんだそのイメージはかつて見た風景の記憶かもしれないし、たんなる想像かもしれない。その違いはどこにあるのだろうか。もちろん想起は「かつて見た」ものであり、想像はそうではない。しかし、私は過去に遡れはしない。想起と想像の違いを、いま私が経験することにおいて取り出そうとするならば、気安く過去をもち出すことはできない。むしろここで問われているのは現在の私にとっての「過去性」の意味なのである。そこでラッセルは一人称・現在の視点を守りつつ、想起の経験にはたんなる想像にはない独特の感じが伴っていると論じる。思い出された風景は確かに見覚えのある風景であり、何度も目にした景色であれば、私はそのイメージをよく知っているものとして思い描くだろう。想起を特徴づけるその感覚を、ラッセルは「なじみの感じ」と呼ぶ。

ウィトゲンシュタインはここで「過去性」について論じることはしない。問題にするのは「なじみの感じ」という「感じ」など本当にあるのかという点である。[100]新しいという印象や違和感、あるいは驚きといった、見慣れないものに伴う感覚はあるだろう。いわば「なじみがないという感じ」はある。ならば「なじみがあるという感じ」もあると言われるだろうか。いや、「なじみの感じ」と呼ばれるものはたんに「なじみがないという感じ」の欠如を意味しているのではないか。

ちょっと買物に出かけて帰宅したとき、あなたは自分の部屋に「なじみの感じ」をもつだろうか。もし部屋がどこかいつもと違う様子であったならば、違和感を覚えるかもしれない。しかし、出かける前と部屋の様子はまったく変わらない。その部屋が自分にとってなじみの部屋であればあるほど、むしろ部屋については何の感じも生じないというのが実情ではないだろうか。あるいは、履き慣れた靴を履く。新しい靴を履いたときには、ことさらにその履き心地を確かめもする。まだ足になじんでおらず軽い違和感をもつこともある。だが、履き慣れた靴を履くときには、とくに靴については何も感じないだろう。

ラッセルは、想起をあくまでもいま・私が経験することにおいて特徴づけるために、いま私が思い描いているイメージの内に、それを「想起」たらしめるような感覚を取り出そうとした。だが、ウィトゲンシュタインに言わせれば、それは哲学が陥りがちな一つの典型的な過ちなのである。自分の部屋に入り、本棚から本を取って椅子に腰かけるとき、その一連の流れの中に「なじみの感じ」など見出せはしない。だが、そうした活動を控え、ただ椅子に腰かけて、いわば理論的なまなざしで自分の部屋が引き起こすなんらかの感じを探そうとすると、そこには「なじみの感じ」とでも呼びたくなる感じがあるような気がしてくる。哲学はなめらかな生活の流れをストップさせ、目を凝らしてまじまじと見ようとする。そうすると、ありもしないものが見えてくるような気がしてしまうのである。あるいは本当に見えてくるかもしれない。しかし、それは実践を離れ観想的《テオリア》態度に立つから見えているのであり、再び生活の流れの中に戻ったときには姿を消す。哲学者は、観想という態度のもとでこそ真実が見えると言いもするだろう。だが、われわれの生のあり方を捉えようとするのならば、生の流れを中断したときにしか見えてこないようなものこそが幻影にほかならない。

哲学しているとき、われわれは何の感じも存在しないところで感じを実体化したくなる。なんらかの感じを想定し、それによってわれわれの考えを説明しようとする。

「われわれの思考を説明するのに、ここに感じがなければならないのだ！」（第五九八節）

「再認」について考えよう。一週間前にはじめて会った人と今日またばったり再会したとする。私はその人を一週間前に会った人と同一人物だと再認する。それは見知らぬ人と出会う場合とは異なった経験である。では、それはどう違うのか。そこで哲学者は、いや哲学者でなくとも、再認をするときには心の中で一週間前に会った人物といま目の前にいる人物を比較しているのだと言いたくなるだろう。

だが、心の中でそんな比較などをしているだろうか。なるほど、同じ人かどうか判断に迷ったときには、一週間前に会った人の顔を思い出して、その特徴といま見ている顔の特徴を比べてみることもするだろう。しかし、そうではない場合も多い。とくによく知っている人を再認するときには、これまでのその人の外見を思い出すなどということはまったくしていないだろう。そもそも、もう数えきれないぐらい会っている人を再認するときには、いつのその人を思い出せばよいというのか。「再認は必ず比較を伴う」という考えは誤っている、ウィトゲンシュタインはそう論じる（第六〇一―六〇五節）。

ここで、少し私自身の議論を補ってみたい。「再認は必ず比較を伴う」という考えは、そもそも論理的に破綻しているのである。いま目の前にいる人を一週間前に会った人と比較するとしよう。では、いま思い出しているその姿が一週間前に会った人の姿だということはどうすれば分かるのだろうか。想起されたその姿を「一週間前に会った人だ」と了解するのも、再認の一種ではないだろうか。

いささか理屈っぽい議論だろうから、少しゆっくり論じよう。

ここには過去の知覚(一週間前に会ったときに見た姿)、現在の想起(いま思い出している姿)、現在の知覚(いま目の前に見ている姿)がある。

そして現在の知覚が過去の知覚と同一人物の知覚だと認めるためには、現在の知覚を現在の想起と比較することが必要だと言われる。

しかし、そうであれば、現在の想起が過去の知覚と同一人物の想起だと認めるためにも、現在の想起を過去の知覚と比較することが必要となるだろう。

だが、私は過去に戻ることができない以上、過去の知覚を現在の想起の形でしか捉えることができない。だとすれば、私は比較という過程を経ない端的な仕方で、ある人物の姿を一週間前に会った人物として思い出すのでなければならない。ここには比較という過程を経ない端的な再認がある。それゆえ、「再認は必ず比較を伴う」という主張は成り立たない。ならば、現在の知覚も端的に過去の知覚と同一人物の再認だとされうるはずである。

われわれは「再認(*Wieder-erkennen; re-cognition*)」という言葉に導かれて、そこには反復があると考え、ならば二つのものの比較がそこで為されているはずだと考える。だが、実情は、多くの場合にそのような比較などなしに端的に再認は行なわれているだろう。私は、一週間前に会った人という相貌でいま目の前の人を見る。想起された姿といま知覚している姿を比較するのではなく、記憶はいま現在の知覚に特定の相貌を与えるのである。そこには「一週間前に会った人」という相貌をもった一つの姿しかありはしない。再認という事例は、われわれがそれを説明しようとして心の働きをでっちあげてしまう好例となっている。

ウィトゲンシュタインはまた「雰囲気」という概念も取り上げる。「雰囲気」は興味深い概念であるからじっくり考えてみたくなるが、とりあえずは「表われきっていない」とか「捉えがたい」といった特徴を挙げることができるだろう。心的概念との関係で言うならば、内面に秘められたものが外面に滲み出ているのが雰囲気であると言えるようにも思われる。だが、そのように「雰囲気」を捉えるとき、そこにはわれわれの考えを誤った方向へと導く罠が仕掛けられることになる。

先に、有意味な発話と無意味な発声との違いにおいて「雰囲気」にも言及しておいた。有意味な発話と無意味な発声における雰囲気の違いは、両者の違いをもたらすような心の働きの存在が示唆されていると解される。しかも、その雰囲気は捉えがたい。こうして、それをより明瞭に見てとろうと、われわれはその現象を取り上げてまじまじと観察し、さらにはそれを説明しようとしてありもしない心の働きを捏造してしまうのである。

雰囲気の記述は特別な目的のための特別な言語使用なのである。（第六〇九節）

どういう特別な目的のためのどういう特別な言語使用なのか、ウィトゲンシュタインは述べてはくれない。ウィトゲンシュタインが同意してくれることを期待して私の考えを述べるならば、雰囲気とは物語を示唆するものである。例えば芝居の始まりを考えてみよう。幕が上がり舞台が現われる。物語は始まっていないが、そこにはなんらかの雰囲気が漂っている。悲しげな雰囲気、怖ろしげな雰囲気、陽気な雰囲気、厳粛な雰囲気、等々。そしてそれはこれから始まる物語を暗示している。あるいは登場人物たちもなんらかの雰囲気を帯びている。それも、物語における彼らの役どころを暗示しているだろう。

有意味な発話はその発話だけで完結しているのではなく、そこに至る経緯があり、そこから続く展開がある。例えば「彼女は立ち上がった」という発話は、その前後の文脈をもっているはずである。その文脈はあまりに多様であるから、そこから特定の物語を読みとることはできない。しかし、漠然とであれ、その発話が位置づけられる物語の方向はあるだろう。少なくとも、「彼女は立ち上がった」という発話はさらなる語りへと動き出す力をもっている。おそらく、語りを促すその漠然とした力が、「雰囲気」と呼ばれるものなのではないだろうか。

そうだとすれば、そこに特有の雰囲気を感じとったときには、秘められた内面の探究へと向かうのではなく、そこへと至る経緯を捉え、そこから開ける物語の予感を受け止めるべきなのである。

本章では、心的概念の道具箱を点検する作業の前半を紹介した。いささか雑然とした印象を与える章だったかもしれない。少し振り返っておこう。

まず取り上げたのは「信念」である。「信念」は心の状態ではない。痛みの場合には実際に痛みの感覚がある。それゆえ「痛み」は心の状態と言ってよい。しかし、何ごとかを信じているとき、必ずしもそのことを表立って考えているわけではない。同様のことが予期や期待についても言われる。心的概念でありながら心の状態を表わしたものではないという論点は、さらに「意志する」「意図する」「意味する」といった諸概念——まさに『哲学探究』の戦いの主戦場に登場する概念たち——を論じるさいに重要なポイントとなる。

「信念」「予期」「期待」、これらは心の状態ではなく、人物の状態なのである。そして人々の生活の中においてのみ、そうした概念も所を得ることになる。

次いで「なじみの感じ」について論じられた。ここでは、想起を説明するためになじみの感じをもち出すことが批判され、説明のために心の状態を捏造してしまう事情が示された。また再認においても、再認を説明するために、思い出された人物といま知覚している人物を比較するという心の働きを捏造してしまうのである。このように、説明のために心の状態ないし働きを捏造してしまうという危険は、「意志する」「意図する」「意味する」という概念にもつきまとっている。

最後に「雰囲気」を取り上げた。率直に言ってウィトゲンシュタインが雰囲気という事柄を論じた理由ははっきりしない。おそらく、どう表現してよいか分からなくなった哲学者が最後に行き着く先として、「うまく言えないがそこには何かがある」というものとして雰囲気を取り上げたのではないだろうか。だが、何かがあるのは雰囲気を見てとられた「そこ」ではない。そこを取り巻く物語への漠然とした方向性が雰囲気を形成するのである。

以上はすべて「意味する」という概念を解明する準備となる。そこでウィトゲンシュタインは、まず「意志する」と「意図する」を取り上げ、その後に「意味する」という概念へと向かっていく。章を改めてその議論を追っていくことにしよう。

第14章　意志する・意図する・意味する

前章でも、心的概念の道具箱からいったんは「意図する」や「意味する」という概念を取り上げ、少し論じ始めていた。しかしその考察は中断され、それは再び道具箱に返された。そして雰囲気について論じたあと、第六一一節から「意志する」ことについての考察を開始する。

14-1　行為の相貌としての意志

まず、行為と意志に関するひじょうに印象的な問いかけから始めよう。

私が手を上げることから私の手が上がることを差し引くならば、あとに何が残るのか？

（第六二一節）

「手を上げる」は私が意志的に行なう行為の描写であり、「手が上がる」はたんなる手の運動の描写である。そこで、「手を上げる」ことから「手が上がる」ことを差し引いたならば、その引き算の答えは「手を上げよう」という意志だ、と答えたくなるかもしれない。われわれは意志を一種の動力のように考えがちである。意志という心の状態があり、それが原因となって手の動きを引き起こすとき、その手の動きは私が意志的に為した行為とされる。つまり、「手を上げよう」と意志して、それによって手が上がるという身体運動が引き起こされるならば、それがすなわち私が「手を上げる」ことだとされるのである。

だが、「あとに何が残るのか？」とウィトゲンシュタインが問題を立てるのは、そもそもこの問いそのものを却下するためだった。例えばこんなふうに問うてみよう。「ほほえんでいる顔からほほえんでいない顔を差し引くならば、あとに何が残るのか？」これに対して、顔のないほほえみだけが残ると答える人はいないだろう。顔を描かずに、それゆえ目も口も描かずに、ただほほえみだけを描くのは不可能である。私の考えでは(そしてウィトゲンシュタインもそう考えていると思うのだが)、意志と行為の関係にもこれと同様の事情がある。手を上げることから手が上がることを引き算したとして、身体運動のない意志だけが残るわけではない。

私は、可動域内であれば意のままに手を上げることができる。道で会った知人に挨拶するために右手を上げる。左手を上げてもよかったし、手を上げずに会釈するのでもよかった。私は自分の行動を一定の範囲内で意のままに選ぶことができた。では、「意のままに」とはどういうことだろうか。「意のままに手を上げる」とは、「手を上げよう」という意志によって「手が上がる」という身体運動が引き起こされることだ、と答えてみよう。そのとき、私はその意志を「意のままに」もてたのだろうか。あるいは、その意志に従うことは私の意のままになることなのだろうか。もし、ままならない仕方で有無を言わさずに「手を上げよう」という意志が生じ、そしてままならない仕方で有無を言わさずにその意志によって手の運動が引き起こされたのだとすると、何ひとつ意のままになっていないじゃないかと言いたくなるだろう。

「意のままに」なるとは自分の意志によって引き起こされていることだとするならば、意のままに意志できるためには「意志の意志」、すなわちそう意志することを意志するということが必要になる。しかし、そのとき意のままに「意志の意志」を引き起こせるのでなければならず、さらに「意志の意志の意志」が必要となる。つまり、無限後退を余儀なくされるだけでしかない。

そもそも「意志」なる心の状態など確認できるだろうか。手を上げることなく、「手を上げよう」と意志してみてほしい。ただ意志だけするのである。あるいはただ意志だけが生じたと想像してみる。それはまるで目も口もないほほえみを想像するようなことではないだろうか。

例えば駅に向かって歩いているとき、私の歩行を引き起こすような意志という心の状態が一歩ごとに必ず伴っているだろうか。私は自分の意志で駅へと向かっている。しかし私の意識は、照りつける日差しの暑さや、約束の時間にまにあうかどうかであったりする。歩行訓練でもないかぎり、一歩ごとに「歩こう」と意志しているわけではないだろう。われわれはここで、意のままに行為できるということを説明しようとして、「意志」なる心の働きを捏造しているのではないか。

自分の手を「意志的に」動かすとき、私はその動きを引き起こすいかなる手段も必要としていない。その手の動きを望むことも、そのような手段ではない。

（第六一四節）

「意志することが望むことの一種ではないというのであれば、意志することは行為そのものでなければならない。意志することは行為の手前にとどまっていてはならない。[101]」意志することが行為であるならば、それはふつうの意味での行為とされる。つまり、話す、書く、行く、何かを持ち上げる、何かを想像する、こうした行為こそが意志することにほかならない。

（第六一五節）

ここでウィトゲンシュタインは、例えば自分の意志で駅に歩いていくとき、意志することは駅に歩いていく行為そのものだと言っているように思われる。だが、それはどういうことだろうか。

私としては、先に述べたように、ウィトゲンシュタインが意志と行為の関係をほほえみと顔の関係と類比的に捉えているのだと考えたい。意志はけっして身体運動を引き起こす動力となるような心の状態ではない。ほほえみが顔の表情であるように、意志とは身体運動がもつ「表情」の一種なのである。例えば、手の運動としては同じような動きであったとしても、「私は友人に挨拶しようとして手を上げた」と記述される場合と「痙攣によって私の手が上がった」と記述される場合では、その表情はまったく異なっている。一方は意志的な表情をもっているが、もう一方は非意志的な表情となる。ここまで私がしばしば用いてきた用語を使うならば、「意志的／非意志的」というのは身体運動の「相貌」なのである。[102]

そして、ほほえみだけを顔から切り離すことができないように、「意志的」という相貌を行為から引き剝がすことはできない。ウィトゲンシュタインが「意志することは行為そのものでなければならない。意志することは行為の手前にとどまっていてはならない」と述べるのはそういうことであると、私は理解する。[103]

ただし、ウィトゲンシュタインの議論はもう一歩先まで進んでいるように思われる。いま引用した第六一五節の続きを見よう。

しかし、意志するとはまた、そうしたこと——話す、書く、何かを持ち上げる、想像する、等——をしようとすること、試みること、努力することでもある。（第六一五節）

さりげないが重要な補足、いや補足以上の議論だろう。例えば、私が百キロのバーベルを持ち上げようと試みるとする。がんばってみるが、びくともしない。そこでは「バーベルを持ち上げる」という行為は成立していない。しかし、私はそのバーベルを持ち上げようという意志はもっている。試みるが成功しないという場面において、「バーベルを持ち上げようと意志する」ことは「バーベルを持ち上げる」という行為からは切り離されている。このように、「Aしようと意志する」ことはときに「実際にAする」こととは独立に成立しうるのである。「意志する」が行為の背後にある内面的なこととみなされてしまうのは、このような事情のゆえだろう。

だが、試みるが成功しないという場面でも、意志することが行為と独立に取り出せるわけではない。私はバーベルに向かい、シャフトを握り、力を入れる。それは私が為していることである。この試みの行為において、「バーベルを持ち上げようとしている」という相貌が現われている。それゆえ、ここでも「意志する」ことはけっして行為と独立に成り立つ内面的な事柄というわけではない。

ここには、規則に従うことに関して論じたことと同様の構造が見られる。先に6-4において私は、迷わずに規則に従っているときにはむしろ規範性を示すようなことは見出されないと述べた。いわばレールの上を滞りなく進んでいるとき、私は私の本性および訓練によって身についた第二の本性に従って進んでいる。規則がもち出されるのは、私が規則に従いそこねたときである。規則に反する方向に私が行こうとすると、「そっちじゃない、こっちだ」と規則は道を示してくれる。ここに規範性が示される。このようにポイントごとに示される規範の力によって、あたかも規則に従うことのすべてが規範の力に支えられているように捉えられてしまう。しかし、実情はそうではなく、規範的な力はあくまでも迷ったとき、まちがえたときにピンポイントで働く。順調なときには私は規範ではなくむしろ自然(本性および第二の本性)に従っているのである。

行為が「意志的」という相貌をもつことも、同様に捉えられるように私には思われる。意志をあたかも行為を引き起こす動力のように捉えてしまうならば、行為はつねに意志の力によって引き起こされていなければならないだろう。だが、実情はそうではない。意志的な相貌は、とりわけ何かをしようとすること、試みること、努力することにおいて現われる。しかも、試みてすんなり成功するのではなく、むしろ失敗することにおいて。失敗する場面があるからこそ、試みて成功した場面にもわれわれは意志的という相貌を見る。さらにはとくに試みてなどいない場合にも、意志的という相貌を見ようとする。哲学は、いわばつねに迷いのさなかにあるかのようにしてものごとを見ようとする。だから、何気なく手を上げるときにも、あたかも迷いつつそれを試しているかのように、意志的な相貌をそこに見ようとする。[104] しかし、リハビリテーション中であるとか、肩の痛みに悩まされているというのでなければ、何気なく手を上げるときに私は「手を上げよう」と試みたりはしていない。ただ手を上げる。それで終わりである。

それに対して、「手が上がる」ではなく「手を上げる」と描写することが、意志的な相貌をそこに見ているということなのだと言われるのであれば、そのことに問題はない。しかし、ことさらに「意志的な相貌」と言うことによって、何か特徴的な感じないし雰囲気をそこに見ようとしてしまうとき、われわれは哲学が陥りがちな陥穽に落ちていると言わざるをえないだろう。

いささかウィトゲンシュタインを離れて私の考察を走らせすぎたかもしれない。しかし、『哲学探究』における次のような所見を見ると、いま述べたようなことをウィトゲンシュタインも考えていたように、私には思われる。

自分の手を上げるとき、ほとんどの場合私はそうしようと試みはしない。（第六二二節）

それゆえこう言ってもよいかもしれない。——意志的な動作は、驚きの欠如によって特徴づけられる。（第六二八節）

自分の手が意志することなく上がったら、私は驚くだろう。あるいは、リハビリテーションなどで努力して手を上げようとしているときなどは、なかなか思うようにいかない抵抗感や違和感があるだろう。しかし、例えば友人に挨拶するときや発言を求めて挙手するときなど、自分の手が上がったことに対して驚きはしないし、抵抗感や違和感も感じられない。

前章で「なじみの感じ」について論じたことを思い出そう。ラッセルは想起における過去性を説明しようとして「なじみの感じ」をもち出したが、理論的偏見なしに虚心坦懐に見るならば、「なじみの感じ」と呼ぶべき感覚など見出せはしない。それはむしろ「なじみのない感じ」——新鮮さ、違和感、驚き——の欠如と言うべきである。行為に関しても同様だろう。非意志的な動作が生じたり、何ごとかを試みたり努力したりするときには、驚きや抵抗感・違和感がある。それゆえそこでは非意志的な相貌や意志的な相貌が意識されもするだろう。しかし、とくに試みたり努力したりすることのない日常の多くの行為の場合には、それを「意志的」とするような特徴的な感じは見出せないし、それゆえそこにことさら「意志的」と呼びうる相貌を見ることもない。

14-2　意図の表明

14-2-1　意図の表明と予測

行為の特徴は、とりわけ未来との関わりにおいて現われる。われわれはさまざまなことについて未来を語る。「もうすぐバスが来る」「明日は雨になるだろう」「十年後には平均気温はさらに上がっている」等々。数分先の未来のこともあれば、数十年先の未来のこともある。そしてウィトゲンシュタインは、「未来を語る」というときにわれわれは自ら意志的に行なう行為のことを忘れていると指摘する(第六二九節)。次の例を見よう。

「私はこれから二種の薬を服用する。それによって私は三十分後に嘔吐するだろう。」

(第六三一節)

前半は自分自身が意志的に行なう行為である。それに対して、後半はそれによって引き起こされるできごとであり、仮に嘔吐するために薬を飲んだとしても、嘔吐すること自体は薬の作用であって、私が意志的に為していることではない。両者の違いをどう捉えればよいのだろうか。この「予言」のあと、実際に私は薬を飲み、そして嘔吐したとしよう。薬を飲んだことは、私がしようと思ってしたことであり、私が引き起こしたことだと言いたくなる。だが、嘔吐もまた、私が引き起こしたことだと言うべきだろう。そして嘔吐しようと思って薬を飲んだのであれば、嘔吐したことは私がしようと思ってしたことでもある。引用を続けよう。

——一番目の場合には私は行為者であり、二番目の場合にはたんなる観察者だと言ってみても、何も説明してはいない。あるいは、一番目の場合には私はその因果関係を内側から見ており、二番目の場合には外側から見ていると言ったとしても、やはり何も説明してはいない。他にも同じような言い方はたくさんあるが、どれも説明にはならない。

第一の種類の予言は第二の種類の予言同様に誤りえないものではない、という指摘もまた的を外したものでしかない。（第六三一節）

自ら行なう行為の予言と自分の意志とは関わりなく生じるできごとの予言の違いについて、どうしてそのような違いが生じるのかを説明しようとする努力をウィトゲンシュタインは一蹴する。求められているのは説明ではない。確認である。

> われわれの誤りは、事実を「根源現象[105]」と見るべきところで説明を求めたことにある。すなわちわれわれは、言語ゲームがこのように行なわれている、と言うべきなのだ。（第六五四節）

> 言語ゲームをわれわれの体験によって説明することが問題なのではない。言語ゲームを確認すること。（第六五五節）

そしてウィトゲンシュタインがこの箇所で行なう確認は次のことだけである。

> だがこれだけは正しい。われわれはしばしばある人物の決意の表明からその人の行動を予言できる。これは重要な言語ゲームである。（第六三二節）

自分が未来に行なう意志的行為の予言を「意図の表明」と呼ぼう。意図の表明を明示的に表わすならば、「……するつもりだ」という形で書ける。例えば、ある人が「明日は午後に大学に行くつもりだ」と言ったとする。私はそれを聞いて、次の日の午後にその人は大学に行くだろうと予測する。私のこの予測の根拠は、彼の意図の表明である。では、その人がそのように意図を表明したことの根拠は何だろうか。いや、この問いは的外れなものでしかない。当人は、何かの根拠に基づいて自分の行動を予測したわけではない。もちろん明日大学に行くと決めたことにはそれなりの理由があるだろう。

例えば、書類を提出しに行く、等々。しかし、それは根拠に基づく行動の予測ではない。「明日は大学に行くつもりだ」という発話は他人がその人の行動を予測する根拠になるが、しかし、本人がそのように発言すること自体はなんらかの根拠に基づく予測というわけではない。

このことについて、もう少し私自身の考えを述べさせてもらおう。彼が「明日は大学に行くつもりだ」と言って、翌日大学には来なかったとする。そのとき私は「どうして来なかったのか」と彼に理由を尋ねることができる。体調等の理由で来られなかったのかもしれない。発言したときには来るつもりだったのだが、そのあとで心変わりしたのかもしれない。あるいはそもそもその発言は嘘だったのかもしれない。だが、もしそのどれも当てはまらないのに彼が来なかったとしたら、どうか。私は当惑するだろう。その当惑は、彼のことが理解できないという当惑である。彼は「明日は大学に行くつもりだ」と誠実に発言した。嘘はついていない。心変わりもしていないし、忘れたわけでもない。来られない状況でもない。しかし、その日彼は大学に来ない。私はそのことをどう理解すればよいのだろう。まるでその人が矛盾した言動を為したかのようにさえ思われる。

他方、例えば彼が「明日雨が降る」と予測したとする。そして翌日は晴天で彼の予測は外れたとする。だが、だからといって彼の発言が嘘だったというわけではない。彼は誠実に発言した。そして別にそのあとで考えを変えたわけでもない。しかし、その天気予報は外れた。それに対して私は、少なくとも彼のことが理解できないという当惑は感じないだろう。なるほど彼はまちがえたが、しかし言動が矛盾しているという気はしない。

「これから二種の薬を服用する」と誠実に言って、心変わりをしたわけでもなく、また飲めない状況でもないのに、飲まなかったとしたら、私のその言動は理解できないものとなる。他方、「それによって私は三十分後に嘔吐するだろう」と言う場合には、その予言が外れて嘔吐しなかったとしても、私の言動が理解できないことにはならない。両者の違いをこのように述べることができよう。

そう見るならば、意図の表明は予測よりもむしろ約束に近い性格をもっていると私には思われる。「明日大学に行くつもりだ」と誠実に発言し、かつ、心変わりをしていないならば、大学に行くことが可能であるかぎり大学に行くべきなのである。約束が約束を果たすことへの要請を伴うように、意図の表明はその行為が実現することへの要請を伴っている。それゆえ意図を表明しておきながら、その実現に向けて何も行動しようとしないのであれば、その言動は矛盾しているのである。

「……するつもりだ」という意図の表明を「……したい」という発話──「欲求の表明」と呼ぼう──と比較してみることは興味深い。「Aするつもりだ」と意図を表明したならば、Aの実現に向けて行動するべきである。他方、「Aしたい」と欲求を表明したからといって、実現に向けて行動すべきだということにはならない。例えば、いま長い休暇をとって南の島でのんびり過ごすなどということは経済的にも時間的にも不可能だと知りつつ、それでもそれを望むことはできる。「ひと月ほど南の島でのんびりしたいよ。いまの私には不可能なことだけどね」と言うことは別に矛盾ではない。しかし、「ひと月ほど南の島でのんびりするつもりだ。いまの私には不可能なことだけどね」という発話は矛盾している。不可能と知りつつ意図の表明をすることは矛盾である。私はそのような発話を（あるいはそのような発話をする人物を)理解することができない。

ウィトゲンシュタインに戻って繰り返しておこう。いま私が述べたことに対して、どうして意図の表明には実現への要請が伴い、欲求の表明には実現への要請が伴わないのか、と尋ねないでほしい。それがわれわれの「……するつもりだ」と「……したい」という言葉の使い方(文法)なのである。為すべきはそれを確認することであり、説明することではない。

14-2-2　過去の意図

われわれは、「これからどうするつもりなのか」という意図の表明だけではなく、過去のある場面について「あのときどうするつもりだったのか」というかつての自分の意図を語ることもする。そこでウィトゲンシュタインは、発言がさえぎられて中断したという場面を取り上げる(第六三三節)。あとになって私は尋ねられる。「あのとき君は何を言おうとしていたのか。」そして私はそれを思い出す。ここでウィトゲンシュタインは問いを発するのである。いったい私は何を思い出しているのか。これに対して、何を問われたのか分からないという顔で、「何って、自分が言おうとしていたことを思い出したんだよ」と答えたくなるかもしれない。それは実際、健全な応答である。だが、ウィトゲンシュタインが問いたいのはそういうことではない。

意図の記憶と対比する意味で、過去の思考の記憶をまず考えてみよう。例えば、昨日私は延々と続く会議にうんざりして「会議が長すぎる」と考えたとする。そしてそれを今日思い出す。この場合には、確かに私は昨日自分が考えたことを思い出している。だが、意図の場合にはこれとは事情が異なるのである。発言がさえぎられて中断したという場面で、私はそこで何を言おうとしていたのかを表立って考えていただろうか。必ずしもそうではないだろう。われわれは何ごとかを発言する前に、つねにその発言のすべてをあらかじめ考えておくわけではない。

あるいはここで数列の例を考えてもよい。生徒に「0から始めて2を足していく」と命じたとき、教師は「1000 の次は 1002 と書く」ということを表立って考えていたわけではない。だが、教師は確かに 1000 の次は 1002 と書くことを意図していたのである。この場合、教師の記憶を探っても、その意図に対応する表立った思考を見出すことはできない。第六三三節で発言が中断されたという事例を取り上げるとき、ウィトゲンシュタインはこうした数列の事例と同型の事例を与えているのである。では、改めて問おう。過去の意図を思い出すとき、私は何を思い出しているのだろうか。

以前自分の発言がさえぎられたことを思い出す。私はその場の状況を思い出すことができる。誰が私の発言をさえぎったのかも思い出せる。また、さえぎられる直前の自分の発言も思い出せる。しかしそのように思い出されることは、私がそのとき話そうと意図していたことそのものではない。思い出されるこうしたことは、いわば挿絵にすぎない。挿絵は、物語の中にあってはじめて生きた挿絵となる。物語と切り離された挿絵それ自体は死んだ挿絵にすぎない[106]。そして私が思い出すのはまさに生きた挿絵である。あのとき私はここまで口にした。そのときあの人がそれをさえぎった。こうしたことをそのとき私が生きていた物語の脈絡において思い出すのである。挿絵そのものにそのとき私が続けて言おうとしていたことが明示的に書かれてあるわけではない。物語は挿絵を超えている。だが、私は生きた挿絵を思い出すことによって、そのとき私が生きていた物語をいま蘇らせることができる。意図を思い出すとは、過去の断片的エピソードを思い出すことによって、そのとき私が為そうとしていた発言や行為をいま蘇らせることなのである。

> なぜ私は自分が為したことに加えて意図も人に伝えようとするのか。意図もまたそのときに起こったことだからか。そうではない。私は、私自身について、そのとき起こったことを超えた何ごとかを伝えたいのだ。
> （第六五九節）

そしてこれに続けて、それは「内面の開示」だと言われる。だが、意志や意図は心の状態ではないと論じてきたウィトゲンシュタインが、そう気楽に「内面の開示」などと言うはずはない。引用を続けてみよう。

> 自分が何をしようとしていたのかを言うとき、私は私の内面を開示している。——だがそれは自分を観察することに基づいているわけではない。私はある仕方で反応し、その反応によって内面が示される。（その反応を直観と呼んでもよいかもしれない。）
> （第六五九節）

私がそのときどのように発言を続けるつもりだったのかをあなたが知るのは、いま実際に私がその続きを語り出すことによってでしかない。なるほど、あなたも私のことをよく観察していれば、そのときに私が言いそうだったことは推測できるかもしれない。だが、私が自分自身の意図を知るのはそのような仕方ではない。私はけっして自分自身を観察して自分が言いそうなことを推測しているのではない。他人が「君が言おうとしたのは……だね」と私の言いそうなことを推し量っても、私が「いや、そうじゃない、私が言おうとしていたのは……だった」と言えば、私の言うことの方が正しいとされる。ここには当人ならではの「権威」と呼びうるものがある。

前章において、信念は心の状態ではなく人物の状態なのだと論じたが、同じことが意図に関しても言える。意図は心の状態ではなく、人物の状態である。だがそれでも、意図を伝えることにおいて私は私の内面を示している。そのとき私がどうするつもりだったか、あるいは私がこれからどうするつもりなのかは、私を「外から」観察してもある程度は推測できるだろうが、最終的には私が言うことが優先的に受け入れられる。私が「そのときは……するつもりだった」と言えば、私はそのときそうするつもりだったのであり、「これから……するつもりだ」と言えば、私はこれからそうするつもりなのである。この、当人であることに伴う権威のあり方(哲学ではしばしば「一人称権威」と呼ばれる)[107]こそ、「内面」あるいは「心の内」と呼ばれることの特徴にほかならない。

そして当人がもちうるこの権威は、自分の心の内を観察できるのが私だけだからという理由によるものではない。私は自分自身を観察して「私は……するつもりだ」と推測しているのではない。ウィトゲンシュタインは「私はある仕方で反応し、その反応によって内面が示される」と、いささか分かりにくい言い方をしている。「反応」と呼ぶか「直観」と呼ぶか、言葉に困るところだが、とにかくそれは根拠に基づく推測ではない。その挿絵をどういう物語の内に置くのか、他人の場合には私はそれを推測することしかできないが、自分自身の場合には自分がどういう物語を生きているのかを私は直接に了解している。その物語を他人に向けて語り出すとき、ウィトゲンシュタインはそれを「内面の開示」と呼ぶのである。(私はこうした事情に対して、「他人の生きている物語に対しては読者でしかないが、自分が生きている物語に対しては作者なのだ」と言いたくなる。)

14-3 意味する

「意味する」という概念に向かおう。

「意味する」と「意図する」は比較的類似した概念と言える。実際、ポール・グライスなどは言葉の意味を発話の意図から捉えようとした。あるいは私自身は行為の意図を「行為の意味」として捉えたいとも考えている。そこで、ここまでの意図についての議論を「意味する」という概念にある程度当てはめることもできる。だが、ウィトゲンシュタインはその程度の考察では満足せず、ここでも執拗に哲学的幻影を払いのけようと戦い続ける。

うっかりすると小さい問題とも思われかねない問いを立てよう。例えば私が「中村さんは元気だろうか」と言ったとする。私は特定の中村さんという人物を意味したのであり、「全国の中村という姓の方たちは全員元気だろうか」などということを意味したのではない。しかし、中村という姓の人がたくさんいることは私も承知しているし、身近にも何人かの中村さんがいる。では、私が中村Mさんのことを意味し、中村Tさんや中村Yさんのことを意味していたのではないことは、どのようにして成り立つのだろうか。

『哲学探究』を読むということは、ウィトゲンシュタインとともにこうした問題を本気で考えるということである。「中村さんは元気だろうか」と言ったとき、確かに私はあの中村Mさんのことを意味していた。もし私がその発話で中村Tさんのことを意味していたのであれば、その発話の時点で何か違いがあるに違いない。発話の音そのものは同じなのだが、それに伴う何かが、中村Mさんを意味するときと中村Tさんを意味するときで違うはずなのだ。ならば、それは心の中の何かであるに違いない。私は中村Tさんではなく、中村Mさんのことを考えて、「中村さんは元気だろうか」と言ったのである。――こうして哲学的幻影がまとわりつき始める。

なるほど、中村Mさんのことを意味して「中村さんは元気だろうか」と発言したのであるから、そのかぎりにおいて私は中村Mさんのことを考えていたと言ってよい。しかし、その思考は発話においてあるのであり、発話の背後にあるのではない。つまり、その思考は発話そのものである。

もちろん「中村さんは元気だろうか」と言ったときに中村Mさんのことを考え、その姿を思い浮かべることもあるだろう。だが、たとえそうした発話の背後にある思考や想起に訴えるとしても、問題は先送りされただけでしかない。その思考や想起が中村Mさんについてのものであるというのは、どのようにして可能になるのか。

> 私が言いたいことはこうだ。彼はどのようにして**その人**を記憶の内に呼び起こすのだろうか？どのようにして彼はその人を呼びだすのか？
>
> （第六九一節）

例えばある顔を思い浮かべつつ、「中村さんは元気だろうか」と言ったとしよう。そこで思い浮かべられた顔が中村Mさんの顔であるというのは、どのようにして成り立つのだろうか。私はそこで思い浮かべた顔によって「このような顔をした全国の中村さんは全員元気だろうか」などということを意味したわけではない。その顔は、「このような顔をした人たち」を意味するのではなく、中村Mさんその人でなければならない。では、私はどうやって中村Mさんその人を思い浮かべることができるのか。事態は、「中村さんは元気だろうか」という発話のときから前進していない。発話にできはしないことを思考や想起ならばできると考えるのは幻想である。

ウィトゲンシュタインはまたこんな事例を問題にする。あなたは痛みを感じている。同時に隣室からピアノを調律する音が聞こえる。あなたは「もうじき止むさ」と言う。この発言は痛みのことなのか、ピアノの音のことなのか。ここで注意すべきは、痛みもピアノの音も意識的な体験だという点である。あなたは痛みを意識しているし、ピアノの音も意識している。「もうじき止むさ」が痛みのことを意味していたのだとすれば、その意識のあり方に違いがあるのではないか。あなたは痛みに注意しながら、そう発言したのではないか。

われわれはここで、「その文に生命を与えているのは心の中で意味するということなのだ」（第五九二節）という声が容易に消え去らないことを実感すべきだろう。「中村さんは元気だろうか」という発話のさいには必ずしも中村Mさんのことを思い浮かべてはいないと指摘した。しかしなおも、ウィトゲンシュタインは自分自身を追及する手を休めずに、痛みの感覚やピアノの音という意識現象が伴わざるをえない事例をつきつける。つまり、「意味するとは心の働きなのだ」という哲学的幻影を振り払うために、いっそう危険なところへと踏み込んでいくのである。

ウィトゲンシュタインはこうした事例の多くの場合に「内面へのまなざし」とでも呼びうるものが伴っていることを認めるだろう。「痛み」を意味しているとき、私はその痛みに意識を向けていることもあるだろう。つまり、痛みという内面的な感覚へとまなざしを向けている。だが、つねにではない。そこでウィトゲンシュタインは痛いふりをしているだけの場合や、嘘をついている場合を指摘する。痛いふりをしていて「もうじき止むさ」と言う。このときには、内面へのまなざしが捉えるべき痛みの感覚は存在しない。しかしだからといって「もうじき止むさ」という虚偽の発言が無意味になるわけではない。意味をもった発言だからこそ、嘘として成り立つのである。

「もうじき止むさ」という発言が痛みの感覚を内面へのまなざしによって指示することで成り立っているのだとしたら、「もう終わった」という発言で痛みが消えたことを意味するとき、あなたは何を指示するのだろうか。痛みの不在を、だろうか。あるいは、ピアノの音のことを意味するときに、その音の聴覚印象を指示しているのだとしたら、「もう終わった」という発言においては聴覚印象の不在を指示するのだろうか。

この(痛みを、あるいはピアノの調律のことを)意味するということの実質はどこにあるのか？いかなる答えも出てこない。――すぐに思いつく答えはいくつかあるが、どれも役に立たない。

(第六七八節)

「もうじき止むさ」という発話だけを取り出し、そこに伴っている何ごとかをいくら調べても、そうして心の中をいくら探し求めても、その発話を痛みを意味するものとしているような何ごとかは見出せない。あるいは、「中村さんは元気だろうか」と言って中村Mさんのことを意味する場合も、その発話だけを取り出し、その発話に伴う心の働きを探そうとしても、私が中村Mさんを意味していることを成り立たせるような心の働きは見つかりはしない。

言葉は使用されなければ意味をもたない。そして使用とは、たんにその言葉が発話された時点のことだけではない。その発話の前後があり、また話し手や聞き手の状態――どういう知識をもっているか、どういう立場の人か、等――も関わるのである。

「もちろん私はBのことを意味していたのであり、Aのことはまったく考えていなかった！」「……だから、私はBに来てほしいと思ったのだ。」――これらはすべてより大きな文脈を指し示している。　（第六八六節）

この「より大きな文脈」を「物語」と言ってもよいだろう。「中村さんは元気だろうか」という発話で私が中村Mさんを意味するとは、私がそこで中村Mさんについての物語を語るということである。「もうじき止むさ」という発話で痛みのことを意味するとは、私がそこで痛みについての物語を語るということであり、ピアノの音を意味するとは、そこでピアノの音についての物語を語るということなのである。

ここまで、「物語」という言葉を補助線としながら「意味する」ことを巡る『哲学探究』の叙述を見てきたが、最後に、いささか謎めいた節を取り上げよう。

「君は「もうじき止むさ」と言った。――君は物音のことを考えていたのか、それとも痛みのことか？」そう聞かれて「ピアノの調律のことを考えていた」と答えるとき、――その人はそのつながりが存在していることを確認したのか。それとも、そう答えることでそのつながりを打ち立てているのか？――そのどちらも言えるのではないか？　彼の言っていることが真であるならば、そのつながりは存在していたのではないか、――それでもなお、存在していなかったつながりを打ち立てたのだとも言えるのではないか？

（第六八二節）

「もうじき止むさ」と発話したとき、それをピアノの音のこととして言ったならば、その時点で発話と対象（ピアノの音）との意味のつながりは成り立っていたと考えられる。そうだとすると、「君はどっちを考えていたのか」という質問に対する「ピアノの音の方だ」という答えは、発話の時点で成立していた意味上のつながりを確認し、報告したものと言える。

だが、ここでウィトゲンシュタインは別の答え方の可能性を示しているように思われる。二つのシナリオを考えてみよう。

シナリオA……私は「もうじき止むさ」と発言する。あなたは、「痛みのこと？　それともピアノの音のこと？」と尋ねる。私は「ピアノの音のことを言ったんだ」と答える。

シナリオB……私は「もうじき止むさ」と発言する。あなたは、「痛みのこと？　それともピアノの音のこと？」と尋ねる。私は「痛みのことを言ったんだ」と答える。

シナリオAとシナリオBにおいて、私が「もうじき止むさ」と発言したときには、どちらの場合もまったく違いはないかもしれない。私の発言はどちらも「もうじき止むさ」である。状況も同じ。そして心の中や脳状態を調べたとしても、シナリオAとBとではまったく同じかもしれない。いや、そんなはずはない、と言われるだろうか。シナリオAではピアノの音を意味しており、シナリオBでは痛みのことを意味している。ならば、発言の時点で何か違いがあるはずだ、と。私がここでウィトゲンシュタインから読みとりたいと考えている別の答え方の可能性とは、これに対して「否」と答える道である。否、発言の時点では何の違いもなかったということもありうる。

違いはただ、「痛みのこと？」と尋ねられたときの私の答えにある。シナリオAにおいて「ピアノの音のことを言ったんだ」と答えたとき、私はそこではじめて先の「もうじき止むさ」という自分の発言とピアノの音との意味のつながりを打ち立てたのである。

確定した意味をもつ発話には、その発話の時点において「意味する」と呼びうるような何かがなければならないという考えからなかなか離れられない人もいるだろう。そのような人にはこの議論は理解しがたいかもしれない。私自身もまだふっきれないものを感じている。だが、私はウィトゲンシュタインからこうした示唆を受けとり、その方向に進んでみたい。

ためらいつつも、あえてもう一歩を踏み出してみよう。発話の意味は、発話の時点にあるのではない。その発話を受けて私がさらに何を言い、何を行なうかによって、その発話の意味が作られていく。私は過去の発話の意味をいま作っていくのである。――とはいえ、ここから先は『哲学探究』を読み解くという作業ではなく、私自身が自ら考えていかなければならない。

14-4 『哲学探究』の終わり方

「意味する」ことについての以上の考察で、『哲学探究』は終わる。では、その最後の節をウィトゲンシュタインはどのように閉じたのか。難解ではあったが読む者を魅了する言葉に満ちていたこの著作の最後に、何かうっとりするような言葉を期待すると、もののみごとに裏切られることになる。読んでみよう。

「数列……の構成を教えるとき、私はもちろん「百番目の項には……と書かなければならない」ということを意味している。」――まったくその通りだ。君はそのことを意味している。そして言うまでもなく、君は百番目の項のことなど考えている必要などありはしない。このことから、「意味する」という動詞の文法が「考える」という語の文法とどれほど違うかが分かるだろう。そう、「意味する」を心的な活動とみなすことほどまちがったことはないのだ！それはつまりひとを混乱に誘おうとすることでしかない。（バターの価格が上昇するときに、ひとはバターの活動について語りもするかもしれない。それで問題が生じないのならば、それはそれで無害である。）

（第六九三節）

どうだろう。規則のパラドクスにおいて中心的役割を演じていた数列の事例を最後に持ってくるというのは、かすかにフィナーレの気分を醸し出しているのかもしれないが、なんだか中途半端な終わり方という感じは否めないのではないだろうか。(「バターの活動」で締めるのか……。)

少し『哲学探究』を振り返ろう。「意味」という概念がまさに『哲学探究』の中心的な問題であったことは疑いがない。では、なぜウィトゲンシュタインは「意味」を問題にするのだろうか。「意味」が哲学的に問題になる概念だから。もちろんそれもある。言葉が意味をもつというのはどういうことか。それは言語哲学の根本問題である。だが意味をもつのは言葉だけではない。私がいま腰かけているのは「椅子」という意味をもち、窓の外を見れば「雲」という意味をもつものが「垂れこめている」という意味をもつ状態にある。世界は意味に満ちている。そして人間たちの行為もまた。だから「意味」はけっして言語哲学だけの問題ではなく、哲学の全体に及ぶ問題なのである。言葉が、世界が、行為が意味をもつというのはどういうことなのか。哲学はそのことを問い続けてきた。

しかし、それは『哲学探究』が「意味」を問題にする動機の半分(おそらくはより少ない方の半分)にすぎない。哲学が「心」「自我」「時間」「行為」……等々を問題にするとき、「意味」という概念が哲学を誤った方向に導くのである。本書の冒頭近くで引用しておいた言葉をもう一度読もう。

第一節の事例をよく見れば、言葉の意味という一般的な概念がどれほど言語の働きをもやで覆い、明瞭に見てとることを不可能にしてしまっているかがおそらく感じとれるだろう。——言語の諸現象を、語の目的と働きが明瞭に見渡せるような原初的な形の言語使用において検討するならば、そのとき霧は晴れてくる。（第五節）

そして私はこれに対して、いったいどういう霧に包まれているのかさえまだはっきりしないと率直に述べた。だが、こうして『哲学探究』を読み通してきたいまでは、ウィトゲンシュタインを、いや、われわれを覆う霧が何であるのかが多少なりとも見えてきたのではないだろうか。例えば「私」という語が意味する自我という実体を考え、それがこの世界の中に存在するのか、それとも世界を超越しているのかと問う。あるいは、「意志」という語が意味する心的状態を考え、それが身体という物理的なものの運動をいかにして引き起こしうるのかと問う。こうした問いはなるほど哲学の難問であろう。しかし、それはそもそも「意味」という概念に誤導された擬似問題だったのではないか。哲学が問題にする「心」「私」「行為」等々の語が意味する何ものかの正体を明らかにしようとする。哲学は、『哲学探究』はその哲学的姿勢を突き崩し、新たな哲学の方法を模索した。『哲学探究』が「意味」を問題にするのは、「意味」という概念そのものが問題であるという以上に、それが哲学の方法に関わる概念だったからに違いない。

そして、「意味」についての『哲学探究』の到達点をひとことで述べるならば、『ラスト・ライティングス』の言葉になるが、先にも引用した「言葉はただ生の流れの中でのみ意味をもつ」に集約されるように私には思われる。

だが、注意しなければいけない。これは『哲学探究』が到達した哲学的テーゼなどではない。哲学は生の流れの中にあるものごとを説明しようとして、逆に生の流れを断ち切り、立ち止まり、目を凝らし、内面を見つめ、超越者を求め、はるかに深みをめざそうとしてきた。もう一度水面に顔を上げ、生の流れへと戻っていかねばならない。哲学はむしろそのリハビリテーション的な活動なのである。どうすれば、哲学問題に悩まされず、霧が晴れ、憑き物が落ちた状態で晴れやかに生きることができるのか。哲学とは、われわれを、とりわけ哲学問題に悩まされる哲学者たちを、本来の生の流れへと呼び戻すための技術の集積なのである。

ではウィトゲンシュタインはどうだったのか。『論理哲学論考』は「語りえぬものについては、沈黙せねばならない」として哲学を捨てて、沈黙の内に生きることをめざした。それに対して『哲学探究』は哲学とともに生きることをめざしている。哲学問題は一度やっつければそれで終わりというようなものではない。何度も何度もそこに繰り返し立ち向かっていくウィトゲンシュタインの姿をわれわれはこれまで見てきた。「バターの活動」などで『哲学探究』を閉じるのも、それがかりそめの終わりにすぎないからである。大団円を迎えて幕を下ろすのではなく、ふっと緊張を解き、短く息を吐いて、「ちょっと休もう」とつぶやく。それが『哲学探究』の終わり方なのだ。

注

1 Ludwig Wittgenstein——ウィーンで生まれているから「ヴィトゲンシュタイン」とすべきだと思われるかもしれないが、その哲学活動のほとんどはケンブリッジで為され、英米系の哲学の脈絡で語られることが多いため、「ウィトゲンシュタイン」という表記が我が国の研究者たちの慣例となっている。ウィトゲンシュタイン自身もときに自らそう発音していたという。（「時々ウィトゲンシュタインは、「W」を、ドイツ語流の「ヴィ」ではなく、柔い「ウィ」にして、「ウィトゲンシュタイン、ウィトゲンシュタイン、ウィトゲンシュタイン、お前はナンセンスを語っている」、と言って、自分の額を強く叩いたものだ、という。」（黒崎宏『ウィトゲンシュタインの生涯と哲学』勁草書房、一九八〇年、二六ページ））

2 *Philosophical Investigations*, 4th ed., P. M. S. Hacker & J. Schulte eds., Wiley-Blackwell, 2009.（邦訳はいくつかあるが、最新のものは『哲学探究』鬼界彰夫訳、講談社、二〇二〇年）本書が扱うのは基本的に『哲学探究』第一部であり、第二部を主題的に扱うことはしない。原著第四版では、第一部が *Philosophische Untersuchungen*（『哲学探究』）とされ、第二部は *Philosophie der Psychologie — Ein Fragment*（『心理学の哲学——断片』）とされる。本書では鬼界訳に従い「第二部」とする。（「第二部」という呼称については鬼界の『哲学探究』訳者解説を参照されたい。）

第一部は一九三六年から一九四六年の間に執筆された。（一九三六年から一九四四年にかけて第四二一節までを書き、一九四五年にそれに対して「序」をつけた。その後、一九四六年までにさらに第四二二—六九三節が加えられた。）『哲学探究』はウィトゲンシュタインが生きている間には出版されなかった。

3 *Tractatus Logico-Philosophicus*, Routledge, 1922.（『論理哲学論考』野矢茂樹訳、岩波文庫、二〇〇三年）

4 ただし、『論理哲学論考』は別である。ウィトゲンシュタイン自身『哲学探究』の序において、『哲学探究』は『論理哲学論考』との対比によってのみ正しく読まれうると述べている。それゆえ多くの箇所で私は『論理哲学論考』に言及することになる。

5 本書における引用はすべて私自身が訳した。引用中に強調、括弧、異なる書体の使用がある場合、それはすべて原文に対応している。(ただし、原文のダーシは「—」と「——」が混在しているが、訳文ではすべて「——」とした。鬼界訳はそれを区別している。)

なお、『哲学探究』からの引用はたんに節番号のみを記す。

6 すでに哲学の病いにかかっている人にとっては『哲学探究』はありがたい治療になるだろうが、そうではない読者がわざわざ病気にかかってまで『哲学探究』を読む意味はどこにあるのだろうか。

何も新しいことが起こっているわけではないのに、ある朝すべてが新鮮に見える、そんな経験を想像してほしい。あるいは、子どもと一緒に虹を見る。これまでに何度も虹を見てはいるが、この子にとっては生まれてはじめて見る虹なのだと思ったとき、自分もまた新たな気持ちでその虹を見るだろう。問題に悩まされていない生活から、哲学問題に踏み込み悪戦苦闘してそこから這い出て、再び元の生活に戻るとき、何ひとつ新しいものはないのだけれど、すべてが新鮮な輝きを帯びてくるのではないだろうか。

とはいえ、率直に言って、『哲学探究』を読んでも何も新しい洞察は得られないというのは嘘である。その治療の過程で、いわば副産物とも言える哲学的洞察や着想をこの著作からいくらでも見出すことができる。哲学者によってはウィトゲンシュタインに叱られるであろうことを承知の上で、そこからなんらかの学説を構築したくもなるだろう。ウィトゲンシュタイン自身はそうした理論構築に対して徹底してストイックな態度を保持したが、私としては読者たるわれわれはそんなに禁欲的にならなくてもよいだろうと思っている。

7 『論理哲学論考』に関しては、私の『ウィトゲンシュタイン『論理哲学論考』を読む』(ちくま学芸文庫、二〇〇六年)を参照していただきたい。

8 有名なエピソードなので、私が何で読んだのかもう忘れてしまった。今回確認のために参照したのは、飯田隆『ウィトゲンシュタイン——言語の限界』(講談社、一九九七年)八九—九〇ページである。

9 では「そして」という語は対象の名前なのだろうか。これはささやかな問いに思われるかもしれないが、実は「語は対象の名前である」という考えにとっては大問題である。否定の言葉「ではない」、命題と命題をつなぐ言葉として「そして」「または」「ならば」、これらの語は論理を担う役割をもつため、「論理定項」と呼ばれる。『論理哲学論考』はこれらが名ではないことを認め、かつ、「語は対象の名前である」という考えと整合的に接続できるように論理定項の働きを捉えた。「「論理定項」はなんらかの対象の代わりをするものではない。事実の論理は記号で表しえない。これが私の根本思想である。」(『論理哲学論考』四・〇三一二) だが、ここでこのことの詳しい解説をするのは控えよう。

10 ウィトゲンシュタインのこうした議論の進め方に、病気を治療するために病根を突き止めようとする姿勢を見ることができる。「ブロック」という語はブロックという対象の名前であるようにも思われるだろう。建築現場の言語ゲームは、まさに「語は対象の名前である」という考えの発生源に近いところ――ひとをその考えへと誘惑する力の強い場所――で治療を進めるために考案されているのである。

11 詳しくは私の『『論理哲学論考』を読む』第3章を参照していただきたい。

12 『論理哲学論考』はすでにわれわれが言語を習得していることを前提として、その言語のもとで「哲学問題は語りえない」ことを示そうとしたものであるから、言語習得という問題そのものには関心がなかった。それゆえ、以上の議論は『論理哲学論考』に表立って書かれているわけではない。しかし、『論理哲学論考』の考え方に従ったものと言ってよいだろう。

13 いきなり「ブロック」という語を学ぶ赤ん坊は、いてもかまわないが、たぶんいないと思われる。最初は、「まんま」と発話すると自分の望んでいる結果(食事)が得られるということから、「まんま」という語を用いた言語ゲームが開かれるといったことだろう。この場合に報酬は食事であり、お腹が空いているときに食事を喜ぶのは生まれつきの本性である。やがて子どもに与えられる報酬は「ほめ言葉」という安直なものになっていくだろうが、ほめられると喜ぶというのは人間がもって生まれた本性なのだろうか。あるいはそれは、J・マクダウェルがアリストテレスを受け継いで強調する"second nature"(第二の自然／第二の本性)、すなわち教育によって後天的に身についた自然な反応傾向だと考えるべきなのかもしれない。

14　ウィトゲンシュタインがどのくらいヒュームを意識していたのか私は知らないが、この議論は「ヒューム的」と言えるだろう。ヒュームは人間の自然な本性(human nature)を無視すれば懐疑に陥ると論じて、自然な本性の重要さを訴えた。ウィトゲンシュタインもまた自然な本性を無視すれば直示的定義は成り立ちえないと論じて、自然な本性の重要さを示している。

15　ラッセルはケンブリッジ大学におけるウィトゲンシュタインの教師であり、『論理哲学論考』はラッセルの理論に影響を受けている。後には逆にラッセルがウィトゲンシュタインの影響を受けるようにもなる。

16　品詞に対する名称ではなく語の役割に対する名称だから、「固有名詞(proper noun)」ではなく「固有名(proper name)」と言われるのだろうか。実際、フレーゲは確定記述も固有名に含めていたが、確定記述は名詞ではない。

17　確定記述はただ一つの対象だけに当てはまる記述であるから、たんに「存在する」ではなく、「ただ一つ存在する」となる。

18　実際この節はしばしばウィトゲンシュタインの結論を提示したものとして扱われる。

19　言語表現に対しては「　」を使い、その表現が意味する事柄(目下の例では事実や対象)に対しては〈　〉を用いた。

20　*The Philosophy of Logical Atomism and Other Essays 1914-19*, John G. Slater ed., George Allen & Unwin, 1956.(『論理的原子論の哲学』高村夏輝訳、ちくま学芸文庫、二〇〇七年)

21　第四八節の言語ゲームよりも、それを変えた第六四節のものを念頭においている。『哲学探究』を開いてみれば分かるように、第四八節の図版だけカラーである。大人の事情で色刷りを避けたというわけでもないが、ここではもう少しだけシンプルにしてみた。

22　「ゲーム」としたのはドイツ語では"Spiel"であるから、日本語の「ゲーム」だけでなく「遊び」も含まれる。それゆえ例えば、しりとり、ままごと、凧あげなども"Spiel"に含まれるだろう。

23　例えば「文学」などはその一例かもしれない。『フィネガンズ・ウェイク』とライトノベルの間には文字が書かれているという程度の共通点しかないかもしれないが、しかし、文字が書かれているというのは文学だけの特徴ではない。

24　旧来の概念観の例として、ウィトゲンシュタインは第七一節でゴットロープ・フレーゲの名を挙げている。フレーゲは現代論理学を開発した哲学者であり、『論理哲学論考』もフレーゲの影響下にあった。

25　ラッセルは *My Philosophical Development*, George Allen & Unwin, 1959.(『私の哲学の発展』野田又夫訳、みすず書房、一九九七年)において、『哲学探究』のウィトゲンシュタインは真剣にものを考えることをしなくなってしまったと述懐している。『哲学探究』が雑然としたものを雑然としたままに放置していると感じたのだろう。

26　家族的類似性と曖昧さは異なる事柄として区別される。家族的類似性はAとBが部分的な共通性をもとに重なり合い、BとCがまた別の部分的な共通性をもとに重なり合い……、そうしてA、B、C、……が一家族を成す一つの概念を形成するというものである。それに対して曖昧な概念の場合は、その概念を満たすものと満たさないものとの境界がはっきりせず、グレーゾーンをもっている。例えば、「数」の概念の内には、「基数」「序数」「自然数」「整数」「有理数」「無理数」「実数」「虚数」「複素数」などがある。それぞれ明確に定義され曖昧さはないが、それらを「数」としてまとめあげるような共通の性質はないというのが、数学に対するウィトゲンシュタインの見解だった。それゆえ「数」は曖昧ではないが家族を成していると言えるだろう。逆に家族を成してはいないが曖昧な概念としては、私はすぐ後に例として出す「丼」などがそうではないかと考えるが、「丼」もさまざまな丼の家族ではないかと言われればそんな気もしてくる。おそらく日常的な概念の多くは曖昧さと家族的類似性の両方をあわせもっていると言うべきなのだろう。

27　『広辞苑』第七版(岩波書店、二〇一八年)で「丼」を調べてみたら、「深い厚手の陶製の鉢」とあった。プラスチックの丼は「丼」にあらずということだろうか。私としては納得しがたいものがある。

28　曖昧な概念には曖昧であることの利点があると思われる。ウィトゲンシュタインはその点を踏み込んで論じていないが、考えたくなる問題だろう。私がすぐに思いつく曖昧さの利点は二つある。第一に、すべての言葉を明確に規定したならば、それを学ぶのにその規定をいちいち覚えねばならず、学習者に過剰な負担を強いることになる(たぶん私は母語ですらマスターできなかったに違いない)。第二に、状況の変化に応じて言語も変化する必要があるが、曖昧さがあることによって言語に柔軟性がもたらされるだろう。

29 見本を用いた説明が不可欠であるという議論は、哲学の伝統に新しい見方をもたらすきわめて重要なものである。その重要性を示唆するために、トマス・クーンの「パラダイム論」にひとこと触れておきたい。科学者は、そのときの科学研究のパラダイムから研究目標の立て方、研究の方法論、論文の書き方などを学ぶ。あるときはアリストテレスの『自然学』がパラダイムであり、あるときはニュートンの力学がパラダイムとなった。それゆえ、パラダイムが変わると科学研究のあり方は大きく変わることになる。これが「科学革命」である。クーンのこの議論は大きな影響力をもち、流布する内に「パラダイム」が「世界観」のような意味で使われもしたが、しかし、クーンの意図に近いのは「見本」である。実際、クーンは *The Structure of Scientific Revolutions*, University of Chicago Press, 1962.(『科学革命の構造』中山茂訳、みすず書房、一九七一年)において、自分の議論の先駆として『哲学探究』のいまわれわれが見ているあたりの議論を紹介している。

30 [ ] は引用者による挿入であることを表わす。

31 *An Essay Concerning Human Understanding*, 1689.(『人間知性論』(一)—(四)、大槻春彦訳、岩波文庫、一九七二—一九七七年) 引用は拙訳による。

32 ウィトゲンシュタインであれば、そもそも一般観念などありはしないのだから、はっきりさせようもないと言うだろう。

33 ここではロックの考え方を説明しているので〈犬一般〉に出会うことはないと述べたが、私自身は〈犬一般〉に出会うことはあると考えている。関心のある方は私の『心という難問——空間・身体・意味』(講談社、二〇一六年) 第9章「相貌と物語」を読んでいただきたい。

34 この「通常の想定の範囲」は「フレーム問題」と呼ばれる問題における「フレーム」に相当する。人間は通常の想定の範囲(フレーム)のもとでのみものごとを捉えるが、ＡＩに「常識で考えてごらん」と言っても通用しない。その常識を明示的にＡＩにインプットしなければならない。しかし、そんなことは不可能に思われる。これがフレーム問題である。

35 原文には「論理に関する」という部分はないが、英訳は "our whole account of logic" としている。ここではそれに従った。なお、鬼界訳も「論理に関する」を補っている。

36 原文は "den Kopf oben zu behalten" であり、「勇気をなくさないでいること」のように訳されることもあるが、ここでは鬼界訳に従った。私としてもぜひ「頭を水面に上げておく」と訳したいところである。ちなみにノーマン・マルコムによると、ウィトゲンシュタインは哲学的思考を水泳に喩えることを好んだという。ひとは放っておけば水面に浮かんでくる。そこを努力して水中に潜っていく。哲学的思考も同様に努力して潜っていくことなのだというのである。そのことを考えると第一〇六節の言葉は、ひたすら潜ろうとしてきた自分自身に向けて言った言葉とも考えられるだろう。ただし、本質や基底の論理を探究するという意味ではなく、問題の深みへと沈潜するという意味では、『哲学探究』は異常なほど深く潜っている。哲学問題はその水底でウィトゲンシュタインの足を引っ張り、ウィトゲンシュタインはそれに抗して水面に顔を出そうともがいている。

37 自然数は0から始まる。『哲学探究』もまた0から始めている。しかし、子どもが最初に学ぶ数列は1から始まる正の整数だろう。それゆえここでは自然数を1から始めることにした。

38 もう少しきちんと書くならば、次のようになるだろう。9まで数えたら10になり、そこからは11, 12, …と数えていく。1桁目が9になったら2桁目を2にして20にする。そして2桁目を固定して1桁目を1から9まで続け、29になったら2桁目を3にして30にする。そのようにして99になったら3桁目を立てて100にする。3桁目を1に固定して2桁目と1桁目をさっきと同様に01から99まで数えていく。つまり、101から199まで数える。199まで数えたら3桁目を2にする。以下同様。しかし、こんなふうに教わるとかえって数を学べなくなる子どももいそうではある。いずれにせよ、これだけきちんと教えても「以下同様」は必要となる。

39 数列の知識をまったくもたない人のために説明しておこう。「$a_n = 2n$」はこの数列のn番目が2×nであることを表わす。例えば6番目の項は「$a_6 = 2 \times 6 = 12$」

である。

40　第2章において、ある段階の子どもの言語学習は子どもの本性を利用した訓練になると述べたさい、注13において「ほめられると喜ぶ」ことはマクダウェルが強調する“second nature”(第二の自然／第二の本性)、すなわち教育によって後天的に身についた自然な反応傾向と言えるかもしれない、と述べておいた。自然数の習得もまた、第二の自然とみなせるだろう。

41　漸化式の解き方を知らなくても『哲学探究』を読むには支障ないが、知りたいという人は高校数学の参考書などを読んでいただきたい。(よけいなことを言えば、この漸化式の解き方はたいへん楽しい。)

42　般若心経の一部。言うまでもなく、この事例は私が与えたものである。『哲学探究』では具体例は示されていない。

43　ウィトゲンシュタインは後半の批判点を主として論じている(第一五七節)。

44　「規準」という用語は『哲学探究』でも頻出するウィトゲンシュタイン独特の用語であるが、ここの用法についてはとくに説明は必要ないだろう。「規準」の詳しい説明は本書8-3-2「内と外」を参照されたい。

45　“The Blue Book”, in *The Blue and Brown Books*, Basil Blackwell, 1958, p. 15.(『青色本』大森荘蔵訳、ちくま学芸文庫、二〇一〇年、三八―三九ページ) あるいは *Wittgenstein's Lectures Cambridge, 1932-1935*, A. Ambrose ed., Basil Blackwell, 1979, pp. 4-5.(『ウィトゲンシュタインの講義　ケンブリッジ 1932-1935年』野矢茂樹訳、講談社学術文庫、二〇一三年、五三―五四ページ)

46　「理由」と訳されるドイツ語は“Grund”であり、「根拠」とも訳せる。とくに判断を正当化する場合には「根拠」の方がふさわしいだろう。ここでは「理由」と訳し、文脈によって「根拠」とも訳すことにしたい。

47　原文に忠実に訳すならば「基数列」である。基数は序数と対比される。“one, two, three, ...”が基数であり、“first, second, third, ...”が序数である。しかし、ここではとくに基数であることを強調する必要はないので、たんに「数列」と訳した。

48　自然数は数列の中でも特別である。この点については本書八〇―八二ページを参照されたい。

49　もしかしたら私以外の人たちは口をそろえて「「＋

2」だったら1000の次は1004だ」と言うかもしれない。もしそうなら、「われわれ」から排除されるのは私の方だということになる。

50　ソール・アーロン・クリプキのミドルネームを拝借した。クリプキは『哲学探究』から新しい懐疑論として規則のパラドクスを取り出し、ウィトゲンシュタイン研究を越えて議論を活性化させた立役者である。

51　かつてクリプキは『哲学探究』の中心を規則のパラドクスに見て、そこから『哲学探究』を捉えようとしたが、その点に関しては私もクリプキに賛成する。(S. A. Kripke, *Wittgenstein on Rules and Private Language*, Basil Blackwell, 1982.(『ウィトゲンシュタインのパラドックス——規則・私的言語・他人の心』黒崎宏訳、産業図書、一九八三年)　ただし、本書で展開した私の解釈はクリプキの解釈とは異なっている。クリプキの議論が『哲学探究』の解釈としては妥当ではなく、むしろ『哲学探究』に触発された独自の議論であったことは、現在ではウィトゲンシュタイン研究者の共通了解ともなっているようである。

52　レールの比喩はウィトゲンシュタインも第二一八節で用いている。

53　例えば、こんなふうに説明するだろう。「一の位の2から8は引けないから、十の位から10をもらってきて、12から8を引いて4。ここまではいいね。で、いま十の位から10をもらってきたから、百の位と十の位の40のところは39になる。そこで、こんどは39から23を引くと、そう、16だ。というわけで、正解は164。」実際は子どもの反応を見ながら、説明を変えたり補ったりすることになる。

54　「生めん類の表示に関する公正競争規約」第2条によれば「うどん」は「小麦粉に水を加えて練り合わせた後製めんしたもの又は製めんした後加工したもの」であるから、そうめんも「うどん」である。それに対して乾麺の場合には「乾めん類品質表示基準」に基づき太さで呼称が異なる。それゆえそうめんは「うどん」ではない。

55　「E」は「感覚」を意味するドイツ語“Empfindung”の頭文字だと思われる。

56　第四二六節では、問題を表現するのに「われわれには知りえないことを知っている神」が登場するので、おそらく私がここで〈神〉を想定しても怒らないだろうとは思う。

57　一人称現在形の「私は痛みを感じている」という発話について、この発話は誤りえないという指摘が現代哲学においてしばしば為され、「一人称権威」という名のもとに問題となっている。一人称権威の存在は、私は私の心の中のことについて他人にはない特権的な仕方で認識できるとする考え方(デカルト主義)と結びつきやすい。だが、ここでの議論に従うならば、一人称権威の存在は、そもそもそこにおいて同定判断が為されていないことによると言えるだろう。私はまず自分の痛みを「これは痛みだ」と同定してから「痛い!」と(一人称現在の形で)発話するのではない。同定していないから、同定の誤りもないのである。しかし、この誤りのなさは、そもそも同定していないことによるのであり、私は私の痛みについて必ず正しく同定するということではない。

58　色に関して、「彼女が「赤」と呼ぶ色はもしかしたら私なら「緑」と呼ぶ色かもしれない。彼女が「赤」と呼ぶ色で実際にどういう色の感覚をもっているのか、私には分からない」という「逆転スペクトルの懐疑」と呼ばれる議論が為される。ここで述べた「哲学的妄想」はこの懐疑の「痛み」ヴァージョンである。

59　私自身の考えを述べさせてもらうならば、私は心の中だけではなく、心の外の世界もまた言語では捉えきれない側面をもっていると考えている。とはいえ、その点についてウィトゲンシュタインがどう考えているかは定かではない。

60　心の状態がもつ「何ごとかについて」という性格を「志向性」と呼ぶが、この哲学用語を使うならば、「痛みには志向性がないが思考には志向性がある」という言い方をすることができる。痛みという感覚は多くの場合に「……であることを痛む」というような内容をもっていない。他方、思考は必ず何ごとかについての思考である。

なお、「考える」や「思考」は複雑な概念であり、さまざまな使用をもった家族を成している。ここではそのうちのあるタイプの「思考」概念を取り上げているにすぎない。その特徴を十分に述べることはできないが、まず第一に、いま述べたように痛み等の感覚と異なり志向性をもつという特徴が挙げられる。志向性をもつ心の状態としては、知覚や記憶などもあるが、知覚や記憶が世界からの情報を受けとるという受動的な性格が強いのに対し、思考は主体が自由に行なえるという能動性の性格が強い。(ただし、知覚や記憶にも能動的な側面があり、思考にも受動的な側面があるから、それは程度差にすぎない。) そこで、目下の「思考」の特徴を「より能動的な志向的状態」と述べておけば、とりあえずの応急処置にはなるだろう。

61 シャミッソーの小説『影をなくした男』(池内紀訳、岩波文庫、一九八五年)の主人公。悪魔との取引で金貨が無尽蔵に出てくる袋と引き換えに自分の影を悪魔に渡してしまう。

62 ただし、ここで言われる「説明」を、私は「仮説を立てて説明すること」と理解する。「説明」と呼びうることの中には、より詳しく記述することや、ある事柄をどのように捉えればよいか、その見方を提示するといったことも含まれる。そのような意味での「説明」までウィトゲンシュタインが拒否するわけではない。

63 「顔」はドイツ語で"Gesicht"である。また、第五六八節ではいささか唐突に「意味、一つの人相(Physiognomie)」という謎めいた断片が挿入されている。私には"Gesicht"も"Physiognomie"も私がここで「相貌」と呼んだものに近いように思われる。

また、「相貌」と密接に関係する概念として「アスペクト(Aspekt)」があり、『哲学探究』第二部xiでは主題的に論じられる。「相貌」と「アスペクト」の関係については注102を参照されたい。

64 「定規とコンパスのみを用いて任意の角を三等分する方法を求めよ」という、古代ギリシアの頃から知られていた問題。そのような方法は存在しないことの証明は一八三七年に為された。

65 ここで批判されているのは、「これを話そう」という非言語的意図が言語活動を支えているとする主張であり、より一般的に行為における非言語的意図の存在が否定されているわけではない。非言語的意図など存在せず、意図は言語的でしかありえないという主張は、ウィトゲンシュタインが言いそうなことにも思えるし、私自身も共感するが、意図一般についてそのように主張するにはもっと念入りな議論が必要となる。

66 ここでは完成図の与えられていない、ただ多くのピースが散らばって与えられているだけのパズルを考えていただきたい。しかも、その中には他とつながらないはぐれたピースが含まれている可能性もある。

67 ここで私は「物語」という言葉を少し拡張した意味

で使っている。ある文は他の文やその文を用いた活動とともにより大きな文脈を形成する。そのより大きな文脈を、私(ウィトゲンシュタインではなく)は「物語」と呼ぶ。

68 ここまでで非言語的思考の想定へとわれわれを誘う三つの難関がクリアできたとして、まだウィトゲンシュタインが取り上げていないきわめて素朴な、かつ力強い反論が残されていると私には思われる。赤ん坊や動物だって考えているじゃないか、というのである。言語がなければ思考も不可能というのであれば、赤ん坊や動物は思考していないことになるが、そうとは思えない。だとすれば非言語的思考の存在を認めるべきではないか。だが、ここではこの問題には踏み込まないことにしたい。私自身の考えをひとことだけ述べておくならば、赤ん坊や動物は思考しないのだという考えに傾いている。だが、その考えには多くの反対が出されそうである。マクダウェルは、思考は内容をもち、その内容は概念的なものでしかありえないと論じているが、私はそれに賛成したい。(John McDowell, *Mind and World*, Harvard University Press, 1994.(『心と世界』神崎繁・河田健太郎・荒畑靖宏・村井忠康訳、勁草書房、二〇一二年))

69 「基準」と書かれることも多いが、「規則」や「規範」に通じるものとして、私は「規準」と書く。

70 ここで「文法」は広い意味で使われており、言語使用におけるさまざまな規範を意味しているということに注意されたい。いま見てきた規準関係も文法的な関係である。例えば上空から辺り一面に水滴が落ちてきて、しかもそれが雨だということを疑う特段の理由(映画の撮影中であるといった理由)がないのであれば、われわれはそのような状況において「雨が降っている」と判断すべきである。これは「雨」という語の文法に属する。

71 目下の議論にとってはどうでもよいことであるが、見ている位置を厳密に同一にすることは不可能ではない。私とあなたが同一のカメラに接続された眼鏡をかけ、そのカメラからの映像を受けとるとき、私とあなたは厳密に同一の視点からの光景を見ていると言えるだろう。あるいは、眼球を取り出し、そこに私とあなたの視神経をつなぐことによって、私とあなたが同じ眼球を共有することも考えられる。

72 ただし『論理哲学論考』の独我論は私の意識の世界

だけを唯一の存在とする観念論的な独我論ではないと私は考えている。私の『『論理哲学論考』を読む』第10章を参照されたい。

73 『哲学的考察』(*Philosophische Bemerkungen*, Aus dem Nachlass herausgegeben von R. Rhees, Basil Blackwell, 1964.(奥雅博訳、『ウィトゲンシュタイン全集2』大修館書店、一九七八年)、第五七―五八節において、ウィトゲンシュタインはこのような語り方について述べている。(「自己中心的語法」という呼称は私が便宜上つけたものである。) もしこの語り方を本気で採用するのであれば、「しかじかの仕方でふるまっている」のところはさらにきちんと書かねばならない。『哲学的考察』では、私(野矢茂樹)が他人(Aさん)について述べる場合には「Aさんは頭痛が存在するときの野矢茂樹と同じようにふるまう」といった仕方で描写するとされる。(ちなみに、『哲学的考察』は『論理哲学論考』を自ら批判し、『哲学探究』へと向かうウィトゲンシュタインの最初の論考である。)

74 『哲学的考察』第五七―五八節を参照しつつ、自己中心的語法と独我論の関係についてもひとこと述べておこう。(同じ議論は「青色本」(“The Blue Book”, in *The Blue and Brown Books*, p. 66.(『青色本』大森荘蔵訳、一五二ページ)にも見られる。) 独我論を表明しようとして自己中心的語法を用いたとしても、誰もが自己中心的語法を採用することができる。それゆえ、独我論を主張しようとするならば、自分の自己中心的語法だけが正当であることを示さねばならない。しかし、そんなことを語る言葉は存在しない。それゆえ、独我論者は独我論の正当性を語ることはできないのである。だが、『論理哲学論考』がその語りえなさの内に独我論の正しさを認めていたように、「語りえない」というだけでは独我論批判にはなりえていない。この点に関して、永井均『ウィトゲンシュタイン入門』(ちくま新書、一九九五年)が興味深い。永井は、『哲学探究』において『論理哲学論考』のその姿勢はさらに徹底されると論じる。言語ゲームという道具立ては語りうるものの範囲を無制限に拡大する。その中で完璧な沈黙の内にいる独我論者たるウィトゲンシュタインの姿を見ようとするのである。永井のその洞察は人を深みへと引き込もうとする力をもっているが、私にはそれはやはり永井自身の姿であり、『哲学探究』のウィトゲンシュタインの姿ではないと思われる。

75　先に7－2において、言語習得の最初に新しいふるまい方として「イタイ!」という発話を教えると論じていたことを思い出していただきたい。そこから子どもは「痛い」という語を用いた言語ゲームに参加していくことになるが、「イタイ!」という叫び方は大人たちの日常言語の言語ゲームにおいても残っている。日常言語において一人称現在形の感覚や知覚の発話がすべて叫びや呻き声に類するものだとウィトゲンシュタインが考えていたかどうかははっきりしないが、そんな極端な主張をウィトゲンシュタインに帰す必要はない。ここでは、日常言語における一人称現在形の感覚や知覚についての発話には、叫びや呻き声とみなすことが適切なものがある、ということが認められればよい。

76　『哲学探究』でも、意識についての議論が一段落したところで像についての所見が述べられている(第四二一―四二七節)。ただし本章ではこの節に限定することなく、『哲学探究』全体を参照しつつ、像概念について考えていく。

なお、注2で述べておいたように、『哲学探究』は一九三六年から一九四四年にかけて第四二一節までが書かれ、それに対して序が書かれた。そして一九四五年からその後を書き足したという経緯がある。一九四五年からの部分は『哲学探究』の「最終版」と呼ばれもするが、その最終版が「像」についての考察から始められたということは、この考察が最終版における序章のような位置をもっていたことを意味するかもしれない。

77　「像」を後期ウィトゲンシュタインに特徴的な語として前期とは異なる意味で解釈している文献としては次を参照されたい。大谷弘『ウィトゲンシュタイン　明確化の哲学』(青土社、二〇二〇年)、古田徹也『はじめてのウィトゲンシュタイン』(NHKブックス、二〇二〇年)。

78　『論理哲学論考』の像概念と『哲学探究』の像概念が別ものだと解釈する人たちには、この第一四〇節をどう見るかと尋ねたい。ここで「私が犯した誤り」とは『論理哲学論考』における誤りのことである。そしてこの節の置かれた文脈からして、ここでは『哲学探究』の意味での「像」が問題になっている。このことは、『論理哲学論考』と『哲学探究』の像概念が別ものではないことを示唆しているだろう。

79　この挿入は『哲学探究』の原本であるタイプ原稿にウィトゲンシュタインがクリップで留めていたメモ書きである。

80　それがたんなる因果的な反応にとどまらず、「規則に従う」ものとして規範的な性格をもちうるのは、その規則の表現が私の行動を正当化する理由として用いられるからである。そうした議論については本書6-2を参照されたい。

81　「肖像画」と言われているが、もちろん風景でも静物でも、実物を写しとることをめざした絵全般が意味されている。

82　風俗画の典型的な例としては、ブリューゲルが農民たちの生活を描いた作品などが挙げられる。あるいは洛中洛外図などを考えてもよいだろう。

83　例えば「彼女は怒った」という文は、そのときのある人物の様子を描写したものとして肖像画的な性格ももつだろうが、何か彼女を怒らせることがあったはずだとか、怒った彼女がそのあとどのようにふるまったかについてもおおまかではあるが示唆を与えている。より大きな脈絡(物語)を示唆するという意味で、風俗画的な性格ももっていると言えるかもしれない。

84　今日の「明日は晴れる」という発話が表現する命題は、明日の「今日は晴れている」という発話が表現する命題と同じである。

85　これに対して、「この部屋にパンダはいない」はパンダがいないという否定的事実を記述したものだと言われるかもしれない。その場合には肯定的事実の影を求めなくとも、否定的事実が目の前にあることになるだろう。だが、もし否定的事実の存在を認めるのであれば、事実のインフレを起こすことになる。この部屋に限ってみても、「この部屋には宝石がない」、「この部屋には旋盤がない」、「この部屋の壁は赤くない」、等々、無数の否定的事実が存在する。そのような帰結を避けるのであれば、否定的事実が存在するという言い方はできない。とはいえ、私自身はそのような否定的事実を認めてもよいと思っている。しかし、否定的事実の存在を認めたくないという哲学者もいるだろう。私の考えでは、『論理哲学論考』はまさにそうであった。『論理哲学論考』には「否定的事実」という用語が何箇所かで用いられてはいる。しかし、その議論の構造は「否定的事実」なるものを認めることができないものとなっている。この点については私の『論理哲学論考』を読む』の5－1と5－2を参照していただきたい。

86　否定に関しては第四四六―四四九節を参照されたい。

87　Norman Malcolm, *Ludwig Wittgenstein: A Memoir*, Oxford U.P., 1958, 1966, p. 93.(『ウィトゲンシュタイン――天才哲学者の思い出』板坂元訳、平凡社ライブラリー、一九九八年、一四二ページ)

88　『ラスト・ライティングス』はウィトゲンシュタイン晩年の遺稿集である。*Last Writings on the Philosophy of Psychology*, Vol. 1, G. H. von Wright & H. Nyman eds., Basil Blackwell, 1982.(『ラスト・ライティングス』古田徹也訳、講談社、二〇一六年)　また、『哲学探究』第四二二節以降を書いた時期の所見を含む『断片』の第一七三節にも「思考と生の流れの中においてのみ、言葉は意味をもつ」という文が見出される。(*Zettel*, 2nd ed., G. E. M. Anscombe & G. H. von Wright eds., Basil Blackwell, 1981.(「断片」菅豊彦訳、『ウィトゲンシュタイン全集9』大修館書店、一九七五年))

89　ここで「今日」とは、二〇二一年七月十四日を意味している。

90　『論理哲学論考』では「事態(Sachverhalt)」はそもそも要素的なものとされる。それゆえ「要素的な事態」は冗長な言い方であるが、ここでは分かりやすさのために「要素的」と付しておいた。

91　それゆえ、要素命題の相互独立性が否定されることによって『論理哲学論考』の議論が全面的に崩れてしまうわけではない。『論理哲学論考』の議論の何が残され何が否定されるべきかは、なお検討されねばならない。

92　「座標の値という規定」とは、色の場合であれば「赤→橙→黄→緑→青→藍→紫」というスペクトルの中でその色がどこに位置するかということである。

93　ウィトゲンシュタインのこうした議論を踏まえて、大森荘蔵は言葉を発することを身振りの一種として「声振《こわぶ》り」と呼んだ。手を使って相手を突き飛ばしたりするように、われわれは言葉を発することで相手をさまざまに動かす。大森がそう主張することの最大のポイントは、手を使って相手を突き飛ばすことに「意味」のような媒介は不要であるのと同様に、言葉を発して相手を動かすにも「意味」などは不要だということにあった。「ことだま論――言葉と「もの－ごと」」(『物と心』東京大学出版会、一九七六年／ちくま学芸

文庫、二〇一五年、所収)

94　注93で言及した大森荘蔵の議論において、大森は相手を直接に動かす言葉の力を「ことだま」と呼んでいる。それがウィトゲンシュタインの言う「言葉の魂」と同じかどうかは定かではないが、二人がここで同じような語を用いていることは興味深い。

95　『断片』第一五七―一七五節は音楽の理解について論じている。

96　「概念(Begriff)」ということでウィトゲンシュタインが何を考えているのかは明確ではない。もちろん語の指示対象となるイデア的実体を意味しているのではないと考えられるが、物理的な音声や文字模様等を使用するということですべてだと考えるのであれば、「概念」などの出る幕はないとも思われる。例えば、第一節の買物の言語ゲームや第二節の建築現場の言語ゲームにおいて「概念」に言及する必要などありはしない。『哲学探究』の言語観に潔癖に従うならば、「概念」という語が用いられるところの多くは「使用」と言い換えることができるだろう。(第三八三節では「われわれは現象(例えば思考という現象)を分析しているのではない。概念(例えば思考という概念)を分析しているのであり、それゆえその語の使用を分析しているのである」と述べている。)あるいは、「使用における語の働き」のような意味で「概念」と言われているとも考えられる。第五六九節における「概念」はそのような意味ではないだろうか。すなわち、第五六九節の後半は「語の働きは道具としての働きである」と言い換えることができるだろう。

97　「見かけ」と言われているのは、音声や文字模様等の見かけである。例えば「ふあん」と「ふまん」は音が似ている、「痛い」と「痒い」は文字面が似ている、等々。(日本語を知らない人にはどれも同じように思えるかもしれない。)第一節の買物の言語ゲームでは「5　赤　リンゴ」と書かれた紙片が用いられたが、われわれの日常のコミュニケーションも物理的な音声や文字模様等をやりとりする言語ゲームにほかならない。道具箱にハンマーやペンチといった物が入っているように、言語の道具箱に入っているのも音声や文字模様等といった物理的なものである。

98　規準概念についての詳しい説明は本書8‐3‐2を参照されたい。

99　B. Russell, *The Analysis of Mind*, George Allen & Unwin, 1921.(『心の分析』竹尾治一郎訳、勁草書房、一九九三年)

100 「なじみの感じ」については「茶色本」(“The Brown Book”, in *The Blue and Brown Books*, pp. 127–129, 180–182.(「茶色本」大森荘蔵訳、『ウィトゲンシュタイン全集6』大修館書店、一九七五年、二〇五―二〇八、二八九―二九二ページ))でも論じている。なお、大森訳では「熟知の感情」と訳されている。

101 『哲学探究』のこの箇所での引用符の使用は、これがかつての自分の主張への言及であることを意味しているだろう。*Notebooks: 1914–1916*, 2nd ed., G. E. M. Anscombe & G. H. von Wright eds., Basil Blackwell, 1979.(「草稿 一九一四―一九一六」奥雅博訳、『ウィトゲンシュタイン全集1』大修館書店、一九七五年)の一九一六年十一月四日の記載に「望むことは行為することではない。しかし、意志することは行為することである」とある。「意志」について、前期における考え方と『哲学探究』における考え方は必ずしも同じではない。しかし、ここで前期の自分の主張を取り上げたのは批判のためではないと私には思われる。意志についてかつてと全面的に同じ考えというわけではないが、少なくとも「草稿」のこの文はこのまま『哲学探究』の議論の中に移すことができると考えたのではないだろうか。

102 ウィトゲンシュタイン自身は「相貌」という用語をあまり使っていない。(「相貌」については注63も参照されたい。)

なお、相貌にきわめて近い概念として「アスペクト(Aspekt)」があり、この概念については『哲学探究』第二部xiで詳しく考察される。相貌とアスペクトの関係については立ち入った議論が必要であるが、私は、相貌が主題的に現われる経験がアスペクトの経験だと考えている。例えば、部屋に椅子がある。それは「椅子」という相貌をもっている。しかしふだんそれが椅子という相貌で捉えられていることは意識されていない。それがなんらかの事情でことさらに「椅子として」の相貌が意識されるとき、それがウィトゲンシュタインの言う「アスペクトに気づく」ということ(の少なくとも一例)なのである。ふだんの何気ない場面ではそれをことさらに「椅子として」見ることはしないだろうが、不思議な形をしたものが腰かけるための家具なのだと気がついたときや、本来椅子ではないものを応急処置的に椅子として用いるときなどは、「椅子として見る」というアスペクトの経験が生じるだろう。

103 「手を上げる」と「手が上がる」の相貌の違いは、それぞれが置かれる物語の違いとして捉えられると私は考えている。行為の描写が置かれる物語の特徴がどのようなものであるかは行為論における重要な話題であるが、ウィトゲンシュタインはそうした議論には立ち入らない。ウィトゲンシュタインを補う意味でひとことだけ述べておくならば、行為は賞賛や非難の対象となり、またその行為が引き起こした結果に対しても行為者に責任が生じうるということが指摘できるだろう。

104 なぜ哲学はつねに迷いのさなかにあるようにしてものごとを見るのだろうか。おそらくそれは哲学がもっている理論化への衝動のゆえだろう。哲学者たちは「意志的な身体運動と非意志的な身体運動を分かつものは何か」という問いのまなざしでわれわれの行為を反省する。そのとき行為は中断され、そのまなざしは「意志的／非意志的」という区別のもとに揺らいだものとなる。

105 鬼界の訳注によれば、これはゲーテが『色彩論』で用いた概念である。（『哲学探究』鬼界彰夫訳、五三〇ページ）

106 「挿絵」については第10章でも引用した第六六三節をもう一度引用しておきたい。「像は物語にとっての挿絵のようなものにすぎない。ふつう挿絵だけからでは何も分からない。物語を知ってはじめてその像で何を言いたいのかが分かる。」

107 一人称権威については注57も参照されたい。

重版に際しての補足

二四九—二五〇ページにおいて『論理哲学論考』がなぜ要素命題の相互独立性を要請したのかを説明した。しかし、この説明はまだ弱いものでしかないと考え直した。以下、説明を補いたい。

命題Aと命題Bがいかなる論理的関係にもないとき、AとBは「相互に独立である」と言われる。逆に、AがBを含意したり、AとBが両立不可能であるならば、AとBは相互に独立ではないということになる。

『論理哲学論考』は要素命題が相互に独立であるとした。そのことは『論理哲学論考』が論理をア・プリオリなものと考えていたことに由来すると考えられる。どのような要素命題があるかはどのような語があるかに依存し、どのような語があるかはどのような対象があるかに依存している。他方、論理は世界にどのような対象があろうとも、それには関係なくア・プリオリに成立する。細かい説明は省略する(詳しくは私の『『論理哲学論考』を読む』の第8章を参照していただきたい)が、『論理哲学論考』は、命題相互の論理的関係を否定・連言・選言・条件法という論理語(「論理定項」と呼ばれる)によって説明した。例えば否定という論理定項は2回否定すると肯定になるという性質をもつ。あるいは、「P」と「PならばQ」からは「Q」が帰結するが、それは条件法「ならば」という論理定項の性質に基づいている。このように論理を論理定項によって捉えるため、論理定項をもたない要素命題同士は論理的関係に立てない。これが、『論理哲学論考』が要素命題を相互独立なものとした最も大きな理由だろう。

おわりに

二〇二〇年十一月に鬼界彰夫訳の『哲学探究』が出版された。それを手にとって、私は久しぶりに通読してみようと思った。そしてふつうの読書のようにして読んでみたら、なんだかよく理解できるような気がした。いままで規則のパラドクスや『哲学探究』第二部のアスペクト論に焦点を当てて論じることはしてきたが、『哲学探究』全体を視野に入れることはとてもできないように感じていた。ウィトゲンシュタイン自身が序で述べている言葉を使えば、これはいわば哲学的考察の「アルバム」であって、ちょうど他人のアルバムを見せられながら、これは信州を旅行したときの写真、これはギリシアを旅行したときの写真と、さすがに善光寺とパルテノンが並んでいるというほど雑然としたものではないが、多少その気味があったのは確かである。

だが、今回鬼界訳を読んでみて、信州旅行とギリシア旅行の写真を見せられているのではなく、これが『哲学探究』というウィトゲンシュタインの一つの大きな旅の記録なのだという感触をもてたのである。訳者まえがきで鬼界はこう述べている。「今回あえて『探究』の新しい訳を出すのは、読者が『探究』という作品の全体像に触れることができるような翻訳を提供したいと思ったからです。」

（五ページ）

『哲学探究』はその全貌を一度に見渡せるようなテキストではない。これはウィトゲンシュタインの旅である。われわれはウィトゲンシュタインとともに旅するしかない。つまり、『哲学探究』とは、手短にその内容をまとめることができるようなものではなく、その流れに沿って体験していかなければならない、そんなテキストなのである。だから私は、『哲学探究』を一望できるような視点を与えようとは思わなかった。『哲学探究』の旅程を一歩ずつ歩いていく。いわばアルバムに貼られた写真を、一編の映画のように仕立て上げたいと思った。

とはいえ、最初に鬼界訳を通読したときに感じた「読めるじゃん」という感想はすぐに消えた。『哲学探究』という戦い』というタイトルにこめた思いは、高みから鋭い洞察を放つウィトゲンシュタインではなく、問題と格闘し七転八倒するウィトゲンシュタインの姿を描きたいというものだったが、七転八倒するのは私だった。何度読み直したかしれない、あるときはウィトゲンシュタインが乗り移ったかもと興奮し、あるときはまったく筋が見えてこずにウィトゲンシュタインに呪詛の言葉を吐いたりもした。本書は、だから、私の『哲学探究』との戦いの記録でもある。

二〇二一年十一月

野矢茂樹

索　引

それぞれの項目について，理解に資すると
思われるページを挙げた．

人名・事項

あ 行

か 行

さ 行

た 行

な 行

は 行

ま 行

や 行

ら·わ 行

ウィトゲンシュタインの著作への言及

本書で言及したウィトゲンシュタインの著作

Notebooks: 1914-1916／「草稿 一九一四―一九一六」奥雅博訳，『ウィトゲンシュタイン全集 1』大修館書店

Tractatus Logico-Philosophicus／『論理哲学論考』野矢茂樹訳，岩波文庫

Philosophische Bemerkungen／『哲学的考察』奥雅博訳，『ウィトゲンシュタイン全集 2』大修館書店

Wittgenstein's Lectures Cambridge, 1932-1935／『ウィトゲンシュタインの講義　ケンブリッジ 1932-1935年』野矢茂樹訳，講談社学術文庫

"The Blue Book", in *The Blue and Brown Books*／『青色本』大森荘蔵訳，ちくま学芸文庫

"The Brown Book", in *The Blue and Brown Books*／「茶色本」大森荘蔵訳，『ウィトゲンシュタイン全集 6』大修館書店

Philosophische Untersuchungen／『哲学探究』鬼界彰夫訳，講談社

Philosophie der Psychologie—Ein Fragment／『哲学探究』第二部，鬼界彰夫訳，講談社

Last Writings on the Philosophy of Psychology, Vol. 1／『ラスト・ライティングス』古田徹也訳，講談社

Zettel／「断片」菅豊彦訳，『ウィトゲンシュタイン全集 9』大修館書店

野矢茂樹

1954年東京都に生まれる．東京大学大学院博士課程単位取得退学．東京大学大学院総合文化研究科教授を経て，現在，立正大学文学部教授．東京大学名誉教授．専攻は哲学．
著書に，『論理学』(東京大学出版会)，『心と他者』(勁草書房／中公文庫)，『哲学の謎』『無限論の教室』(以上，講談社現代新書)，『はじめて考えるときのように』(PHP文庫)，『論理トレーニング』『論理トレーニング101題』(以上，産業図書)，『ウィトゲンシュタイン『論理哲学論考』を読む』(哲学書房／ちくま学芸文庫)，『ここにないもの』(大和書房／中公文庫)，『入門！論理学』(中公新書)，『大森荘蔵』『語りえぬものを語る』(以上，講談社学術文庫)，『心という難問』(講談社)，『まったくゼロからの論理学』(岩波書店)，『言語哲学がはじまる』(岩波新書)，『増補改訂版 哲学・航海日誌』(春秋社)など．訳書に，ウィトゲンシュタイン『論理哲学論考』(岩波文庫)，アリス・アンブローズ編『ウィトゲンシュタインの講義 ケンブリッジ 1932-1935年』(講談社学術文庫)などがある．

ウィトゲンシュタイン『哲学探究』という戦い

2022年2月8日 第1刷発行
2024年2月26日 第3刷発行

著 者 野矢茂樹《のやしげき》

発行者 坂本政謙

発行所 株式会社 岩波書店
〒101-8002 東京都千代田区一ツ橋2-5-5
電話案内 03-5210-4000
https://www.iwanami.co.jp/

印刷・三陽社 カバー・半七印刷 製本・牧製本

ISBN 978-4-00-024063-5 Printed in Japan